中国交通教育研究会（港口）职工分会组织编写

港　口　主　体　工　种　职　业　培　训　教　材

GANGKOU DIANDONG ZHUANGXIE JIXIE KONGZHI JISHU

港口电动装卸机械控制技术

● 主编 张全丰

● 主审 杨 波 徐 健

人民交通出版社股份有限公司

China Communications Press Co.,Ltd.

内 容 提 要

本书根据《港口电动装卸司机技师培训教学计划》、《港口电动装卸机械修理工技师、高级技师培训教学计划》及《港口电动装卸机械控制技术》教学大纲的要求编写。内容共分三章，具体为：液压传动系统，包括液压传动的工作原理、液压传动的工作介质和液压元件、液压基本回路、典型液压系统分析和典型液压故障的处理方法；液力传动系统，包括液力传动的工作原理、液力耦合器的结构和工作原理、液力变矩器的结构和工作原理；电气控制系统，包括电气控制系统图绘制与识别、典型电气控制系统线路分析、可编程控制器的原理及应用、变频器的原理及应用、液力传动系统、电气控制系统。

本书作为港口电动装卸机械司机技师、修理工技师和高级技师的培训教材，学生可以根据书后附录中的教学大纲对本书进行有选择的学习；同时本书也可供其他相关专业教学以及工程技术人员参考。

图书在版编目(CIP)数据

港口电动装卸机械控制技术/张金丰主编. —北京：人民交通出版社，2008.9

ISBN 978-7-114-07364-9

Ⅰ.港… Ⅱ.张… Ⅲ.港口装卸设备－电动控制 Ⅳ.U653.92

中国版本图书馆 CIP 数据核字(2008)第 137289 号

书　　名：港口电动装卸机械控制技术
著 作 者：张金丰
责任编辑：蔡培荣
出版发行：人民交通出版社
地　　址：(100011)北京市朝阳区安定门外外馆斜街 3 号
网　　址：http://www.ccpress.com.cn
销售电话：(010)59757969,59757973
总 经 销：北京中交盛世书刊有限公司
经　　销：各地新华书店
印　　刷：北京鑫正大印刷有限公司
开　　本：787×1092　1/16
印　　张：14.5
字　　数：337 千
版　　次：2008 年 12 月　第 1 版
印　　次：2016 年 5 月　第 2 次印刷
书　　号：ISBN 978-7-114-07364-9
印　　数：4001－5000 册
定　　价：30.00 元

前　　言

为适应港口建设和发展的需要，促进港口高技能人才的培养，2006年中国交通教育研究会（港口）职工分会教材编审委员会依据《交通行业职业技能标准》的要求，编写了《港口主体工种技师、高级技师培训教学计划及教学大纲》。

2007年，中国交通教育研究会（港口）职工分会教材编审委员会按照《港口主体工种技师、高级技师培训教学计划及教学大纲》的要求，组织编写了《港口内燃装卸机械检测》、《港口内燃装卸机械控制技术》、《港口电动装卸机械检测》、《港口电动装卸机械控制技术》、《港口装卸机械电气设备基础》、《港口装卸机械电气控制技术》、《港口机械英语》七册教材，并对2004年出版的《港口机械设备管理》一书作了修订。

本套教材从港口高技能人才培训的实际需要出发，除《港口机械英语》、《港口机械设备管理》为通用培训教材外，其余六册均采用了驾驶与修理合编，技师与高级技师合编的编写方法，并在教材后附有相关主体工种培训的教学计划和教学大纲。教材在编写过程中，参考了各港口有关教材及培训资料，注重理论知识与港口生产实际相结合，引入了新知识、新技术、新工艺。因此本套教材具有较高的针对性、通用性、实用性和先进性，适应了港口生产的发展变化，以求满足技术工人成长及港口主体工种技师、高级技师职业技能鉴定考核的需要。

由于港口主体工种所涉及机械、电气设备种类繁多，结构各异，在使用中，教学培训负责人和教师应按学员工种和级别的不同，以及各港使用和维修设备的不同，在给定课时范围内，有针对性地选择书中有关章节进行讲授。

本书根据《港口电动装卸机械司机技师培训教学计划》、《港口电动装卸机械修理工技师、高级技师培训教学计划》及《港口电动装卸机械控制技术》教学大纲的要求编写，内容共分三章，具体为：液压传动系统、液力传动系统和电气控制系统。

本书作为港口电动装卸机械司机技师、修理工技师和高级技师的培训教材，学生可以根据书后附录中的教学大纲对本书进行有选择的学习；同时本书也可供其他相关专业教学以及工程技术人员参考。

本书由秦皇岛港教育培训中心张金丰主编；天津港（集团）有限公司杨波、徐健主审。

另外，本套教材在编写过程中，得到了秦皇岛港、上海港、广州港、天津港、大连港、宁波港、青岛港湾职业技术学院、湛江港、南京港有关部门领导及专家们的热情支持与帮助，原中国交通教育研究会（港口）职工分会理事长林洁敏同志、副理事长王棣海同志在任职期间，原中国交通教育研究会（港口）职工分会秘书长杨振翔同志及现任秘书冯丽同志都对本套教材的编写进行了积极有效的工作，在此一并表示感谢。

由于编者能力和时间所限，教材中存在的问题和缺陷在所难免，敬请各位专家和读者批评指正。

中国交通教育研究会（港口）职工分会

教材编审委员会

二〇〇八年五月

目　　录

第一章　液压传动系统

第一节　液压传动系统概述

一、液压传动的概念

传动是将原动机(柴油机、汽油机、电动机等)的能量通过某种方式加以控制,并传送到工作装置,以完成预定工作的过程。任何一部机器都需要传动系统。传动系统一般分为机械传动、电气传动和流体传动三大类。其中流体传动又分为气体传动、液压传动和液力传动。液压传动是利用液体的压力能传递动力和运动的传动方式。

二、液压传动的工作原理

从原理上来说,液压传动所基于的最基本原理就是帕斯卡原理,即在密闭容器内,施加于静止液体上的压力将以等值同时传到液体的各点,所以通过液体的传递,就可以达到动力和运动传递的目的。液压传动的工作原理,可以用一个液压千斤顶的工作原理来说明。

图1-1是液压千斤顶的工作原理图。大油缸9和大活塞8组成举升液压缸。杠杆手柄1、小油缸2、小活塞3、单向阀4和7组成手动液压泵。如提起手柄使小活塞向上移动,小活塞下端油腔容积增大,形成局部真空,这时单向阀4打开,通过吸油管5从油箱12中吸油;用力压下手柄,小活塞下移,小活塞下腔压力升高,单向阀4关闭,单向阀7打开,下腔的油液经管道6输入大油缸9的下腔,迫使大活塞8向上移动,顶起重物。再次提起手柄吸油时,单向阀7自动关闭,使油液不能倒流,从而保证了重物不会自行下落。不断地往复扳动

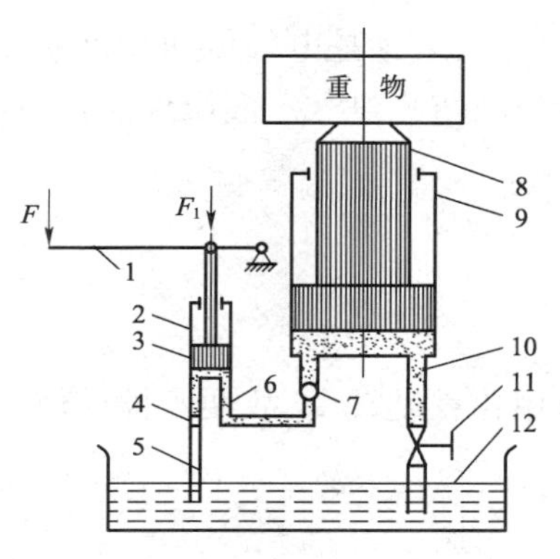

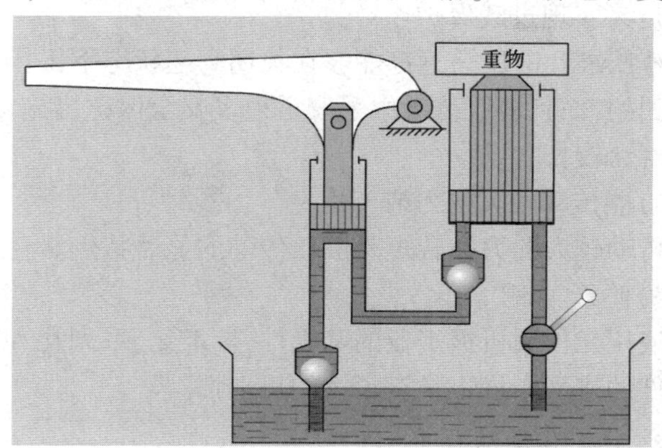

图1-1　液压千斤顶工作原理图

1-杠杆手柄;2-小油缸;3-小活塞;4、7-单向阀;5-吸油管;6、10-管道;8-大活塞;9-大油缸;11-截止阀;12-油箱

手柄，就能不断地把油液压入举升缸下腔，使重物逐渐地升起。如果打开截止阀 11，举升缸下腔的油液通过管道 10、截止阀 11 流回油箱，重物就向下移动。这就是液压千斤顶的工作原理。

通过对上面液压千斤顶工作过程的分析，可以初步了解到液压传动的基本工作原理。液压传动是利用有压力的油液作为传递动力的工作介质。压下杠杆时，小油缸 2 输出压力油，将机械能转换成油液的压力能；压力油经过管道 6 及单向阀 7，推动大活塞 8 举起重物，将油液的压力能又转换成机械能。大活塞 8 举升的速度取决于单位时间内流入大油缸 9 中油容积的多少。由此可见，液压传动是一个不同能量的转换过程。

三、液压传动的优缺点

1. 液压传动的优点

液压传动与机械传动和电气传动相比，具有以下优点：

1）比功率大

在输出同样功率的情况下，液压装置的体积小、重量轻、结构紧凑，如液压马达的重量和体积只有同等功率电动机的 12% 左右。

2）传动平稳

在液压传动装置中，由于油液的几乎不可压缩性，依靠油液的连续流动进行传动，且油液有吸振能力，在油路中还可设置液压缓冲装置，故传动十分平稳，易于实现快速启动、制动和频繁换向。

3）易于实现无级调速

在液压传动中，通过调节液体的流量，可以实现大范围的无级调速，最大的速比可达 2000：1。

4）易实现自动化

在液压系统中，对液体的流量、压力和流动方向易于进行调节和控制，再加上电气控制、电子控制或气动控制的配合，整个传动装置很容易实现复杂的自动工作循环。

5）易实现过载保护

液压缸和液压马达都能够在长期高速状态下工作不会过热，这是电气传动和机械传动无法办到的，而且液压传动中采取了很多安全保护措施，能自动防止过载。液压件能自行润滑，使用寿命较长。

6）能传动较大的力或转矩

传动较大的力和转矩是液压传动的显著特点。

7）便于实现“三化”

液压元件属机械工业的基础件，标准化、系列化和通用化程度较高，故便于推广使用。液压元件的排列布置也具有较大的机动性。

2. 液压传动的缺点

1）获取定比传动困难

由于工作介质的泄漏以及元件的弹性变形等因素的影响，液压传动不能严格保证定比传

动，因此不宜应用在传动比要求严格的场合。

2）传动效率低

液压系统由于在传动过程中存在两次能量转换以及存在着机械摩擦损失、压力损失和泄漏损失，从而使传动效率不高，远距离传动更是如此，故不宜作为远距离传动。

3）对温度的变化比较敏感

液压传动对温度的变化比较敏感，因为温度的变化影响工作介质的黏度，从而影响传动的稳定性，故不能在高温或低温条件下工作。

4）容易产生噪声、振动和爬行

油液中渗入空气后，会产生噪声，容易引起振动和爬行，影响传动稳定性。

5）排除故障较困难

由于液压系统出现故障时不易找出原因，因而排除故障较困难。

四、液压传动的组成部分

一个完整的液压传动系统，主要由5个部分组成：

1. 动力装置

把机械能转换成液体压力能的装置，称为动力装置（元件）。常见的是液压泵，它能供给液压系统液压油。

2. 执行装置

把液体的压力能转换成机械能输出的装置，称为执行装置（元件）。它可以是作直线运动的液压缸，也可以是作回转运动的液压马达。

3. 控制装置

对系统中液体的压力、流量和流动方向进行控制的装置，称为控制装置（元件）。如溢流阀、节流阀和换向阀等。

4. 辅助装置

保证系统正常工作所需的、上述三部分以外的其他装置，称为辅助装置（元件），如各种接头、油管、过滤器、蓄能器和压力计等。它们分别起着联接、输油、过滤、储存压力能和测量液体压力等辅助作用。

5. 工作介质

它是传递能量的媒介。液体的性质（黏度、黏温性、防锈性、润滑性、消泡性、化学稳定性等）对液压系统的正常工作具有直接的重要影响。

五、液压系统图的图形符号

上述图1-1是结构式的工作原理图。虽然直观性强，但绘制起来比较麻烦，特别是在液压元件数量较多时更加费事。为了适应液压技术发展的需要，我国已制订了液压图形符号标准（见附录一），可以清晰而方便地表达各种类型的液压传动系统。

第二节　液压元件与液压油

液压系统是为了完成某种工作任务而由各具特定功能的液压元件组成的整体。一个完整的液压传动系统由动力元件、执行元件、控制元件和辅助元件构成，各部分元件种类和工作原理如下。

一、液压动力元件

液压泵是液压系统的动力元件，它将原动机（电动机、内燃机等）的机械能转变为液体压力能。

1. 液压泵的工作原理

液压传动系统中常见的液压泵都是容积式的，其工作原理都是利用封闭容积的变化进行吸油和压油的。现以图1-2所示的单柱塞泵为例，说明液压泵的工作原理。单柱塞泵由偏心轮1、柱塞2、泵体3、弹簧4、单向阀5、6以及油箱7组成，柱塞与缸体之间形成封闭容积，当电动机带动偏心轮顺时针方向旋转时，柱塞在偏心轮和弹簧的共同作用下在泵体中作往复移动。柱塞右移时，密封容积逐渐增大，产生真空，油箱中的油液经单向阀6进入封闭容积，这就是吸油过程；柱塞左移时，密封容积逐渐变小，已吸入其内的油液受挤压而产生一定压力，顶开单向阀5进入系统，这就是压油过程。若偏心轮不停地旋转，泵就不停地吸油和压油。

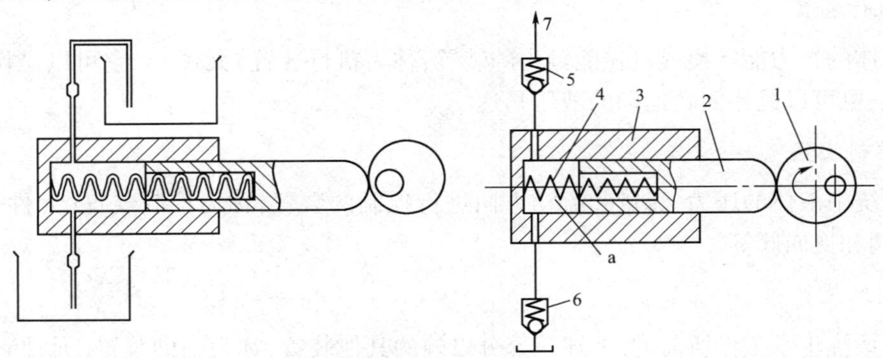

图1-2　液压泵工作原理图

1-偏心轮；2-柱塞；3-泵体；4-弹簧；5、6-单向阀；7-油箱

从上述泵的工作原理，可以得出容积式液压泵工作的必要条件如下：

①吸油腔和压油腔要隔开。单向阀5、6即为将吸油腔和压油腔分开的配流装置。

②工作容积必须密封与不断地变化。

③吸油过程中，油箱必须与大气相通。

2. 液压泵的主要性能参数

液压泵的主要性能参数有：压力、排量和流量、转速以及输出与输入功率和效率等。

1）液压泵的压力

（1）工作压力 P_p

液压泵实际工作时的输出压力称为工作压力。泵的工作压力决定于外界负载的大小(与液压泵的流量无关),外负载增大,泵的工作压力也随之增高。

(2)额定压力 P_{po}

液压泵在正常工作条件下,按试验标准规定能连续运行的最高压力称为泵的额定压力。由于泵的额定压力大小受泵本身的泄漏和结构强度所制约,不同形式泵的额定压力不同。

2)液压泵的排量和流量

(1)排量 V_p

液压泵旋转一周,由其密封容积几何尺寸变化计算而得出的体积成为液压泵的排量。排量的大小取决于泵的密封腔容积的变化值,而与泵的转速无关。排量的单位为 m^3/r 或 mL/r。

(2)理论流量 Q_{po}

液压泵的理论流量是指在单位时间内理论上可排出的液体体积。它等于排量和转速的乘积。泵的排量和理论流量是在不考虑泄漏的情况下由计算所得的量,其值与泵的压力工作无关。

$$Q_{po} = V_P \cdot n_p \tag{1-1}$$

式中:n_p——主轴转速(r/s);

Q_{po}——液压泵理论流量(m^3/s);

V_p——液压泵的排量(m^3/r)。

(3)实际流量 Q_p

是指液压泵实际输出时的流量。

(4)额定流量 Q_{pe}

是指液压泵正常工作条件下,按试验标准规定必须保证的输出流量。由于存在泄漏,所以泵的实际流量和额定流量都小于理论流量。

3)液压泵的功率

(1)输入功率 N_{pi}

是指驱动泵轴的输入机械功率。液压泵输入的机械能等于转矩和转速的乘积。当转矩为 M_{pi},转速为 n_p 时,有

$$N_{pi} = n_p \cdot M_{pi} \tag{1-2}$$

(2)输出功率 N_{po}

是指泵输出的液压功率。液压泵输出的液压能等于油液的压力和流量的乘积。液压泵在工作中,由于内部有泄漏和机械摩擦,故其输出功率小于输入功率。

$$N_{po} = P_p \cdot Q_p \tag{1-3}$$

式中:P_p——液压泵的工作压力(N/m^2);

Q_p——液压泵的实际流量(m^3/s);

N_{po}——液压泵的输出功率(W)。

4)液压泵的效率

(1)容积效率 η_{pv}

液压泵实际流量与理论流量的比值称为容积效率。

$$\eta_{pv} = Q_P/Q_{po} = 1 - \Delta Q_p/Q_{po} \tag{1-4}$$

式中:$\Delta Q_p = Q_{po} - Q_p$——液压泵的泄漏量。

因液压泵内机件间间隙很小，泄漏油液的流态可看作层流，故泄漏量 ΔQ_p 与泵的输出压力 P_p 成正比，即

$$\Delta Q_p = k_l P_P \tag{1-5}$$

式中：k_l——液压泵的泄漏系数。

由于 ΔQ_p 随 P_p 增大而增大，导致 η_{pv}随 P_p 增大而减小。

(2)机械效率 η_{pm}

液压泵在工作时由于相对运动零件之间的摩擦及液体黏性摩擦而引起摩擦损失，因此，驱动泵所需的实际输入转矩 M_{pi}必然大于理论转矩 M_{po}；此外还有一些其他损失，如发热、振动等，一般我们把除容积效率外的所有效率均归为机械效率。

(3)总效率 η_p

泵的输出功率与输入功率的比值称为泵的总功率。液压泵的总功率等于容积功率和机械功率的乘积。即

$$\eta_p = N_{po}/N_{pi} = \eta_{pv} \cdot \eta_{pm} \tag{1-6}$$

3. 液压泵的分类

液压泵的类型很多。如按结构分，则常用的有柱塞泵、叶片泵和齿轮泵三大类。而对每一类还可以细分，若泵的排量是不可改变的，称为定量液压泵；若泵的排量是可以调节的，则称为变量液压泵。调节排量有手动和自动两种方式，而自动调节又分为限压式、恒功率式、恒压式和恒流量式等。根据液压泵是否有自吸能力分为自吸式和非自吸式液压泵。

4. 常见的几种液压泵

1)齿轮泵

齿轮泵是液压系统中常用的液压泵，按结构形式分为外啮合和内啮合两种。下面介绍一下齿轮泵的工作原理。

(1)外啮合齿轮泵的工作原理

如图1-3所示，外啮合齿轮泵由一对齿数相同的齿轮、传动轴、轴承、端盖和泵体等组成。齿轮的两端面靠端盖密封，泵体、端盖和齿轮的各个齿间槽这三者形成密封工作腔，而齿轮又将此密封工作腔分隔成左右两个密封的油腔。当齿轮按图示方向旋转时，轮齿从左侧退出啮合，漏出齿间，使该腔容积增大，形成部分真空，油箱中的油液吸进左腔——吸油腔，将齿间槽充满。随着齿轮的旋转，每个齿轮的齿间把油液从左腔带到右腔——压油腔，轮齿在右侧进入啮合，齿间的油液被挤出来，使右腔油压升高，油液从压油腔输送到压力管路中去。齿轮连续旋转，泵就连续不断地吸入油液和压出油液。

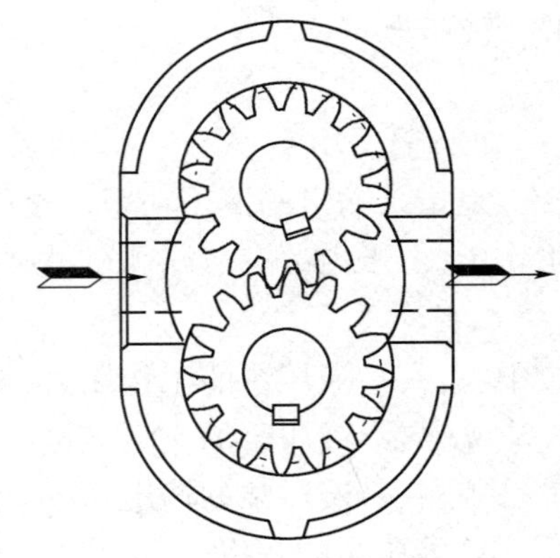
图1-3　外啮合型齿轮泵工作原理

(2)外齿轮泵的实际输出流量

外啮合齿轮泵排量的精确计算需要依据齿轮啮合原理来进行，比较麻烦。为简化计算，可以认为排量近似等于它的两个齿轮的齿间槽容积的总和。设齿间槽的容积与轮齿的体积相

等，当齿轮齿数为 z、模数为 m，齿宽为 b 时，齿轮泵的排量 V 为

$$V = 2\pi z m^2 b \tag{1-7}$$

设齿轮泵的转速为 n，容积效率为 η_v，则齿轮泵的实际输出流量 q 为

$$q = 2\pi m^2 b n \eta_v \tag{1-8}$$

考虑到齿间槽的容积比轮齿的体积稍大些，为了比较精确地计算齿轮泵的流量，引进修正系数 K，因此齿轮泵的实际输出流量 q 为

$$q = 2\pi K z m^2 b n \eta_v \tag{1-9}$$

对低压齿轮泵，推荐 $2\pi K = 6.66$；对高压齿轮泵，推荐 $2\pi K = 7$。

由计算公式(1-9)可以看出，当泵的结构参数 z、m 和 b 确定后，转速 n 一定时，泵的实际输出流量为一定值，故齿轮泵为定量泵。

(3)齿轮泵的结构特点

如图 1-4 所示为外啮合齿轮泵结构图。此泵为分离三片式结构，三片是指后泵盖 4，前泵盖 8 和泵体 7，它们用两个圆柱销 17 定位，用 6 个螺钉 9 固定。泵体内装有一对几何参数完全相同的齿轮 6，这对齿轮与泵体和前后盖板形成的密闭容积被两啮齿的轮齿分成两部分，即吸油腔和压油腔。两齿轮分别用键 5 和键 13 固定在由滚针轴承 3 支承的主动轴(长轴)12 和从动轴(短轴)15 上，主动轴由电动机带动旋转，泵的吸油口、压油口开在后盖上。

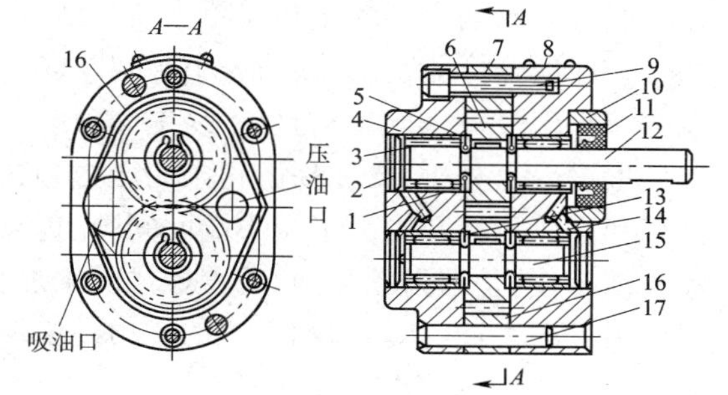

图 1-4　外齿轮泵的结构图

1-轴承外环；2-堵头；3-滚针轴承；4-后泵盖；5、13-键；6-齿轮；7-泵体；8-前泵盖；9-螺钉；10-压环；11-密封环；12-主动轴；14-泄油孔；15-从动轴；16-泄油槽；17-定位销

①易出现困油现象。齿轮泵要能连续地供油，就要求齿轮啮合的重叠系数 ε 大于 1，也就是当一对齿轮尚未脱开啮合时，另一对齿轮已进入啮合。这样，就出现同时有两对齿轮啮合的瞬间，在两对齿轮的齿向啮合线之间形成了一个封闭容积，一部分油液也就被困在这一封闭容积中(见图 1-5a)，齿轮连续旋转时，这一封闭容积便逐渐减小，到两啮合点处于节点两侧的对称位置时(见图 1-5b)，封闭容积为最小，齿轮再继续转动时，封闭容积又逐渐增大，直到图 1-5c)所示位置时，容积又变为最大。在封闭容积减小时，被困油液受到挤压，压力急剧上升，使轴承上突然受到很大的冲击载荷，使泵剧烈振动，这时高压油从一切可能泄漏的缝隙中挤出，造成功率损失，使油液发热等。当封闭容积增大时，由于没有油液补充，因此形成局部真空，使原来溶解于油液中的空气分离出来，形成了气泡，油液中产生气泡后，会引起噪声、气蚀等一系列恶果。以上情况就是齿轮泵的困油现象。这种困油现象极为严重地影响着泵的工作平稳性和使用寿命。

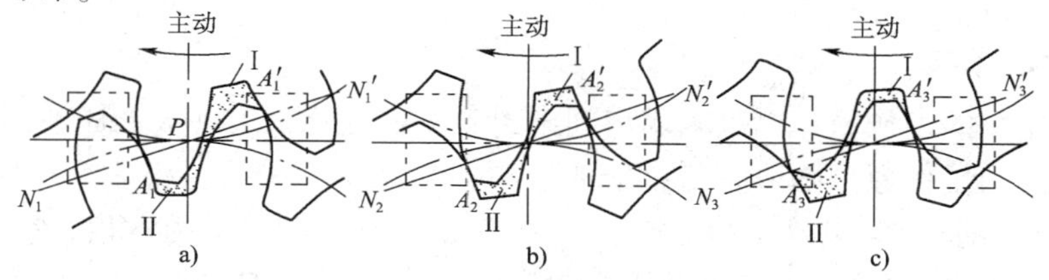

图 1-5　齿轮泵的困油现象

为了消除困油现象，齿轮泵的泵盖上铣出两个困油卸荷凹槽，其几何关系如图1-6所示。卸荷槽的位置应该使困油腔由大变小时，能通过卸荷槽与压油腔相通，而当困油腔由小变大时，能通过另一卸荷槽与吸油腔相通。两卸荷槽之间的距离为 a，必须保证在任何时候都不能使压油腔和吸油腔互通。

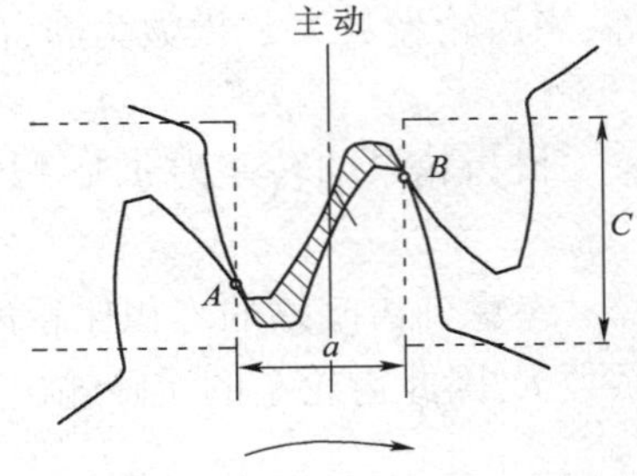

图1-6　齿轮泵的困油卸荷槽图

②易出现泄漏。外啮合齿轮泵高压腔的压力油泄漏到低压腔中主要有三条途径：一是通过齿轮端面与前、后盖之间的端面间隙；二是通过齿顶与泵体内孔之间的径向间隙；三是通过齿轮啮合区的接触间隙。其中通过端面间隙的泄漏量最大，可占总泄漏量的75%～80%。理论分析证明，泄漏的大小与间隙的三次方成正比，与压力差成正比。因此，普通齿轮泵的容积率较低，输出压力也不易提高。

根据以上分析，要提高齿轮泵的压力和容积效率，首要问题是减小端面间隙。因此，在中高压和高压齿轮泵中为了减小端面间隙，提高容积效率，一般采用端面间隙自动补偿。端面间隙自动补偿，是在齿轮与前、后盖板之间增加补偿零件，如浮动轴套或浮动侧板，在补偿零件的背面引入压力油，此压力油形成的压力差使浮动轴套或浮动侧板压紧齿轮端面，使端面间隙减小，从而达到减小泄漏的目的。

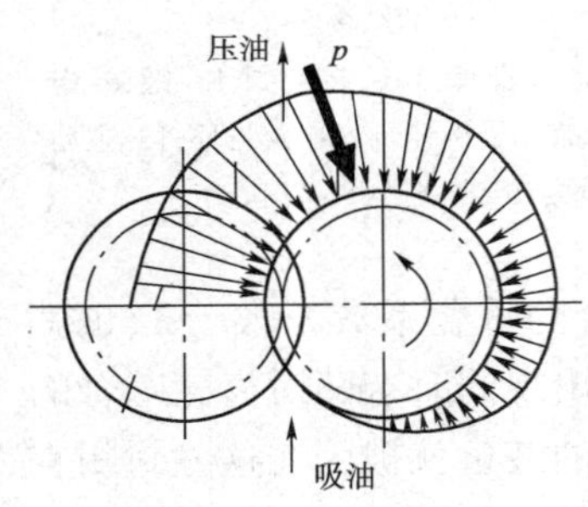

图1-7　齿轮泵的径向不平衡力

③径向力不平衡。齿轮泵工作时，压油腔的油压高于吸油腔的油压，因此作用在齿轮外圆上的压力是不相等的。在压油腔和吸油腔处齿轮外圆和齿廓表面分别承受工作压力和吸油腔压力；在齿轮和泵体内孔的径向间隙中，由于高压油液通过该间隙泄漏，因而可以认为压力由压油腔的压力依次递减为吸油腔压力。这些液体压力综合作用的合力，相当于给齿轮一个径向力，这就是齿轮和轴承受到的径向不平衡力，如图1-7所示。齿轮泵工作压力越高，径向不平衡力越大，其结果是加速了轴承的磨损，降低了轴承的使用寿命，甚至使轴弯曲，造成齿轮与泵体内孔摩擦，影响泵体内孔摩擦，影响泵的正常工作。

为了减少泵的径向不平衡力的影响，常采用的措施有两个：一是缩小压油口的直径，使高压仅作用在一个齿到两个齿的范围内，这样压力油作用于齿轮上的面积缩小了，因而径向力也相应减小了。二是采用开压力槽的办法来解决径向不平衡的问题。通过在盖板上开平衡槽，使它们分别与压油腔相通，产生一个与压油腔和吸油腔对应的液压径向力，起到平衡作用。这种办法可使作用到齿轮上的径向力大体上获得平衡，但会使泵的高、低压接近，引起泄漏增加，从而降低容积效率。

(4)内啮合齿轮泵

内啮合齿轮泵的工作原理也是利用齿间密封容积的变化来实现吸油压油的。图1-8所示是内啮合齿轮泵的工作原理图。它是由配油盘（前、后盖）、外转子（从动轮）和偏心安置在泵体内的内转子（主动轮）等组成。内、外转子相差一齿，图中内转子为六齿，外转子为七齿，由于内外转子是多齿啮合，这就形成了若干密封容积。当内转子围绕中心 O_1 旋转时，带动外转

子绕外转子中心 O_2 作同向旋转。这时，由内转子齿顶 A_1 和外转子齿谷 A_2 间形成的密封容积 c(图中阴线部分)。随着转子的转动密封容积就逐渐扩大，于是就形成局部真空，油液从配油窗口 b 被吸入密封腔，至 A_1'、A_2'位置时封闭容积最大，这时吸油完毕。当转子继续旋转时，充满油液的密封容积便逐渐减小，油液受挤压，于是通过另一配油窗口 a 将油排出，至内转子的另一齿全部和外转子的齿凹 A_2 全部啮合时，压油完毕，内转子每转一周，由内转子齿顶和外转子齿谷所构成的每个密封容积，完成吸、压油各一次，当内转子连续转动时，即完成了液压泵的吸排油工作。

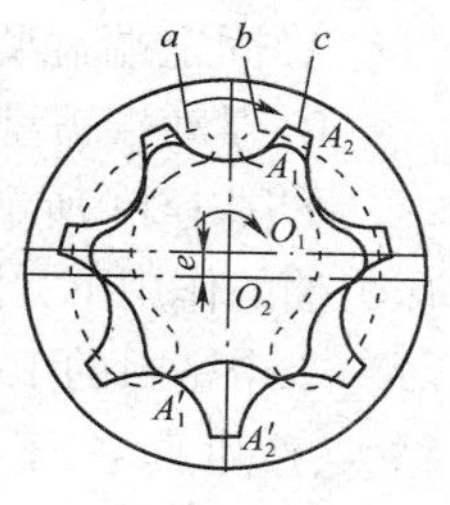

图1-8　内啮合齿轮泵的工作原理图

因内啮合齿轮泵的外转子齿形是圆弧，内转子齿形为短幅外摆线的等距线，故又称为内啮合摆线齿轮泵，也叫转子泵。

内啮合齿轮泵有许多优点，如结构紧凑，体积小，零件少，转速可高达10 000r/mim，运动平稳，噪声低，容积效率较高等。缺点是流量脉动大，转子的制造工艺复杂等。目前转子已采用粉末冶金压制成型。随着工业技术的发展，摆线齿轮泵的应用将会愈来愈广泛。因内啮合齿轮泵可正、反转，可作液压马达用。

2)叶片泵

叶片泵由转子、定子、叶片、配油盘和端盖等组成。

(1)种类与构造

叶片泵按其构造分类如下：

①按转子周围的压力平衡情况分类：

A. 非平衡型(这种泵在转子转一转过程中，吸油压油各一次，故又称为单作用式，见图1-9)；

B. 平衡型(这种泵在转子转一转过程中，每个密封工作腔完成吸油和压油动作各两次，故又称为双作用式，见图1-10)。

②按有无变量机构分类：

A. 定量泵(见图1-9、图1-10)；

B. 变量泵(改变定子和转子间偏心的大小，便可改变泵的排量，见图1-11)。

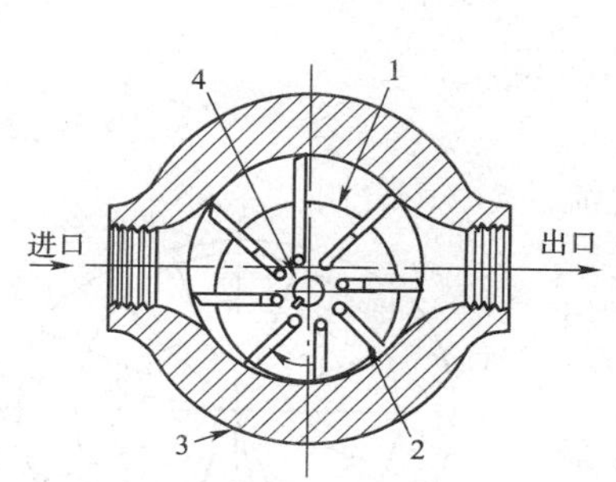

图1-9　非平衡型叶片泵

1-转子；2-叶片；3-壳体；4-轴

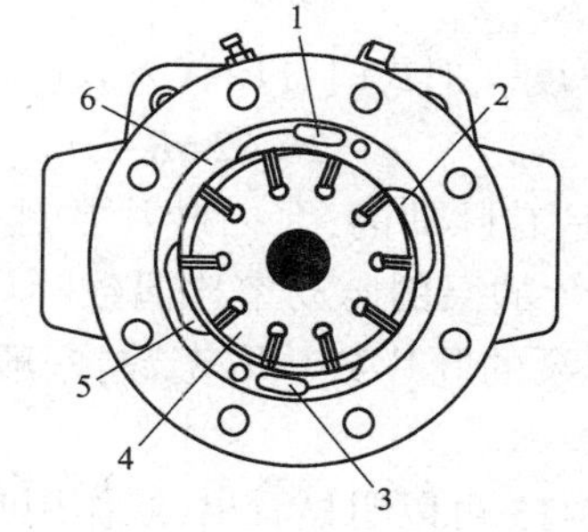

图1-10　平衡型叶片泵

1、3-排油口；2、5-吸油口；4-转子；6-定子

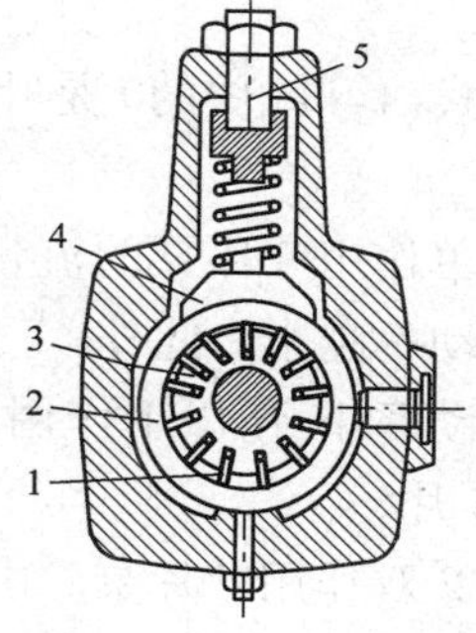

图1-11　变量叶片泵

1-叶片；2-定子；3-转子；4-滑履；5-压力调整螺栓

③按端盖构造分类：

A. 固定端盖型,见图 1-12;

B. 浮动端盖型,见图 1-13。

如图 1-14 所示,叶片在转子的槽内可灵活滑动,在转子转动时的离心力以及通入叶片根部压力油的作用下,叶片顶部贴紧在定子内表面上,于是两相邻叶片、配油盘、定子和转子间便形成了一个个密封的工作腔。当转子按图示方向旋转时,左侧的叶片向外伸出,密封工作腔容积逐渐增大,产生真空,于是通过吸油口和配油盘上窗口将油吸入。而在图的右侧,叶片往里缩进,密封工作腔容积逐渐减小,密封腔中的油液往配油盘另一窗口和压油口被压出而输到系统中去。

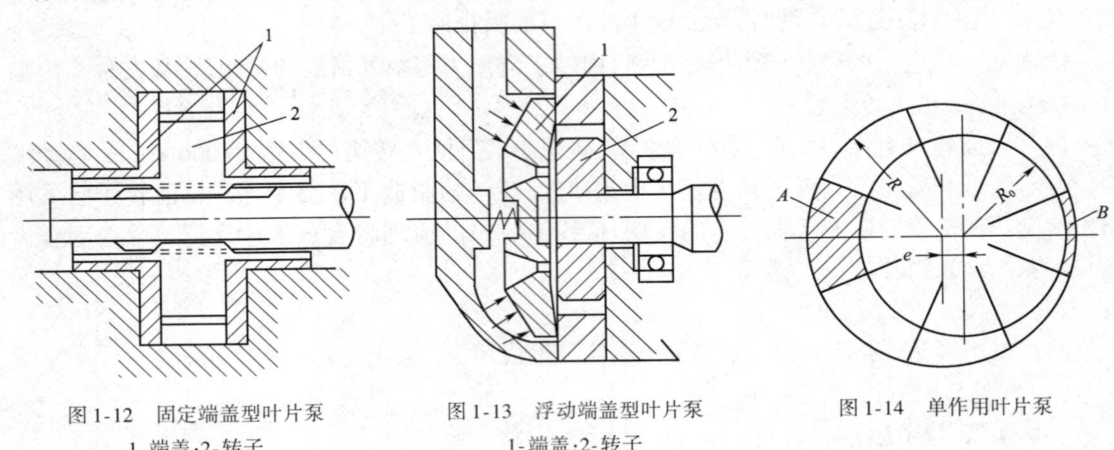

图 1-12 固定端盖型叶片泵
1-端盖;2-转子

图 1-13 浮动端盖型叶片泵
1-端盖;2-转子

图 1-14 单作用叶片泵

(2)排量计算

①单作用叶片泵。图 1-14 中的两枚叶片间的最大容积 A 与最小容积 B 相差的那部分容积被排出泵体。设叶片数为 z,则每转的排量为

$$q = z(\text{容积}A - \text{容积}B) \tag{1-10}$$

设定子的内半径为 R,转子半径为 R_0,转子宽度为 b,偏心量为 e,则

$$\left.\begin{aligned}\text{容积}A \approx b\left\{\frac{1}{2}[(R+e)^2 - R_0^2]\frac{2\pi}{z} - (R - e - R_0^2)t\right\}\\ \text{容积}B \approx b\left\{\frac{1}{2}[(R-e)^2 - R_0^2]\frac{2\pi}{z} - (R - e - R_0^2)t\right\}\end{aligned}\right\} \tag{1-11}$$

式(1-11)中的 t 是叶片厚度。把式(1-11)代入式(1-10)可得

$$q \approx 2be(2\pi R - zt) \tag{1-12}$$

单作用叶片泵的流量也是有脉动的,泵内叶片数越多,流量脉动率越小。此外,奇数叶片的泵的脉动率比偶数叶片的泵的脉动率小,所以单作用叶片泵的叶片数总取奇数,一般为 13 或 15 片。

②双作用叶片泵。由图 1-15 可以明显看出,双作用叶片泵的排出容积是图中两枚叶片间的最大容积 A 与最小容积 B 的差。因此,排量由下式确定

$$q = 2z(\text{容积}A - \text{容积}B) \tag{1-13}$$

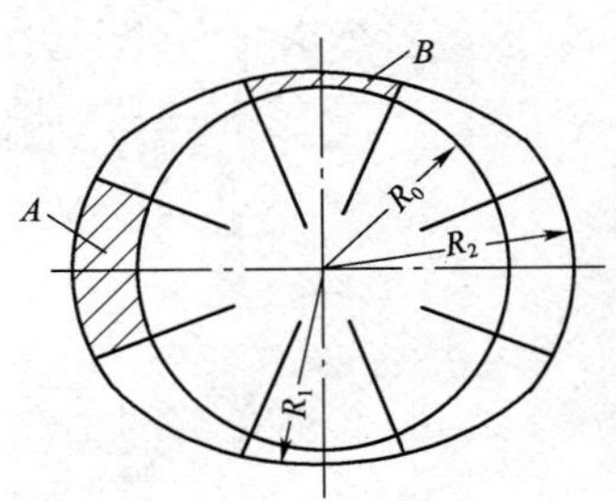

图 1-15 双作用叶片泵

然而,定子的 A 处是半径 R_2 的圆弧,B 处是半径 R_1 的圆弧。则容积 A、B 分别由下式确定

$$\left.\begin{aligned}容积A=b\left[\frac{1}{2}(R_2^2-R_0^2)\frac{2\pi}{z}-(R_2-R_0)t\sec\alpha\right\}\\容积B=b\left[\frac{1}{2}(R_1^2-R_0^2)\frac{2\pi}{z}-(R_1-R_0)t\sec\alpha\right\}\end{aligned}\right\}\tag{1-14}$$

式(1-14)中的 α 是叶片的倾角(与半径的夹角)。把式(1-14)代入式(1-13)可得

$$q=2\pi b\left[R_2^2-R_1^2-\frac{z}{\pi}(R_2-R_1)t\sec\alpha\right]\tag{1-15}$$

双作用叶片泵如不考虑叶片厚度,则瞬时流量应是均匀的。但实际上叶片是有厚度的,泵的瞬时流量仍将出现微小的脉动,但其脉动率较其他形式的泵(螺杆泵除外)小得多,且在叶片数为 4 的倍数时最小。为此,双作用叶片泵的叶片数一般都取 12 片或 16 片。

(3)定子的过渡曲线

双作用叶片泵的定子形状如图 1-16 所示,是由两枚叶片之间的中心角 $\theta(=2\pi/z)$ 对应的大圆弧(半径 R_2)、小圆弧(半径 R_1)以及把它们联接起来的光滑过渡曲线组成的。定子的这部分曲线如果半径 r 和角 θ 是一次方关系(阿基米德螺线),则理论流量不产生脉动。但是,这对于在该曲线与大圆弧和小圆弧的联接点处的叶片的运动规律却是非常不利的。这个过渡曲线如果采用二次曲线,则一般可表示为

$$r=C_2\theta^2+C_1\theta+C_0\tag{1-16}$$

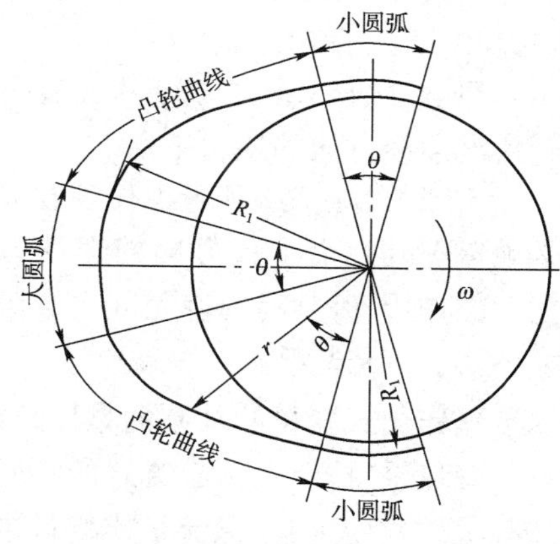

图 1-16　定子形状

叶片在半径方向的速度可由下式确定

$$v=\frac{\mathrm{d}r}{\mathrm{d}t}=\omega\frac{\mathrm{d}r}{\mathrm{d}\theta}=\omega(2C_2\theta+C_1)\tag{1-17}$$

加速度 a 由下式确定

$$a=\frac{\mathrm{d}v}{\mathrm{d}t}=2C_2\omega^2\tag{1-18}$$

这些运动参数如图 1-17 所示。圆弧与过渡曲线的联接处,也就是在 $\theta=0$、θ、2θ 的点的加速度急剧变化。由于叶片的惯性力有跃变,因此叶片的运动不能令人满意。这样,就需要在圆弧与过渡曲线的联接处采用缓和的过渡曲线,或者采用 3 次以上的高次曲线,或者采用三角函数曲线等。

在图 1-18 中,两叶片间形成的腔室由大圆弧处移向过渡曲线与排出口接通时,叶片腔室内的压力由于还处在吸入压力的状态,所以来自排出侧的高压油的逆流将产生冲击压力,因而产生振动和噪声。为了避免这一点,必须防止叶片腔室压力过分地急剧上升。

一般采取的措施是,在排出口的窗口前沿设置小切口槽,如图 1-18 所示。使排出侧的高压油通过切口,渐渐地流入叶片腔室,使叶片腔室内的压力缓慢上升,从而避免了冲击压力的发生。由于切口长度、断面积都是可以改变的,因此,可以随意地调整压力上升曲线。

(4)叶片的平衡

排油压力 p_d 作用在叶片根部端面上,把叶片压在定子内表面上。当叶片处在排油口时,

叶片顶部端面压力也是 p_d。因此，作用于叶片的半径方向的力处于静平衡状态。然而，当叶片处在吸油口时，由于叶片顶端的压力是吸入压力 p_s，因此，使叶片压在定子内表面上的作用力为

$$F=(p_d-p_s)bt \tag{1-19}$$

在高压时，叶片与定子之间的接触压力如果过大，摩擦力也将变大，从而加剧磨损。因此，对于高压叶片泵，为了减轻上述的接触压力，采取了各种方法。图1-19是其中一例。在叶片的根部端面上经常作用着与叶片顶端相同的压力 p（p_d 或 p_s）。然而，由于在叶片的阶梯 t_s 处经常作用着排油压力 p_d，所以，使叶片压向外侧的力为 $(p_d-p_s)bt_s$。当叶片处在吸入口时

$$F=(p_d-p_s)bt_s \tag{1-20}$$

因此，适当地减小 t_s，能够限制 F 的大小。把这种方法称为阶梯叶片式。

图1-20所示的是双叶片式液压泵，它由两枚薄叶片组成，使叶片沿半径方向的压力平衡。

实际上，除了必须考虑作用在叶片上的这种力的平衡外，还必须考虑叶片沿半径方向的惯性力。在高速旋转时，由于此惯性力的作用，叶片有时在瞬间也会脱离开定子的内表面。

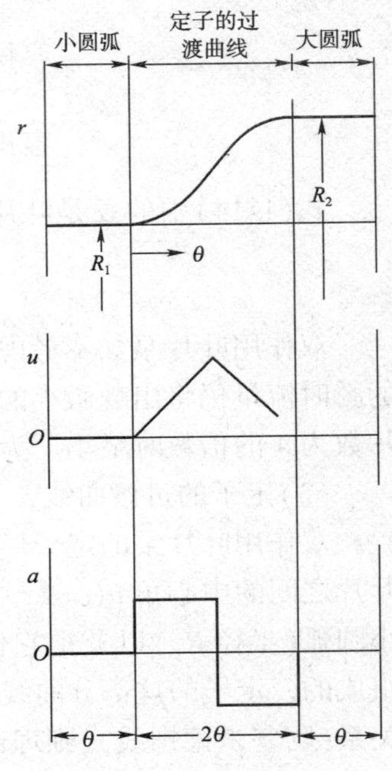

图1-17　定子的过渡曲线与叶片的速度、加速度的关系

（5）限压式变量叶片泵

单作用式变量叶片泵的具体结构类型很多：按改变偏心方向的不同而分为单向变量泵和双向变量泵；按改变偏心方式的不同有手调式变量泵和自动调节式变量泵，自动调节式变量泵又有限压式变量泵、稳流量式变量泵等多种形式。限压式变量泵又可分为外反馈式和内反馈式两种。下面介绍外反馈式变量叶片泵。

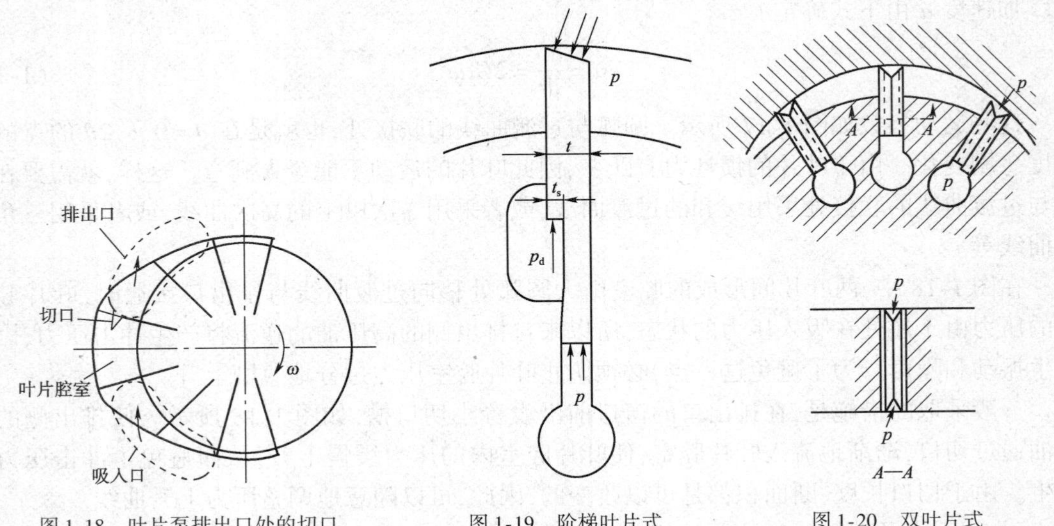

图1-18　叶片泵排出口处的切口　　图1-19　阶梯叶片式　　图1-20　双叶片式

图1-21是限压式变量泵的工作原理图。它能根据外负载（泵出口压力）的大小自动调节

泵的排量。图中转子 1 的中心 O 是固定不动的,定子 3(其中心为 O_1)可左右移动。定子左侧有一弹簧,弹簧刚度为 C_s,预压缩量为 x_0。定子右侧有一个小柱塞缸,柱塞的有效面积为 A。当转子逆时针方向旋转时,转子上部为压油区,下部为吸油区。压力油的合力把定子压在滑块滚针支承 4 上。限压式变量泵的特性曲线如图 1-22 所示。由于压力 p 同时作用在定子右侧的柱塞上,当压力较低时,即作用在柱塞上的液压力 p_A 小于等于弹簧预紧力 $C_s x_0$ 时,偏心量保持最大(预调值 e_0),泵的流量最大(图 1-22 中 AB 段)。当压力升高到 $p_A > C_s x_0$ 时,定子向左移动 x 距离,使偏心量减小,泵的输出流量减小(BC 段)。压力越高,偏心量越小,输出流量也越小。当泵的压力到达某一数值,偏心量减小到某一数值时,泵输出的流量和补偿泵内泄漏所需流量相等,此时泵的实际输出流量为零,此后不管外界负载再怎样加大,泵的输出压力不再升高,所以这种泵被称为限压式变量叶片泵。至于外反馈的意义则表示反馈力是通过柱塞从外面加到定子上来的。

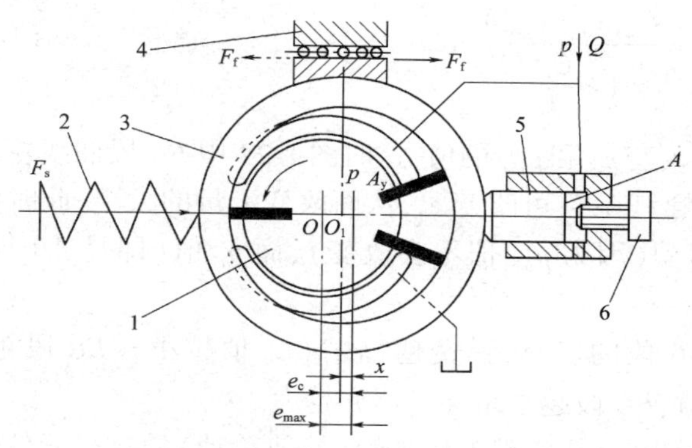

图 1-21 外反馈限压式变量叶片泵

1-转子;2-弹簧;3-定子;4-滑块滚针支承;5-反馈柱塞;6-流量调节螺钉

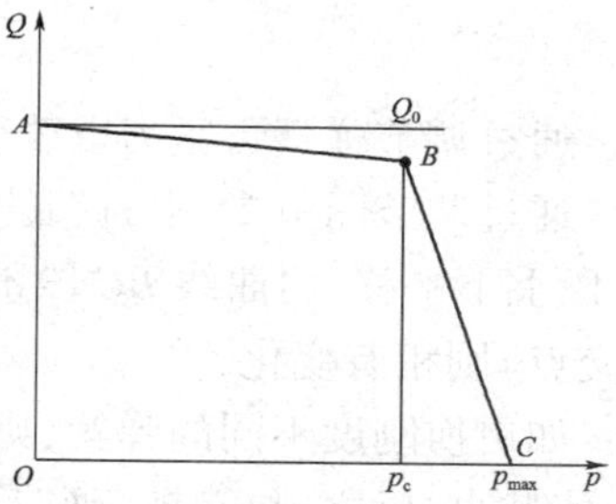

图 1-22 限压式变量叶片泵的特性曲线

设泵转子和定子间的最大偏心距为 e_{max},此时弹簧的预压缩量为 x_0,泵的偏心预调值为 e_0,压力逐渐增大,使定子开始移动时的压力为 p_c,则有

$$p_c A = C_s (x_0 + e_{max} - e_0) \tag{1-21}$$

当泵压力为 p 时,定子移动了 x 距离(亦即弹簧压缩增加量),这时的偏心量为

$$e = e_0 - x \tag{1-22}$$

如忽略泵在滑块滚针支承处的摩擦力 F_f,泵定子的受力方程为

$$pA = C_s (x_0 + e_{max} - e_0 + x) \tag{1-23}$$

由此得

$$p_c = \frac{C_s}{A}(x_0 + e_{max} - e_0) \tag{1-24}$$

泵的实际输出流量为

$$Q = C_q e - C_1 p \tag{1-25}$$

式中:C_q——泵的流量系数;

C_1——泵的泄漏系数。

当 $p_A < F_s = C_s x_0$ 时,定子处于极右端位置,这时 $e = e_0$

$$Q = C_q e_0 - C_1 p \tag{1-26}$$

而当 $p_A > F_s = C_s x_0$ 时，定子左移，泵的流量减小，由式（1-22）、（1-24）、（1-25）得

$$Q = C_q(x_0 + e_{max}) - \frac{C_q}{C_s}\left(A + \frac{C_s C_1}{C_q}\right)p \tag{1-27}$$

如图 1-22 所示的限压式变量泵特性曲线就是由方程式（1-26）、（1-27）画出的。图中 AB 段是泵的不变量段，它与式（1-26）相对应，在这里由于是常数，就像定量泵一样，压力增加时，实际输出流量减少；图中 BC 段是泵的变量段，它与式（1-27）相对应，这一区段内泵的实际流量随着压力的增大迅速下降。图中的 B 点叫做曲线的拐点，拐点处的压力 p_c 值主要由弹簧预紧力确定，并可由式（1-24）算出。

变量泵的最大输出压力 p_{max} 相当于实际输出流量为零时的压力。令式（1-27）中 $Q=0$，可得

$$p_{max} = \frac{C_s(x_0 - e_{max})}{A + \dfrac{C_s C_l}{C_q}} \tag{1-28}$$

通过调节弹簧预紧力以改变 x_0，便可改变 p_c 和 p_{max} 的值，这时图 1-22 中 BC 段曲线左右平移。通过调节图 1-21 中右端的流量调节螺钉 6，便可改变 e_0，从而改变流量的大小，此时曲线 AB 段上下平移，但曲线 BC 段不会左右移动（因为 p_{max} 值不会改变），而 p_c 值（即是 AB 与 BC 的交点）则稍有变化。

如更换刚度不同的弹簧，则可改变 BC 段的斜率，弹簧越“软”（C_s 值越小），BC 段越陡，p_{max} 值越小；反之，弹簧越“硬”（C_s 值越大），BC 段越平坦，p_{max} 值亦越大。

限压式变量叶片泵对既要实现快速行程，又要实现工作进给（慢速移动）的执行元件来说是一种合适的油源：快速行程需要大的流量，负载压力较低，正好使用其 AB 段曲线部分；工作进给时负载压力升高，需要流量减少，正好使用其 BC 段曲线部分。

限压式变量叶片泵与定量泵相比，结构复杂，作相对运动的机件多，泄漏较大，轴上受有不平衡的径向液压力，噪声较大，容积效率和机械效率都没有定量叶片泵高；但是，它能按负载压力自动调节流量，在功率使用上较为合理，可减少油液发热。

3）柱塞泵

柱塞泵是靠柱塞在缸体中作往复运动造成密封容积的变化来实现吸油与压油的液压泵，与齿轮泵和叶片泵相比，这种泵有许多优点。首先，构成密封容积的零件为圆柱形的柱塞和缸孔，加工方便，可得到较高的配合精度，密封性能好，在高压工作时仍有较高的容积效率；其次，只需改变柱塞的工作行程就能改变流量，易于实现变量；第三，柱塞泵中的主要零件均受压应力作用，材料强度性能可得到充分利用。由于柱塞泵压力高，结构紧凑，效率高，流量调节方便，故在需要高压、大流量、大功率的系统中和流量需要调节的场合，如龙门刨床、拉床、液压机、工程机械、矿山冶金机械、船舶上得到广泛的应用。柱塞泵按柱塞的排列和运动方向不同，可分为径向柱塞泵和轴向柱塞泵两大类。

（1）径向柱塞泵

①径向柱塞泵的工作原理。如图 1-23 所示，柱塞 1 径向排列装在缸体 2 中，缸体由原动机带动连同柱塞一起旋转，所以缸体一般称为转子，柱塞在离心力（或在低压油）的作用下抵

紧定子4的内壁，当转子按图示方向回转时，由于定子和转子之间有偏心距 e，柱塞绕经上半周时向外伸出，柱塞底部的容积逐渐增大，形成部分真空，因此便经过衬套3（衬套3是压紧在转子内，并和转子一起回转）上的油孔从配油轴5和吸油口 b 吸油；当柱塞转到下半周时，定子内壁将柱塞向里推，柱塞底部的容积逐渐减小，向配油轴的压油口 c 压油，当转子回转一周时，每个柱塞底部的密封容积完成一次吸压油，转子连续运转，即完成压吸油工作。配油轴固定不动，油液从配油轴上半部的两个孔 a 流入，从下半部两个油孔 d 压出，为了进行配油，配油轴在和衬套3接触的一段加工出上下两个缺口，形成吸油口 b 和压油口 c，留下的部分形成封油区。封油区的宽度应能封住衬套上的吸压油孔，以防吸油口和压油口相连通，但尺寸也不能大得太多，以免产生困油现象。

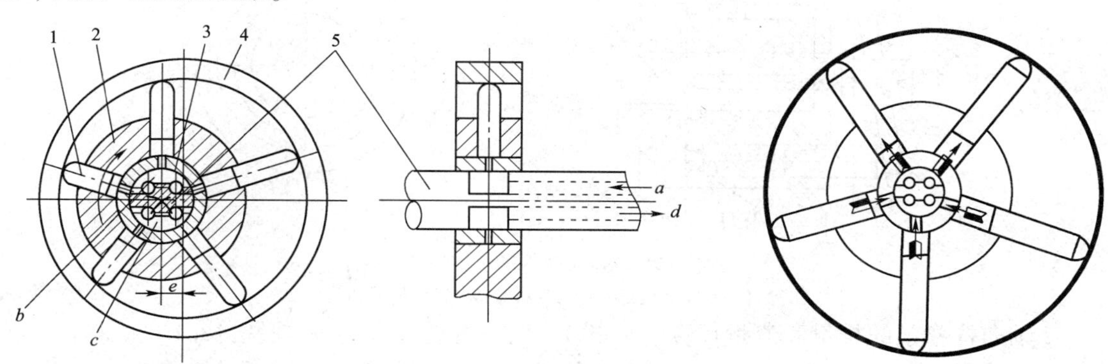

图1-23　径向柱塞泵的工作原理

1-柱塞；2-缸体；3-衬套；4-定子；5-配油轴

②径向柱塞泵的排量和流量计算。当转子和定子之间的偏心距为 e 时，柱塞在缸体孔中的行程为 $2e$，设柱塞个数为 z，直径为 d 时，泵的排量为

$$V = \frac{\pi}{4}d^2 2ez \tag{1-29}$$

设泵的转数为 n，容积效率为 η_V，则泵的实际输出流量为

$$q = \frac{\pi}{4}d^2 2ezn\eta_v = \frac{\pi}{2}d^2 \cdot ezn\eta_v \tag{1-30}$$

（2）轴向柱塞泵

①轴向柱塞泵的工作原理 。如图1-24所示，配油盘上吸油窗口和压油窗口之间的密封区宽度应稍大于柱塞缸体底部通油孔宽度。但不能相差太大，否则会发生困油现象。一般在两配油窗口的两端部开有小三角槽，以减小冲击和噪声。

斜轴式轴向柱塞泵的缸体轴线相对传动轴轴线成一倾角，传动轴端部用万向铰链、连杆与缸体中的每个柱塞相联结，当传动轴转动时，通过万向铰链、连杆使柱塞和缸体一起转动，并迫使柱塞在缸体中作往复运动，借助配油盘进行吸油和压油。这类泵的优点是变量范围大，泵的强度较高，但和上述直轴式相比，其结构较复杂，外形尺寸和重量均较大。

轴向柱塞泵的优点是：结构紧凑、径向尺寸小，惯性小，容积效率高，目前最高压力可达40.0MPa，甚至更高，一般用于工程机械、压力机等高压系统中，但其轴向尺寸较大，轴向作用力也较大，结构比较复杂。

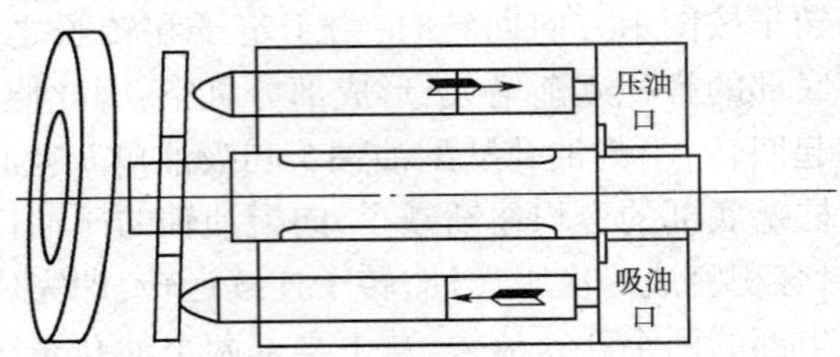

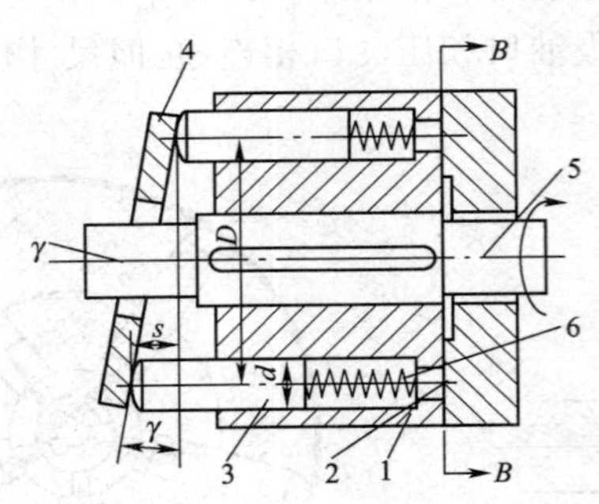

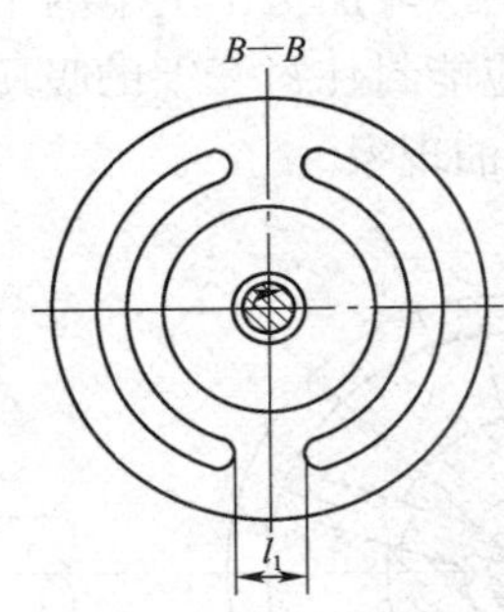

图 1-24　轴向柱塞泵的工作原理

1-缸体；2-配油盘；3-柱塞；4-斜盘；5-传动轴；6-弹簧

②轴向柱塞泵的排量和流量计算。见图 1-25，柱塞的直径为 d，柱塞分布圆直径为 D，斜盘倾角为 γ 时，柱塞的行程为 $s=D\tan\gamma$，所以当柱塞数为 z 时，轴向柱塞泵的排量为

$$V=\pi d^2 D\tan\gamma z/4 \tag{1-31}$$

设泵的转数为 n，容积效率为 η_v，则泵的实际输出流量为

$$V=\pi d^2 D\tan\gamma z\, n\eta_v/4 \tag{1-32}$$

实际上，由于柱塞在缸体孔中运动的速度不是恒速的，因而输出流量是有脉动的，当柱塞数为奇数时，脉动较小，且柱塞数多脉动也较小，因而一般常用的柱塞泵的柱塞个数为 7、9 或 11。

③轴向柱塞泵的结构特点。如图 1-25 所示为一种直轴式轴向柱塞泵的结构。由式(1-32)可知，若要改变轴向柱塞泵的输出流量，只要改变斜盘的倾角，即可改变轴向柱塞泵的排量和输出流量，常用的轴向柱塞泵变量机构有手动变量和伺服变量机构两种。

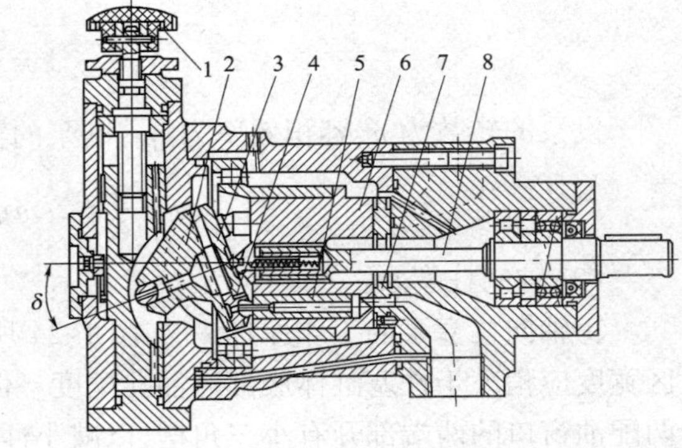

图 1-25　直轴式向柱塞泵结构

1-转动手轮；2-斜盘；3-回程盘；4-滑履；5-柱塞；6-缸体；7-配油盘；8-传动轴

二、液压执行元件

把液体的压力能转换成机械能输出的装置，称为执行元件。常见的执行元件有作直线运动的液压缸和作回转运动的液压马达。

1. 液压马达

1)液压马达的特点及分类

液压马达是把液体的压力能转换为机械能的装置。从原理上讲,液压泵可以作液压马达用,液压马达也可作液压泵用。但事实上同类型的液压泵和液压马达虽然在结构上相似,但由于两者的工作情况不同,使得两者在结构上也有某些差异。例如:

①液压马达一般需要正反转,所以在内部结构上应具有对称性,而液压泵一般是单方向旋转的,没有这一要求。

②为了减小吸油阻力,减小径向力,一般液压泵的吸油口比出油口的尺寸大。而液压马达低压腔的压力稍高于大气压力,所以没有上述要求。

③液压马达要求能在很宽的转速范围内正常工作,因此,应采用液动轴承或静压轴承。因为当马达速度很低时,若采用动压轴承,就不易形成润滑滑膜。

④叶片泵依靠叶片跟转子一起高速旋转而产生的离心力使叶片始终贴紧定子的内表面,起封油作用,形成工作容积。若将其当马达用,必须在液压马达的叶片根部装上弹簧,以保证叶片始终贴紧定子内表面,以便马达能正常启动。

⑤液压泵在结构上需保证具有自吸能力,而液压马达就没有这一要求。

⑥液压马达必须具有较大的启动扭矩。所谓启动扭矩,就是马达由静止状态启动时,马达轴上所能输出的扭矩,该扭矩通常大于在同一工作压差时处于运行状态下的扭矩。所以,为了使启动扭矩尽可能接近工作状态下的扭矩,要求马达扭矩的脉动小,内部摩擦小。

由于液压马达与液压泵具有上述不同的特点,使得很多类型的液压马达和液压泵不能互逆使用。

液压马达按其额定转速分为高速和低速两大类,额定转速高于500r/min的属于高速液压马达,额定转速低于500r/min的属于低速液压马达。

高速液压马达的基本形式有齿轮式、螺杆式、叶片式和轴向柱塞式等。它们的主要特点是转速较高、转动惯量小,便于启动和制动,调速和换向的灵敏度高。通常高速液压马达的输出转矩不大(仅几十牛·米到几百牛·米),所以又称为高速小转矩液压马达。

高速液压马达的基本形式是径向柱塞式,例如单作用曲轴连杆式、液压平衡式和多作用内曲线式等。此外在轴向柱塞式、叶片式和齿轮式中也有低速的结构形式。低速液压马达的主要特点是排量大、体积大、转速低(有时可达每分钟几转甚至零点几转),因此可直接与工作机构联接,不需要减速装置,使传动机构大为简化。通常低速液压马达输出转矩较大(可达几千牛·米到几万牛·米),所以又称为低速大转矩液压马达。

液压马达也可按其结构类型来分,可以分为齿轮式、叶片式、柱塞式和其他形式。

2)液压马达的性能参数

液压马达的性能参数很多。下面是液压马达的主要性能参数:

(1)排量、流量和容积效率

习惯上将马达的轴每转一周,按几何尺寸计算所进入的液体容积,称为马达的排量V,有时称之为几何排量、理论排量,即不考虑泄漏损失时的排量。

液压马达的排量表示出其工作容腔的大小,它是一个重要的参数。因为液压马达在工作中输出的转矩大小是由负载转矩决定的。但是,推动同样大小的负载,工作容腔大的马达的压力要低于工作容腔小的马达的压力,所以说工作容腔的大小是液压马达工作能力的主要标志,也就是说,排量的大小是液压马达工作能力的重要标志。

根据液压动力元件的工作原理可知，马达转速 n、理论流量 q_i 与排量 V 之间具有下列关系

$$q_i = nV \tag{1-33}$$

式中：q_i——理论流量（m^3/s）；

n——转速（r/min）；

V——排量（m^3/s）。

为了满足转速要求，马达实际输入流量 q 大于理论输入流量，则有

$$q = q_i + \Delta q \tag{1-34}$$

式中：Δq——泄漏流量。

$$\eta_v = q_i/q = 1/(1 + \Delta q/q_i) \tag{1-35}$$

所以得实际流量

$$q = q_i/\eta_v \tag{1-36}$$

（2）液压马达输出的理论转矩

根据排量的大小，可以计算在给定压力下液压马达所能输出的转矩的大小，也可以计算在给定的负载转矩下马达的工作压力的大小。当液压马达进、出油口之间的压力差为 ΔP，输入液压马达的流量为 q，液压马达输出的理论转矩为 T_t，角速度为 ω，如果不计损失，液压马达输入的液压功率应当全部转化为液压马达输出的机械功率，即

$$\Delta Pq = T_t\omega \tag{1-37}$$

又因为 $\omega = 2\pi n$，所以液压马达的理论转矩为

$$T_t = \Delta P \cdot V/2\pi \tag{1-38}$$

式中：ΔP——马达进出口之间的压力差。

（3）液压马达的机械效率

由于液压马达内部不可避免地存在各种摩擦，实际输出的转矩 T 总要比理论转矩 T_t 小些，即

$$T = T_t\eta_m \tag{1-39}$$

式中：η_m——液压马达的机械效率（%）。

（4）液压马达的启动机械效率 η_m

液压马达的启动机械效率是指液压马达由静止状态启动时，马达实际输出的转矩 T_0 与它在同一工作压差时的理论转矩 T_t 之比。即

$$\eta_m = T_0/T_t \tag{1-40}$$

3）常用的几种液压马达的工作原理

常用的液压马达的结构与同类型的液压泵很相似，下面对叶片马达、轴向柱塞马达和摆动马达的工作原理作一介绍。

（1）叶片马达

如图 1-26 所示为叶片液压马达的工作原理图。

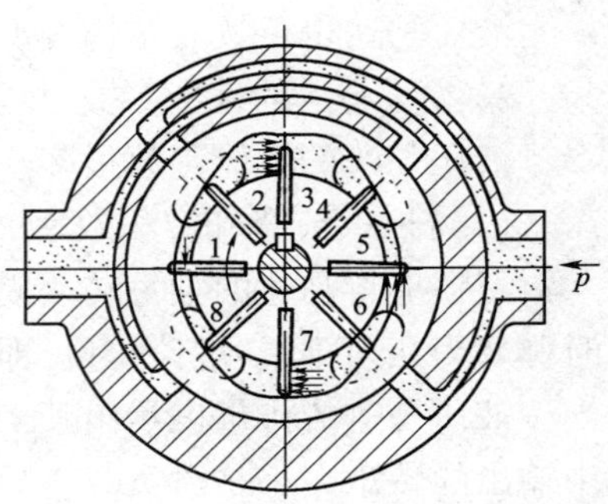

图 1-26　叶片马达的工作原理图

1～8-叶片

当压力为 p 的油液从进油口进入叶片 1 和 3 之间时，叶片 2 因两面均受液压油的作用所以不产生转矩。叶片 1、3 上，一面作用有压力油，另一面为低压油。由于叶片 3 伸出的面积大于叶片 1 伸出的面积，因此作用于叶片 3 上的总液压力大于作用于叶片 1 上的总液压力，于是压力差使

转子产生顺时针的转矩。同样道理,压力油进入叶片5和7之间时,叶片7伸出的面积大于叶片5伸出的面积,也产生顺时针转矩。这样,就把油液的压力能转变成了机械能,这就是叶片马达的工作原理。当输油方向改变时,液压马达就反转。

当定子的长短径差值越大,转子的直径越大,以及输入的压力越高时,叶片马达输出的转矩也越大。

在图1-26中,叶片2、4、6、8两侧的压力相等,无转矩产生。叶片3、7产生的转矩为T_1,方向为顺时针方向。假设马达出口压力为零,则

$$T_1 = 2\left[(R_1 - r)Bp \cdot \frac{(R_1 + r)}{2}\right] = B(R_2^2 - R_2^2) \cdot p \tag{1-41}$$

式中:B——叶片宽度;

R_1——定子长半径;

r——转子半径;

p——马达的进口压力。

叶片1、5产生的转矩为T_2,方向为逆时针方向,则

$$T = T_1 - T_2 = B(R_1^2 - R_2^2) \cdot p \tag{1-42}$$

由式(1-41)、(1-42)看出,对结构尺寸已确定的叶片马达,其输出转矩T决定于输入油的压力。

由叶片泵的理论流量q_i的公式

$$q_i = 2\pi Bn(R_1^2 - R_2^2)$$

得

$$n = q_i / 2\pi B(R_1^2 - R_2^2) \tag{1-43}$$

式中:q_i——液压马达的理论流量,$q_i = q \cdot \eta_v$;

q——液压马达的实际流量,即进口流量。

由式(1-43)看出,对结构尺寸已确定的叶片马达,其输出转速n决定于输入油的流量。

叶片马达的体积小,转动惯量小,因此动作灵敏,可适应的换向频率较高。但泄漏较大,不能在很低的转速下工作,因此,叶片马达一般用于转速高、转矩小和动作灵敏的场合。

(2)轴向柱塞马达

轴向柱塞马达的结构形式基本上与轴向柱塞泵一样,故其种类与轴向柱塞泵相同,也分为直轴式轴向柱塞马达和斜轴式轴向柱塞马达两类。

斜盘式轴向柱塞马达的工作原理如图1-27所示。

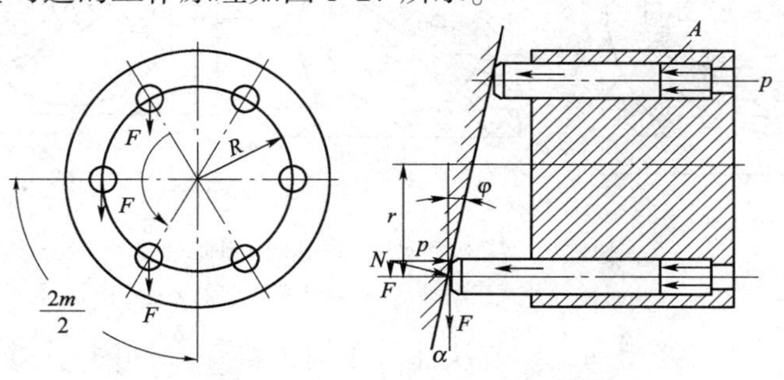

图1-27　斜盘式轴向柱塞马达的工作原理图

当压力油进入液压马达的高压腔之后，工作柱塞便受到油压作用力为 pA（p 为油压力，A 为柱塞面积），通过滑靴压向斜盘，其反作用为 N。N 力分解成两个分力，沿柱塞轴向分力 p，与柱塞所受液压力平衡；另一分力 F，与柱塞轴线垂直向上，它与缸体中心线的距离为 r，这个力便产生驱动马达旋转的力矩。F 力的大小为

$$F = pA\tan\alpha \tag{1-44}$$

式中：α——斜盘的倾斜角度，°。

这个 F 力使缸体产生扭矩的大小，由柱塞在压油区所处的位置而定。设有一柱塞与缸体的垂直中心线成 φ 角，则该柱塞使缸体产生的扭矩 T 为

$$T = Fr = FR\sin\varphi = pAR\tan\alpha\sin\varphi \tag{1-45}$$

式中：R——柱塞在缸体中的分布圆半径，m。

随着角度 φ 的变化，柱塞产生的扭矩也跟着变化。整个液压马达能产生的总扭矩，是所有处于压力油区的柱塞产生的扭矩之和，因此，总扭矩也是脉动的。当柱塞的数目较多且为单数时，脉动较小。

液压马达的实际输出的总扭矩可用下式计算

$$T = \eta_m \cdot \Delta pV/2\pi \tag{1-46}$$

式中：Δp——液压马达进出口油液压力差（N/m^2）；

V——液压马达理论排量（m^3/r）；

η_m——液压马达机械效率。

从式(1-46)中可看出，当输入液压马达的油液压力一定时，液压马达的输出扭矩仅和每转排量有关。因此，提高液压马达的每转排量，可以增加液压马达的输出扭矩。

一般来说，轴向柱塞马达都是高速马达，输出扭矩小，因此，必须通过减速器来带动工作机构。如果我们能使液压马达的排量显著增大，也就可以使轴向柱塞马达做成低速大扭矩马达。

(3)摆动马达

摆动液压马达的工作原理见图1-28。

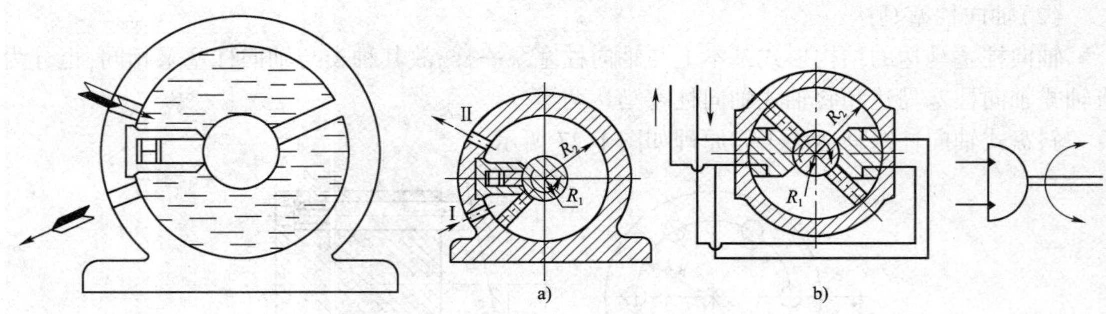

图1-28　摆动缸摆动液压马达的工作原理图

a)单叶片式摆动马达；b)双叶片式摆动马达

图1-28a)是单叶片式摆动马达。若从油口Ⅰ通入高压油，叶片作逆时针摆动，低压力从油口Ⅱ排出。因叶片与输出轴连在一起，帮输出轴摆动同时输出转矩，克服负载。

此类摆动马达的工作压力小于10MPa,摆动角度小于280°。由于径向力不平衡,叶片和壳体、叶片和挡块之间密封困难,限制了其工作压力的进一步提高,从而也限制了输出转矩的进一步提高。

图1-28b)是双叶片式摆动马达。在径向尺寸和工作压力相同的条件下,分别是单叶片式摆动马达输出转矩的2倍,但回转角度要相应减小,双叶片式摆动马达的回转角度一般小于120°。

叶片摆动马达的总效率 $\eta = 70\% \sim 95\%$。对单叶片摆动马达来说,设其机械效率为1,出口背压为零,则它的输出转矩

$$T = pB\int_{R_1}^{R_2} r dr = p\frac{B}{2}(R_2^2 - R_1^2) \tag{1-47}$$

式中:p——单叶片摆动马达的进口压力;

B——叶片宽度;

R_1——叶片轴外半径,叶片内半径;

R_2——叶片外半径。

2. 液压缸

液压缸又称为油缸,它是液压系统中的一种执行元件,其功能就是将液压能转变成直线往复式的机械运动。

1)液压缸的类型和特点

液压缸的种类很多,其详细分类可见表1-1。

常见液压缸的种类及特点　　表1-1

分类	名称	符号	说明
单作用液压缸	柱塞式液压缸		柱塞仅单向运动,返回行程是利用自重或负荷将柱塞推回
	单活塞杆液压缸		活塞仅单向运动,返回行程是利用自重或负荷将活塞推回
	双活塞杆液压缸		活塞的两侧都装有活塞杆,只能向活塞一侧供给压力油,返回行程通常利用弹簧力、重力或外力
	伸缩液压缸		它以短缸获得长行程。用液压油由大到小逐节推出,靠外力由小到大逐节缩回
双作用液压缸	单活塞杆液压缸		单边有杆,两向液压驱动,两向推力和速度不等
	双活塞杆液压缸		双向有杆,双向液压驱动,可实现等速往复运动
	伸缩液压缸		双向液压驱动,伸出由大到小逐步推出,由小到大逐节缩回

续上表

分 类	名 称	符 号	说 明
组合液压缸	弹簧复位液压缸		单向液压驱动,由弹簧力复位
	串联液压缸		用于缸的直径受限制,而长度不受限制处,获得大的推力
	增压缸(增压器)		由低压力室 A 缸驱动,使 B 室获得高压油源
	齿条传动液压缸		活塞往复运动经装在一起的齿条驱动齿轮获得往复回转运动
摆动液压缸			输出轴直接输出扭矩,其往复回转的角度小于 360°,也称摆动马达

2)常用的几种液压缸

(1)活塞式液压缸

活塞式液压缸根据其使用要求不同可分为双杆式和单杆式两种。

①双杆式活塞缸。活塞两端都有一根直径相等的活塞杆伸出的液压缸称为双杆式活塞缸,它一般由缸体、缸盖、活塞、活塞杆和密封件等零件构成。根据安装方式不同可分为缸筒固定式和活塞杆固定式两种。

如图 1-29a)所示为缸筒固定式的双杆活塞缸。它的进、出口布置在缸筒两端,活塞通过活塞杆带动工作台移动。当活塞的有效行程为 l 时,整个工作台的运动范围为 $3l$,所以机床占地面积大,一般适用于小型机床。当工作台行程要求较长时,可采用如图 1-29b)所示的活塞杆固定的形式。这时,缸体与工作台相连,活塞杆通过支架固定在机床上,动力由缸体传出。这种安装形式中,工作台的移动范围只等于液压缸有效行程 l 的两倍($2l$),因此占地面积小。进出油口可以设置在固定不动的空心的活塞杆的两端,但必须使用软管联接。

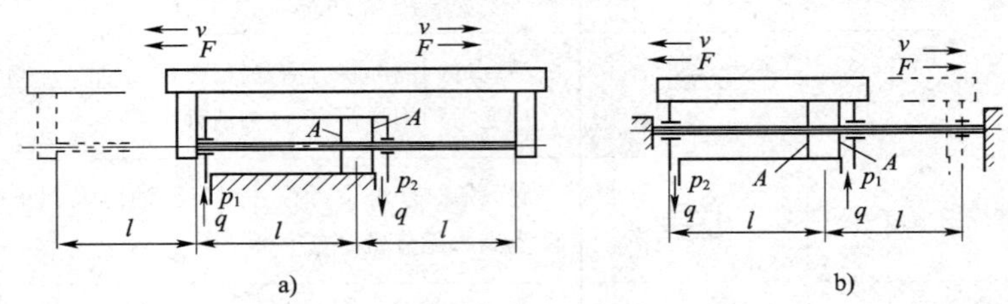

图 1-29 双杆活塞缸

a)缸筒固定式;b)活塞杆固定式

由于双杆活塞缸两端的活塞杆直径通常是相等的,因此它左、右两腔的有效面积也相等,当分别向左、右腔输入相同压力和相同流量的油液时,液压缸左、右两个方向的推力和速度相等。当活塞的直径为 D,活塞杆的直径为 d,液压缸进、出油腔的压力为 p_1 和 p_2,输入流量为 q 时,双杆活塞缸的推力 F 和速度 v 为

$$F=A(p_1-p_2)=\pi(D_2-d_2)(p_1-p_2)/4 \tag{1-48}$$

$$v=q/A=4q/\pi(D_2-d_2) \tag{1-49}$$

式中:A——活塞的有效工作面积。

双杆活塞缸在工作时,设计成一个活塞杆是受拉的,而另一个活塞杆不受力,因此这种液压缸的活塞杆可以做得细些。

②单杆式活塞缸。如图1-30所示,活塞只有一端带活塞杆,单杆液压缸也有缸体固定和活塞杆固定两种形式,但它们的工作台移动范围都是活塞有效行程的两倍。

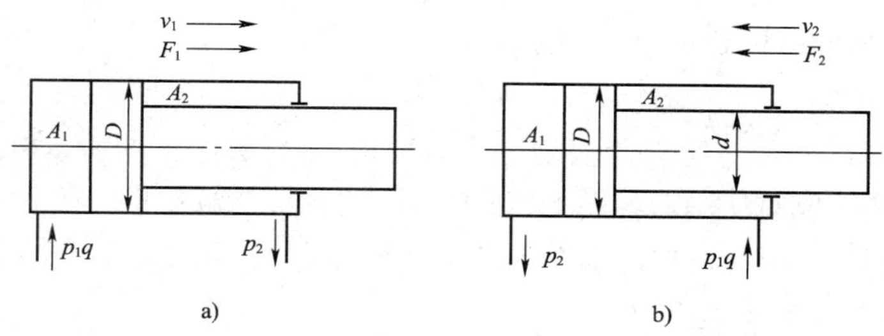

图1-30　单杆式活塞缸

a)缸体固定式;b)活塞杆固定形

由于液压缸两腔的有效工作面积不等,因此它在两个方向上的输出推力和速度也不等,其值分别为

$$F_1=(p_1A_1-p_2A_2)=\pi[(p_1-p_2)D^2-p_2d^2]/4 \tag{1-50}$$

$$F_2=(p_1A_2-p_2A_1)=\pi[(p_1-p_2)D^2-p_1d^2]/4 \tag{1-51}$$

$$v_1=q/A_1=4q/\pi D^2 \tag{1-52}$$

$$v_2=q/A_2=4q/\pi(D^2-d^2) \tag{1-53}$$

由式(1-50)~式(1-53)可知,由于$A_1>A_2$,所以$F_1>F_2$,$v_1<v_2$。如把两个方向上的输出速度v_2和v_1的比值称为速度比,记作λ_v,则$\lambda_v=v_2/v_1=1/[1-(d/D)^2]$。因此,$d=D\sqrt{(\lambda_v-1)/\lambda_v}$。在已知$D$和$\lambda_v$时,可确定$d$值。

③差动油缸。单杆活塞缸在其左右两腔都接通高压油时称为:“差动联接”,如图1-31所示。差动联接缸左右两腔的油液压力相同,但是由于左腔(无杆腔)的有效面积大于右腔(有杆腔)的有效面积,故活塞向右运动,同时使右腔中排出的油液(流量为q')也进入左腔,加大了流入左腔的流量($q+q'$),从而也加快了活塞移动的速度。实际上活塞在运动时,由于差动联接时两腔间的管路中有压力损失,所以右腔中油液的压力稍大于左腔油液压力,而这个差值一般都较小,可以忽略不计,则差动联接时活塞推力F_3和运动速度v_3为

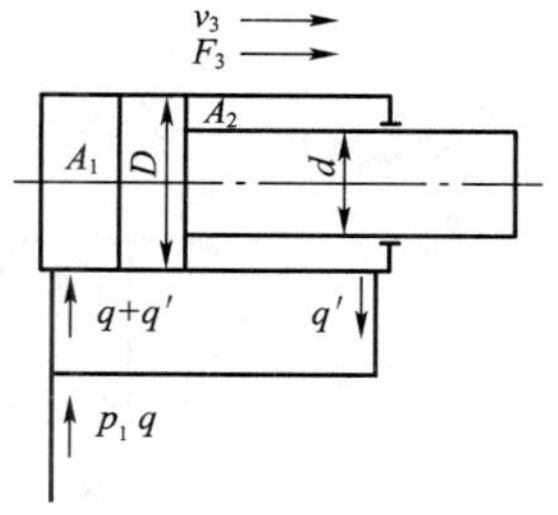

图1-31　差动缸

$$F_3=p_1(A_1-A_2)=p_1\pi d_2/4 \tag{1-54}$$

进入无杆腔的流量　$q_1=v_3\dfrac{\pi D^2}{4}=q+v_3\dfrac{\pi(D^2-d^2)}{4}$

$$v_3 = 4q/\pi d^2 \tag{1-55}$$

由式(1-54)、式(1-55)可知,差动联接时液压缸的推力比非差动联接时小,速度比非差动联接时大,正好利用这一点,可使在不加大油源流量的情况下得到较快的运动速度,这种联接方式被广泛应用于组合机床的液压动力系统和其他机械设备的快速运动中。如果要求机床往返快速相等时,则由式(1-53)和式(1-55)得

$$\frac{4q}{\pi(D^2-d^2)} = \frac{4q}{\pi d^2}$$

即

$$D = \sqrt{2}d \tag{1-56}$$

差动联接的单活塞液压缸称之为差动液压缸。

(2)柱塞缸

柱塞缸如图1-32a)所示,它只能实现一个方向的液压传动,反向运动要靠外力。若需要实现双向运动,则必须成对使用。如图1-32b)所示,这种液压缸中的柱塞和缸筒不接触,运动时由缸盖上的导向套来导向,因此缸筒的内壁不需精加工,它特别适用于行程较长的场合。

柱塞缸输出的推力和速度各为

$$F = pA = p\pi d^2/4 \tag{1-57}$$

$$v_i = q/A = 4q/\pi d^2 \tag{1-58}$$

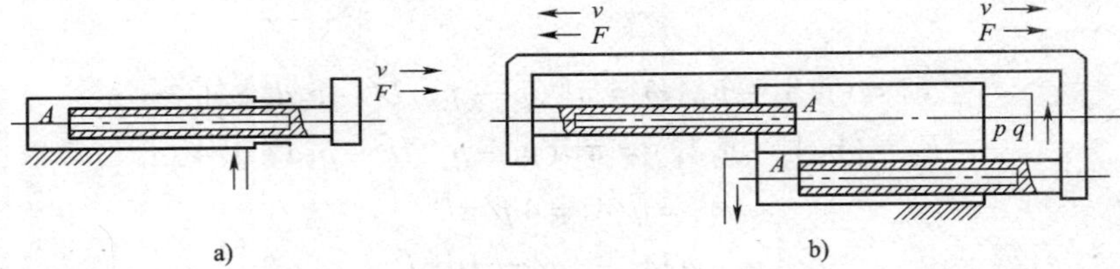

图1-32　柱塞缸

(3)其他液压缸

①增压液压缸(如图1-33所示)。增压液压缸又称增压器,它利用活塞和柱塞有效面积的不同使液压系统中的局部区域获得高压。它有单作用和双作用两种形式。

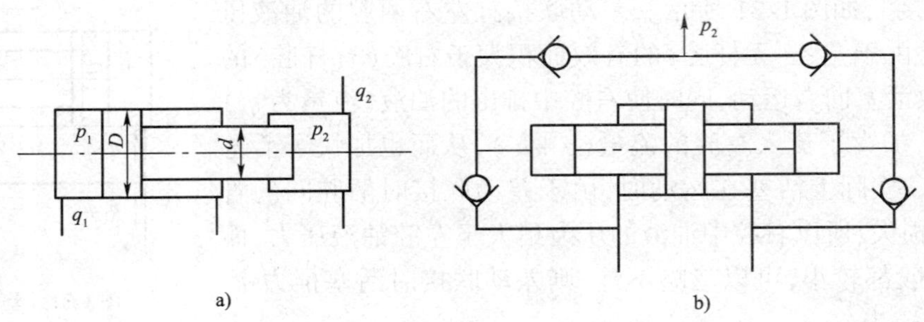

图1-33　增压缸

②伸缩缸。伸缩缸由两个或多个活塞缸套装而成,前一级活塞缸的活塞杆内孔是后一级活塞缸的缸筒,伸出时可获得很长的工作行程,缩回时可保持很小的结构尺寸,伸缩缸被广泛用于起重运输车辆上。

伸缩缸可以是如图 1-34a)所示的单作用式,也可以是如图 1-34b)所示的双作用式,前者靠外力回程,后者靠液压回程。

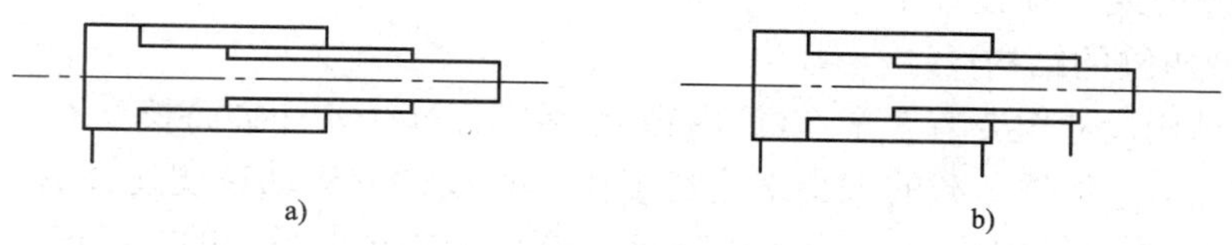

图 1-34　伸缩缸
a)单作用式;b)双作用式

伸缩缸的外伸动作是逐级进行的。首先是最大直径的缸筒以最低的油液压力开始外伸,当到达行程终点后,稍小直径的缸筒开始外伸,直径最小的末级最后伸出。随着工作级数变大,外伸缸筒直径越来越小,工作油液压力随之升高,工作速度变快。其值为

$$F_i = p_i \frac{\pi}{4} D_i^2 \tag{1-59}$$

$$V_i = 4q/\pi D_i^2 \tag{1-60}$$

式中:i——i 级活塞缸。

③齿轮缸。它由两个柱塞缸和一套齿条传动装置组成,如图 1-35 所示。柱塞的移动经齿轮齿条传动装置变成齿轮的传动,用于实现工作部件的往复摆动或间歇进给运动。

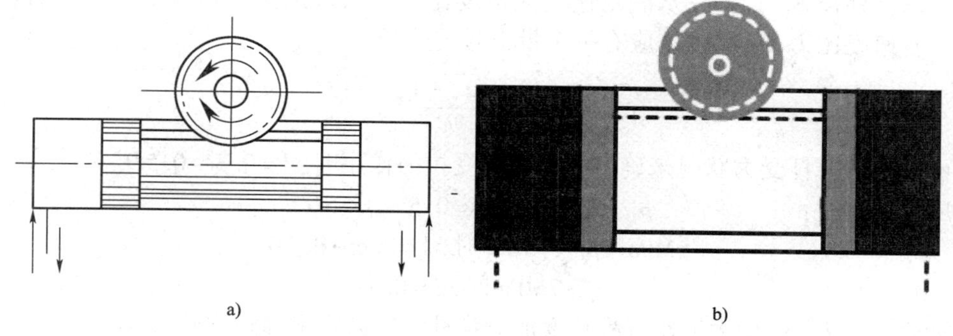

图 1-35　齿轮缸

3)液压缸组成

液压缸是由缸筒组件、活塞组件、密封组件、缓冲装置、放气装置组成。

4)液压缸的设计和计算

液压缸是液压传动的执行元件,它和主机工作机构有直接的联系,对于不同的机种和机构,液压缸具有不同的用途和工作要求。因此,在设计液压缸之前,必须对整个液压系统进行工况分析,编制负载图,选定系统的工作压力,然后根据使用要求选择结构类型,按负载情况、运动要求、最大行程等确定其主要工作尺寸,进行强度、稳定性和缓冲验算,最后再进行结构设计。

(1)液压缸的设计内容和步骤

①选择液压缸的类型和各部分结构形式。

②确定液压缸的工作参数和结构尺寸。

③结构强度、刚度的计算和校核。

④导向、密封、防尘、排气和缓冲等装置的设计。

⑤绘制装配图、零件图、编写设计说明书。

下面只着重介绍几项设计工作。

(2)计算液压缸的结构尺寸

液压缸的结构尺寸主要有3个:缸筒内径D、活塞杆外径d和缸筒长度L。

①缸筒内径D。根据负载的大小来选定工作压力或往返运动速度比,求得液压缸的有效工作面积,从而得到缸筒内径D,再从GB 2348—80标准中选取最近的标准值作为所设计的缸筒内径。

根据负载和工作压力的大小确定D:

A. 以无杆腔做工作腔时

$$D=\sqrt{\frac{4F_{max}}{\pi p_1}} \tag{1-61}$$

B. 以有杆腔做工作腔时

$$D=\sqrt{\frac{4F_{max}}{\pi p_I}+d^2} \tag{1-62}$$

式中:p_I——缸工作腔的工作压力,可根据机床类型或负载的大小来确定;F_{max}为最大作用负载。

②活塞杆外径d。通常先从满足速度或速度比的要求来选择,然后再校核其结构强度和稳定性。若速度比为λ_v,则该处应有一个带根号的式子

$$D=\sqrt{\frac{\lambda_v-1}{\lambda_v}} \tag{1-63}$$

也可根据活塞杆受力状况来确定。一般为受拉力作用时:$d=0.3\sim0.5D$。

受压力作用时: $p_I<5\text{MPa}$ 时,$d=0.5\sim0.55D$

$5\text{MPa}<p_I<7\text{MPa}$ 时,$d=0.6\sim0.7D$

$p_I>7\text{MPa}$ 时,$d=0.7D$

③缸筒长度L。由最大工作行程长度加上各种结构需要来确定,即

$$L=l+B+A+M+C$$

式中:l——活塞的最大工作行程;

B——活塞宽度,一般为$(0.6-l)D$;

A——活塞杆导向长度,取$(0.6-1.5)D$;

M——活塞杆密封长度,由密封方式定;

C——其他长度。

一般缸筒的长度最好不超过内径的20倍。

另外,液压缸的结构尺寸还有最小导向长度H。

④最小导向长度H的确定。当活塞杆全部外伸时,从活塞支承面中点到导向套滑动面中点的距离称为最小导向长度H(如图1-36所示)。如果导向长度过小,将使液压缸的初始挠度(间隙引起的挠度)增大,影响液压缸的稳定性,因此设计时必须保证有一最小导向长度。

对于一般的液压缸,其最小导向长度应满足下式

$$H \geqslant L/20 + D/2 \tag{1-64}$$

式中：L——液压缸最大工作行程，m；

D——缸筒内径，m。

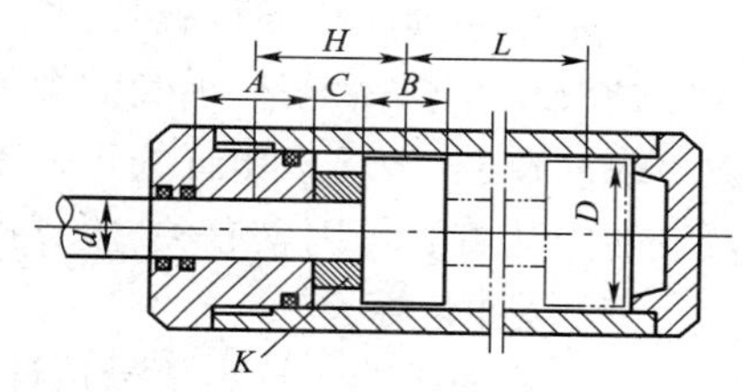

图 1-36　油缸的导向长度
K-隔套

一般导向套滑动面的长度 A，在 $D<80\text{mm}$ 时取 $A=(0.6\text{-}1.0)D$，在 $D>80\text{mm}$ 时取 $A=(0.6\text{-}1.0)d$；活塞的宽度 B 则取 $B=(0.6\text{-}1.0)D$。为保证最小导向长度，过分增大 A 和 B 都是不适宜的，最好在导向套与活塞之间装一隔套 K，隔套宽度 C 由所需的最小导向长度决定，即

$$C = H - (A+B)/2 \tag{1-65}$$

采用隔套不仅能保证最小导向长度，还可以改善导向套及活塞的通用性。

(3)强度校核

对液压缸的缸筒壁厚、活塞杆直径和缸盖固定螺栓直径，在高压系统中必须进行强度校核。

①缸筒壁厚校核。分薄壁和厚壁两种情况。

当 $D/\delta \geqslant 10$ 时为薄壁，壁厚 δ 按下式进行校核

$$\delta \geqslant p_t D/2[\sigma] \tag{1-66}$$

式中：D——缸筒内径；

p_t——缸筒试验压力，当缸的额定压力 $p_n \leqslant 16\text{MPa}$ 时，取 $p_t = 1.5p_n$，p_v 为缸生产时的试验压力，当 $p_n > 16\text{MPa}$ 时，取 $p_v = 1.25p_n$；

$[\sigma]$——缸筒材料的许用应力，$[\sigma]=\sigma b/n$，σb 为材料的抗拉强度，n 为安全系数，一般取 $n=5$。

当 $D/\sigma<10$ 时为厚壁，壁厚 δ 按下式进行校核

$$\delta \geqslant \frac{D}{2}\left(\sqrt{\frac{[\sigma]+0.4p_t}{[\sigma]-1.3p_t}}-1\right) \tag{1-67}$$

在使用式(1-66)、式(1-67)进行校核时，若液压缸缸筒与缸盖采用半环联接，δ 应取缸筒壁厚最小处的值。

②活塞杆直径校核。活塞杆的直径 d 按下式进行校核

$$d \geqslant \sqrt{\frac{4F}{\pi[\sigma]}} \tag{1-68}$$

式中：F——活塞杆上的作用力；

$[\sigma]$——活塞杆材料的许用应力，$[\sigma]=\sigma b/1.4$。

③液压缸盖固定螺栓直径校核。液压缸盖固定螺栓的直径 d 按下式计算

$$d \geqslant \sqrt{\frac{5.2kF}{\pi Z[\sigma]}} \tag{1-69}$$

式中：F——液压缸负载；

Z——固定螺栓个数；

k——螺纹拧紧系数，$k=1.12\sim1.5$；

$[\sigma]=\sigma_s/(1.2-2.5)$，$\sigma_s$ 为材料的屈服极限。

(4)液压缸稳定性校核

活塞杆受轴向压缩负载时，其直径 d 一般不小于长度 L 的 1/15。当 $L/d \geqslant 15$ 时，须进行稳定性校核，应使活塞杆承受的力 F 不能超过使它保持稳定工作所允许的临界负载 F_k，以免发生纵向弯曲，破坏液压缸的正常工作。F_k 的值与活塞杆材料性质、截面形状、直径和长度以及缸的安装方式等因素有关，验算可按材料力学有关公式进行。

（5）缓冲计算

液压缸的缓冲计算主要是估计缓冲时缸中出现的最大冲击压力，以便用来校核缸筒强度、制动距离是否符合要求。缓冲计算中如发现工作腔中的液压能和工作部件的动能不能全部被缓冲腔所吸收时，制动中就可能产生活塞和缸盖相碰现象。

液压缸在缓冲时，缓冲腔内产生的液压能 E_1 和工作部件产生的机械能 E_2 分别为

$$E_1 = p_c A_c L_c \tag{1-70}$$

$$E_2 = p_p A_p L_c + \frac{1}{2} m v_0^2 - F_f L_c \tag{1-71}$$

式中：p_c——缓冲腔中的平均缓冲压力；

p_p——高压腔中的油液压力；

A_c、A_p——缓冲腔、高压腔的有效工作面积；

L_c——缓冲行程长度；

m——工作部件质量；

v_0——工作部件运动速度；

F_f——摩擦力。

式（1-71）中等号右边第一项为高压腔中的液压能，第二项为工作部件的动能，第三项为摩擦能。当 $E_1 = E_2$ 时，工作部件的机械能全部被缓冲腔液体所吸收，由式（1-70）、式（1-71）得

$$P_c = E_2 / A_c L_c \tag{1-72}$$

如缓冲装置为节流口可调式缓冲装置，在缓冲过程中的缓冲压力逐渐降低，假定缓冲压力线性地降低，则最大缓冲压力即冲击压力为

$$P_{cmax} = P_c + m v_0^2 / 2 A_c L_c \tag{1-73}$$

如缓冲装置为节流口变化式缓冲装置，则由于缓冲压力 P_c 始终不变，最大缓冲压力的值如式（1-72）所示。

（6）液压缸设计中应注意的问题

液压缸的设计和使用正确与否，直接影响到它的性能和是否发生故障。在这方面，经常碰到的是液压缸安装不当、活塞杆承受偏载、液压缸或活塞下垂以及活塞杆的压杆失稳等问题。所以，在设计液压缸时，必须注意以下几点：

①尽量使液压缸的活塞杆在受拉状态下承受最大负载，或在受压状态下具有良好的稳定性。

②考虑液压缸行程终了处的制动问题和液压缸的排气问题。缸内如无缓冲装置和排气装置，系统中需有相应的措施，但是并非所有的液压缸都要考虑这些问题。

③正确确定液压缸的安装、固定方式。如承受弯曲的活塞杆不能用螺纹联接，要用止口联接。液压缸不能在两端用键或销定位，只能在一端定位，为的是不致阻碍它在受热时的膨胀。如冲击载荷使活塞杆压缩。定位件须设置在活塞杆端，如为拉伸则设置在缸盖端。

④液压缸各部分的结构需根据推荐的结构形式和设计标准进行设计,尽可能做到结构简单、紧凑、加工、装配和维修方便。

⑤在保证能满足运动行程和负载力的条件下,应尽可能地缩小液压缸的轮廓尺寸。

⑥要保证密封可靠,防尘良好。液压缸可靠的密封是其正常工作的重要因素。如泄漏严重,不仅降低液压缸的工作效率,甚至会使其不能正常工作(如满足不了负载力和运动速度要求等)。良好的防尘措施,有助于提高液压缸的工作寿命。

总之,液压缸的设计内容不是一成不变的,根据具体的情况有些设计内容可不做或少做,也可增加一些新的内容。设计步骤可能要经过多次反复修改,才能得到正确、合理的设计结果。在设计液压缸时,正确选择液压缸的类型是所有设计计算的前提。在选择液压缸的类型时,要从机器设备的动作特点、行程长短、运动性能等要求出发,同时还要考虑主机的结构特征给液压缸提供的安装空间和具体位置。

如:机器的往复直线运动直接采用液压缸来实现是既简单又方便的。对于要求往返运动速度一致的场合,可采用双活塞杆式液压缸;若有快速返回的要求,则宜用单活塞杆式液压缸,并可考虑用差动联接。行程较长时,可采用柱塞缸,以减少加工的困难;行程较长但负载不大时,也可考虑采用一些传动装置来扩大行程。往复摆动运动既可用摆动式液压缸,也可用直线式液压缸加连杆机构或齿轮——齿条机构来实现。

三、液压控制元件

对系统中液体的压力、流量和流动方向进行控制的装置,称为控制元件。液压阀是用来控制液压系统中油液的流动方向或调节其压力和流量的,是常见的控制元件。液压阀可分为方向阀、压力阀和流量阀三大类。一个形状相同的阀,可以因为作用机制的不同,而具有不同的功能。压力阀和流量阀利用通流截面的节流作用控制着系统的压力和流量,而方向阀则利用通流通道的更换控制着油液的流动方向。这就是说,尽管液压阀存在着各种各样不同的类型,它们之间还是保持着一些基本共同点的。在结构上,所有的阀都由阀体、阀芯(转阀或滑阀)和驱使阀芯动作的元、部件(如弹簧、电磁铁)组成;在工作原理上,所有阀的开口大小,阀进、出口间压差以及流过阀的流量之间的关系都符合孔口流量公式,仅是各种阀控制的参数各不相同而已。

1. 液压阀的分类

液压阀可按不同的特征进行分类,如表1-2所示。

2. 对液压阀的基本要求

①动作灵敏,使用可靠,工作时冲击和振动小。

②油液流过的压力损失小。

③密封性能好。

④结构紧凑,安装、调整、使用、维护方便,通用性大。

3. 方向控制阀

1)单向阀

液压系统中常见的单向阀有普通单向阀和液控单向阀两种。

液压阀的分类 表1-2

分类方法	种　类	详细分类
按机能分类	压力控制阀	溢流阀、顺序阀、卸荷阀、平衡阀、减压阀、比例压力控制阀、缓冲阀、仪表截止阀、限压切断阀、压力继电器
	流量控制阀	节流阀、单向节流阀、调速阀、分流阀、集流阀、比例流量控制阀
	方向控制阀	单向阀、液控单向阀、换向阀、行程减速阀、充液阀、梭阀、比例方向阀
按结构分类	滑阀	圆柱滑阀、旋转阀、平板滑阀
	座阀	椎阀、球阀、喷嘴挡板阀
	射流管阀	射流阀
按操作方法分类	手动阀	手把及手轮、踏板、杠杆
	机动阀	挡块及碰块、弹簧、液压、气动
	电动阀	电磁铁控制、伺服电动机和步进电动机控制
按联接方式分类	管式联接	螺纹式联接、法兰式联接
	板式及叠加式联接	单层联接板式、双层联接板式、整体联接板式、叠加阀
	插装式联接	螺纹式插装(二、三、四通插装阀)、法兰式插装(二通插装阀)
按其他方式分类	开关或定值控制阀	压力控制阀、流量控制阀、方向控制阀
按控制方式分类	电液比例阀	电液比例压力阀、电源比例流量阀、电液比例换向阀、电流比例复合阀、电流比例多路阀、三级电液流量伺服
	伺服阀	单、两级(喷嘴挡板式、动圈式)电液流量伺服阀、三级电液流量伺服
	数字控制阀	数字控制压力控制流量阀与方向阀

(1)普通单向阀

普通单向阀的作用,是使油液只能沿一个方向流动,不许它反向倒流。图1-37a)所示是一种管式普通单向阀的结构。压力油从阀体左端的通口 P_1 流入时,克服弹簧3作用在阀芯2上的力,使阀芯向右移动,打开阀口,并通过阀芯2上的径向孔 a、轴向孔 b 从阀体右端的通口流出。但是压力油从阀体右端的通口 P_2 流入时,它和弹簧力一起使阀芯锥面压紧在阀座上,使阀口关闭,油液无法通过。图1-37b)所示是单向阀的职能符号图。

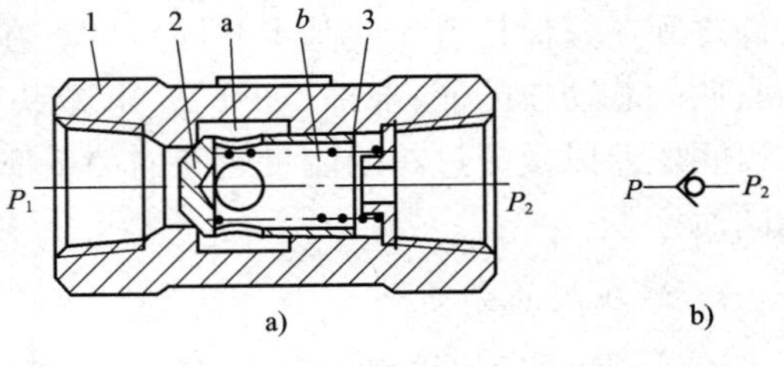

图1-37 单向阀

a)结构图;b)职能符号图

1-阀体;2-阀芯;3-弹簧

(2)液控单向阀

图1-38a)所示是液控单向阀的结构。当控制口 K 处无压力油通入时,它的工作机制和普通单向阀一样;压力油只能从通口 P_1 流向通口 P_2,不能反向倒流。当控制口 K 有控制压力油时,因控制活塞1右侧 a 腔通泄油口,活塞1右移,推动顶杆2顶开阀芯3,使通口 P_1 和 P_2 接通,油液就可在两个方向自由通流。图1-38b)所示是液控单向阀的职能符号。

2)换向阀

换向阀利用阀芯相对于阀体的相对运动,使油路接通、关断,或变换油流的方向,从而使液

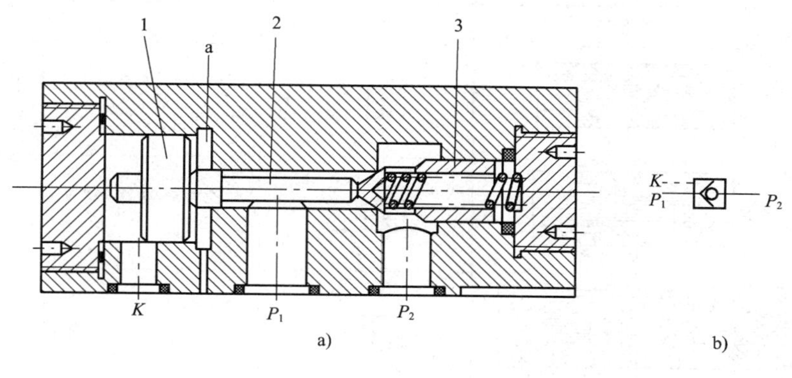

图 1-38　液控单向阀

a）结构图；b）职能符号图

1-活塞；2-顶杆；3-阀芯

压执行元件启动、停止或变换运动方向。

（1）对换向阀的主要要求

换向阀应满足：

①油液流经换向阀时的压力损失要小。

②互不相通的油口间的泄漏要小。

③换向要平稳、迅速且可靠。

（2）转阀

图 1-39a）所示为转动式换向阀（简称转阀）的工作原理图。该阀由阀体 1、阀芯 2 和使阀芯转动的操作手柄 3 组成，在图示位置，通口 P 和 A 相通、B 和 T 相通；当操作手柄转换到“止”位置时，通口 P、A、B 和 T 均不相通，当操作手柄转换到另一位置时，则通口 P 和 B 相通，A 和 T 相通。图 1-39b）所示是它的职能符号。

图 1-39　转阀

a）工作原理图；b）职能符号图

1-阀体；2-阀芯；3-操作手柄

（3）滑阀式换向阀

换向阀按阀芯形状分类时，可分为滑阀式和转阀式两种。在液压系统中滑阀式远比转阀式用得广泛。

①结构主体。阀体和滑动阀芯是滑阀式换向阀的结构主体。表 1-3 所示是其最常见的结构形式。由表可见，阀体上开有多个通口，阀芯移动后可以停留在不同的工作位置上。

多位换向阀处于中间位置时，其各油口的连通情况不同，这种不同的连通方式则体现了换向阀的各种控制机能，称为滑阀机能。所谓滑阀机能，是指滑阀在中间位置的通路形式，一般用英文字母表示，常见的有 O、P、Y、K、H、X、M、C 等几种。一般通路形式，谓之一种形式的滑阀机能。如表 1-3 所示。

②滑阀的操纵方式。常见的滑阀操纵方式见图 1-40。

（4）换向阀的结构

滑阀式换向阀主体结构形式 表 1-3

名称	结构原理图	职能符号	使用场合		
二位二通阀	A P	A P	控制油路的接通与切断(相当于一个开关)		
二位三通阀	A P B	A B P	控制液流方向(从一个方向变换成另一个方向)		
二位四通阀	A P B T	A B P T	控制执行元件换向	不能使执行元件在任一位置上停止运动	执行元件正反向运动时回油方式相同
三位四通阀	A P B T	A B P T		能使执行元件在任一位置上停止运动	
二位五通阀	T_1 A P B T_2	A B T_1 P T_2		不能使执行元件在任一位置上停止运动	执行元件正反向运动时可以得到不同的回油方式
三位五通阀	T_1 A P B T_2	A B T_2 P T_1		能使执行元件在任一位置上停止运动	

由于在液压传动系统中广泛采用的是滑阀式换向阀,下面主要介绍这种换向阀的几种典型结构。

①手动换向阀。图 1-41b)为自动复位式手动换向阀,放开手柄 1、阀芯 2 在弹簧 3 的作用下自动回复中位,该阀适用于动作频繁、工作持续时间短的场合,操作比较完全,常用于工程机械的液压传动系统中。

如果将该阀阀芯右端弹簧 3 的部位改为可自动定位的结构形式,即成为可在 3 个位置定位的手动换向阀。图 1-41a)为职能符号图。

②机动换向阀。机动换向阀又称行程阀,它主要用来控制机械运动部件的行程,它是借助于安装在工作台上的挡铁或凸轮来迫使阀芯移动,从而控制油液的流动方向,机动换向阀通常是二位的,有二通、三通、四通和五通几种,其中二位二通机动阀又分常闭和常开两种。图 1-42a)为滚轮式二位三通常闭式机动换向阀结构图,在图示位置阀芯 2 被弹簧 1 压向上端,油腔 P 和 A 通,B 口关闭。当挡铁或凸轮压住滚轮 4,使阀芯 2 移动到下端时,就使油腔 P 和 A 断开,P 和 B 接通,A 口关闭。图 1-42b)所示为其职

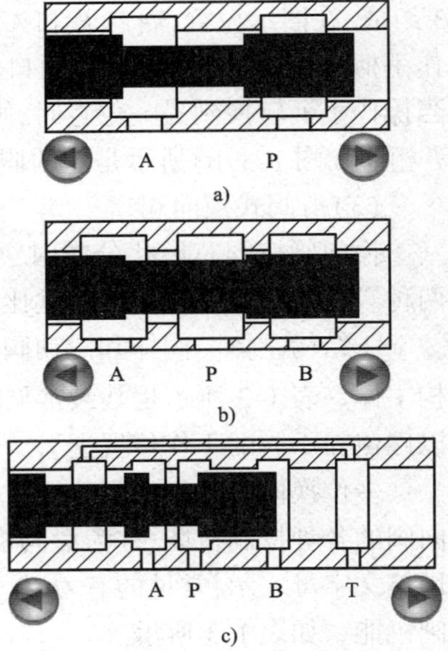

图 1-40 滑阀的操纵方式

a)二位二通阀;b)二位三通阀;c)二位四通阀

能符号。

③电磁换向阀。电磁换向阀由电气系统的按钮开关、限位开关、行程开关、压力继电器以及其他电气元件发出信号控制电磁铁的通电吸合与断电释放，从而直接推动阀芯来控制液流方向，实现液压油路的换向、顺序动作及卸荷等功能。电磁换向阀是联接电气控制系统和液压系统的元件，它使液流方向能够采用电气控制，从而使液压系统的自动化程度大大提高，操作方便。

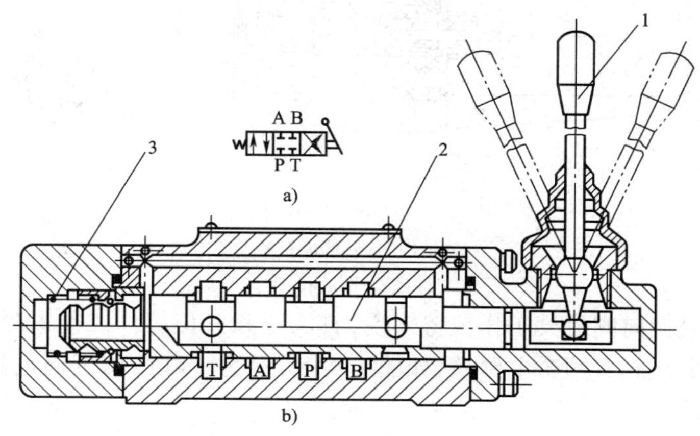

图 1-41　手动换向阀

a）职能符号图；b）结构图

1-手柄；2-阀芯；3-弹簧

电磁铁按使用电源的不同，可分为交流和直流两种。按衔铁工作腔是否有油液，又可分为“干式”和“湿式”两种。交流电磁铁启动力较大，不需要专门的电源，吸合、释放快，动作时间约为 0.01 ~0.03s。其缺点是若电源电压下降 15% 以上，则电磁铁吸力明显减小，若衔铁不动作，干式电磁铁会在 10 ~ 15min 后烧坏线圈（湿式电磁铁为 1 ~1.5h），且冲击及噪声较大，寿命低，因而在实际使用中交流电磁铁允许的切换频率一般为 10 次/min，不得超过 30 次/min。直流电磁铁工作较可靠，吸合、释放动作时间约为 0.05 ~0.08s，允许使用的切换频率较高，一般可达 120 次/min，最高可达 300 次/min，且冲击小、体积小、寿命长。但需有专门的直流电源，成本较高。此外，还有一种整体电磁铁，其电磁铁是直流的，但电磁铁本身带有整流器，通入的交流电经整流后再供给直流电磁铁。目前，国外新发展了一种油浸式电磁铁，不但衔铁，而且激磁线圈也都浸在油液中工作，它具有寿命更长，工作更平稳可靠等特点，但由于造价较高，应用面不广。

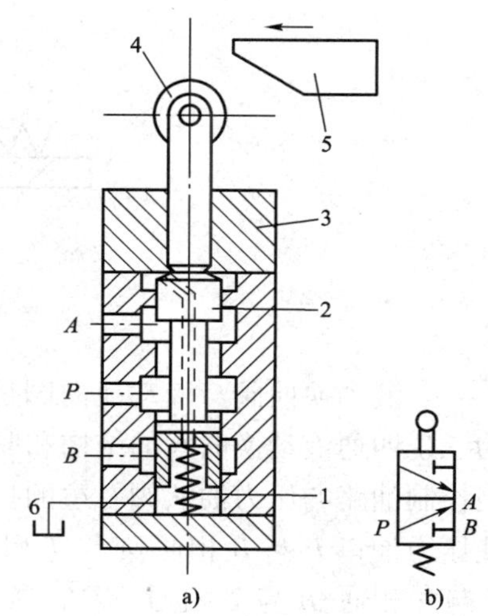

图 1-42　机动换向阀

a）结构图；b）职能符号图

1-弹簧；2-阀芯；3-阀体；4-滚轮；5-挡铁；6-油箱

图 1-43a）所示为二位三通交流电磁换向阀结构，在图示位置，油口 P 和 A 相通，油口 B 断开；当电磁铁通电吸合时，推杆 1 将阀芯 2 推向右端，这时油口 P

和 A 断开，而与 B 相通。而当磁铁断电释放时，弹簧 3 推动阀芯复位。图 1-43b）所示为其职能符号。

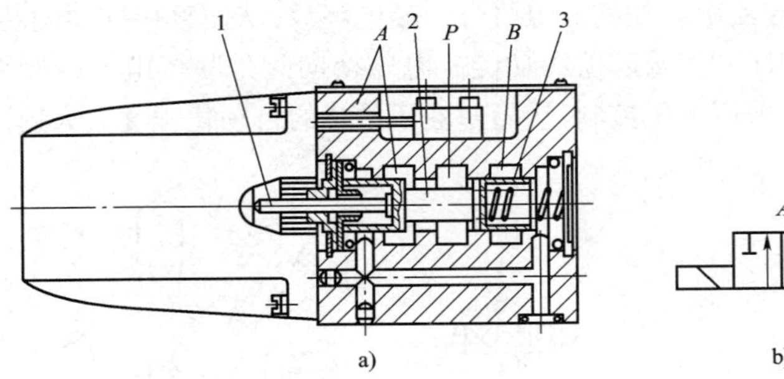

图 1-43　二位三通电磁换向阀

a）结构图；b）职能符号图

1-推杆；2-阀芯；3-弹簧

如前所述，电磁换向阀就其工作位置来说，有二位和三位等。二位电磁阀有一个电磁铁，靠弹簧复位；三位电磁阀有两个电磁铁，如图 1-44 所示为一种三位五通电磁换向阀的结构和职能符号。

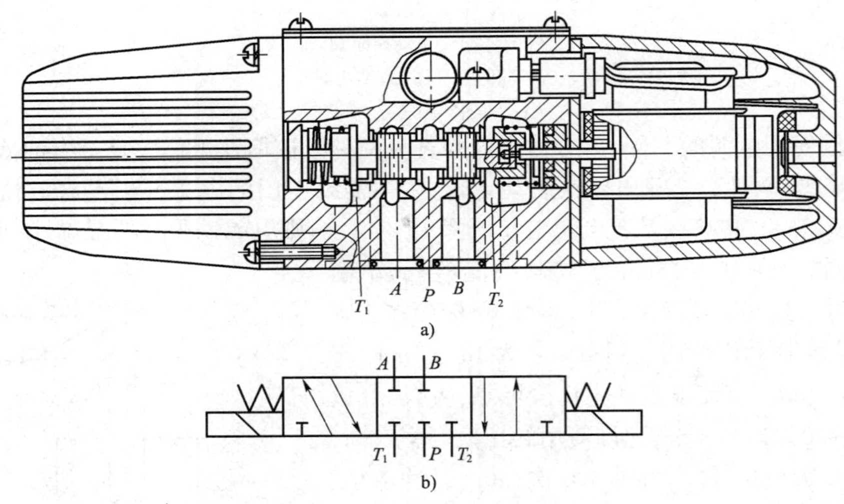

图 1-44　三位四通电磁换向阀

a）结构图；b）职能符号图

④液动换向阀。液动换向阀是利用控制油路的压力油来改变阀芯位置的换向阀，图 1-45 为三位四通液动换向阀的结构和职能符号。阀芯是由其两端密封腔中油液的压差来移动的，当控制油路的压力油从阀右边的控制油口 K_2 进入滑阀右腔时，K_1 接通回油，阀芯向左移动，使压力油口 P 与 B 相通，A 与 T 相通；当 K_1 接通压力油，K_2 接通回油时，阀芯向右移动，使得 P 与 A 相通，B 与 T 相通；当 K_1、K_2 都通回油时，阀芯在两端弹簧和定位套作用下回到中间位置。

⑤电液换向阀。在大中型液压设备中，当通过阀的流量较大时，作用在滑阀上的摩擦力和液动力较大，此时电磁换向阀的电磁铁推力相对地太小，需要用电液换向阀来代替电磁换向

阀。电液换向阀是由电磁滑阀和液动滑阀组合而成。电磁滑阀起先导作用,它可以改变控制液流的方向,从而改变液动滑阀阀芯的位置。由于操纵液动滑阀的液压推力可以很大,所以主阀芯的尺寸可以做得很大,允许有较大的油液流量通过。这样用较小的电磁铁就能控制较大的液流。

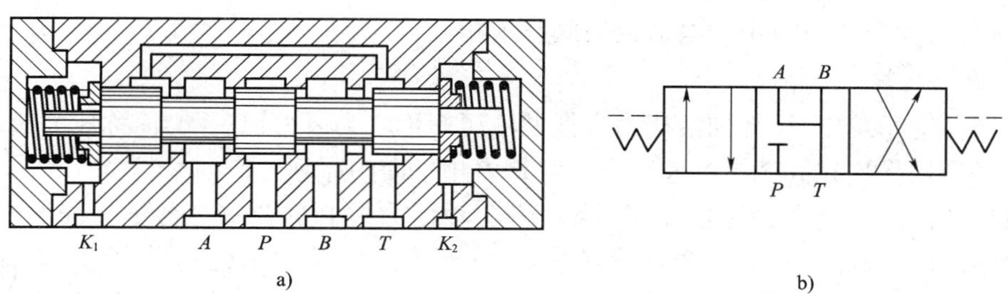

图 1-45　三位四通液动换向阀

a)结构图;b)职能符号图

如图 1-46 所示为弹簧对中型三位四通电液换向阀的结构和职能符号图。当先导电磁阀左边的电磁铁通电后使其阀芯向右边位置移动,来自主阀 P 口或外接油口的控制压力油可经先导电磁阀的 A' 口和左单向阀进入主阀左端容腔,并推动主阀阀芯向右移动,这时主阀阀芯右端容腔中的控制油液可通过右边的节流阀经先导电磁阀的 B' 口和 T' 口,再从主阀的 T 口或外接油口流回油箱(主阀阀芯的移动速度可由右边的节流阀调节),使主阀 P 与 A、B 和 T 的油路相通;反之,由先导电磁阀右边的电磁铁通电,可使 P 与 B、A 与 T 的油路相通;当先导电磁阀的两个电磁铁均不带电时,先导电磁阀阀芯在其对中弹簧作用下回到中位,此时来自主阀 P 口或外接油口的控制压力油不再进入主阀芯的左、右两容腔,主阀芯左右两腔的油液通过先导

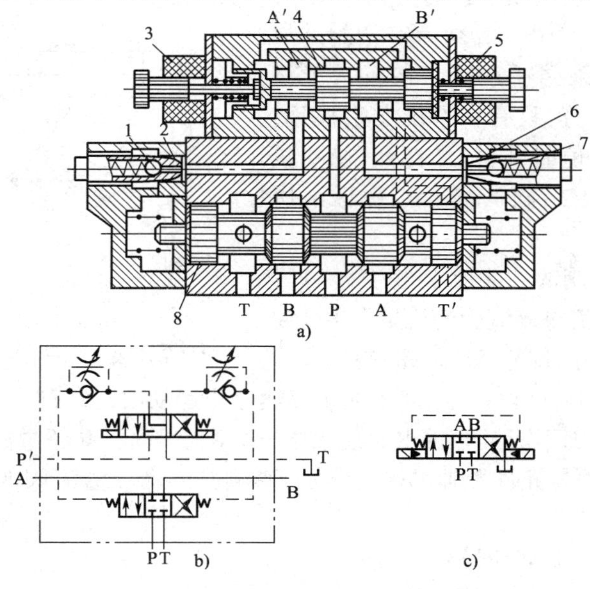

图 1-46　电液换向阀

a)结构图;b)职能符号图;c)简化职能符号

1、6-节流阀;2、7-单向阀;3、5-电磁铁;4-电磁阀阀芯;8-主阀阀芯

电磁阀中间位置的 A'、B' 两油口与先导电磁阀 T' 口相通，见图 1-47b），再从主阀的 T 口或外接油口流回油箱。主阀阀芯在两端对中弹簧的预压力的推动下，依靠阀体定位，准确地回到中位，此时主阀的 P、A、B 和 T 油口均不通。电液换向阀除了上述的弹簧对中以外还有液压对中的，在液压对中的电液换向阀中，先导式电磁阀在中位时，A'、B' 两油口均与油口 P 连通，而 T' 则封闭，其他方面与弹簧对中的电液换向阀基本相似。

4. 压力控制阀

在液压传动系统中，控制油液压力高低的液压阀称之为压力控制阀，简称压力阀。这类阀的共同点是利用作用在阀芯上的液压力和弹簧力相平衡的原理工作的。

在具体的液压系统中，根据工作需要的不同，对压力控制的要求是各不相同的：有的需要限制液压系统的最高压力，如安全阀；有的需要稳定液压系统中某处的压力值（或者压力差，压力比等），如溢流阀、减压阀等定压阀；还有的是利用液压力作为信号控制其动作，如顺序阀、压力继电器等。

1）溢流阀

溢流阀的主要作用是对液压系统定压或进行安全保护。几乎在所有的液压系统中都需要用到它，其性能好坏对整个液压系统的正常工作有很大影响。

（1）溢流阀的作用及液压系统对溢流阀的性能要求

①溢流阀的作用。在液压系统中维持定压是溢流阀的主要用途。它常用于节流调速系统中，和流量控制阀配合使用，调节进入系统的流量，并保持系统的压力基本恒定。如图 1-47a）所示，溢流阀 2 并联于系统中，进入液压缸 4 的流量由节流阀 3 调节。由于定量泵 1 的流量大于液压缸 4 所需的流量，油压升高，将溢流阀 2 打开，多余的油液经溢流阀 2 流回油箱。因此，泵在这里溢流阀的功用就是在不断的溢流过程中保持系统压力基本不变。

用于过载保护的溢流阀一般称为安全阀。如图 1-47b）所示的变量泵调速系统。在正常工作时，安全阀 2 关闭，不溢流，只有在系统发生故障，压力升至安全阀的调整值时，阀口才打开，使变量泵排出的油液经溢流阀 2 流回油箱，以保证液压系统的安全。

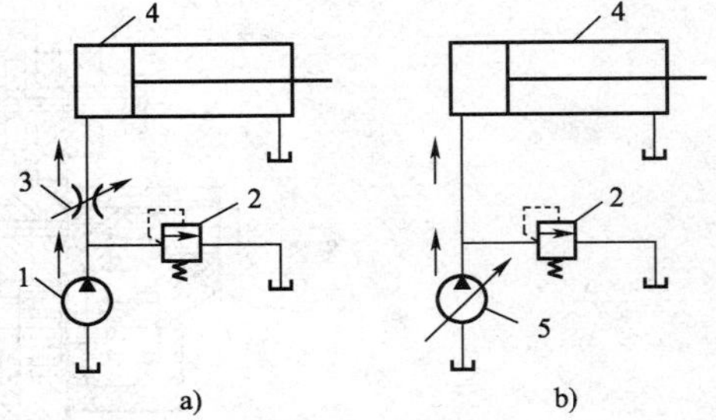

图 1-47 溢流阀的作用

1-定量泵；2-溢流阀；3-节流阀；4-液压缸；5-变量泵

②液压系统对溢流阀的性能要求：

A. 定压精度高。当流过溢流阀的流量发生变化时，系统中的压力变化要小，即静态压力超调要小。

B. 灵敏度要高。见图 1-47a），当液压缸 4 突然停止运动时，溢流阀 2 要迅速开大。否则，定量泵 1 输出的油液将因不能及时排出而使系统压力突然升高，并超过溢流阀的调定压力，称动态压力超调，使系统中各元件及辅助受力增加，影响其寿命。溢流阀的灵敏度越高，则动态压力超调越小。

C. 工作要平稳，且无振动和噪声。

D. 当阀关闭时，密封要好，泄漏要小。

对于经常开启的溢流阀，主要要求前三项性能；而对于安全阀，则主要要求第二和第四两项性能。其实，溢流阀和安全阀都是同一结构的阀，只不过是在不同要求时有不同的作用而已。

(2)溢流阀的基本结构及其工作原理

常用的溢流阀按其结构形式和基本动作方式可归结为直动式和先导式两种。

①直动型溢流阀。又分为锥阀式、球阀式和滑阀式3种形式。

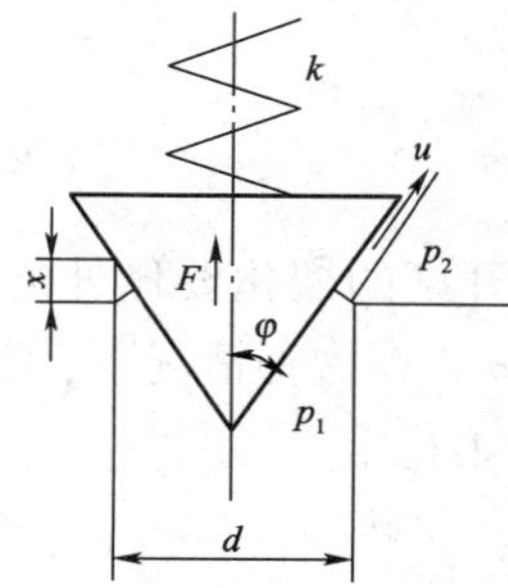

图1-48　直动式溢流阀(外流式)

在图1-48所示的锥阀式直动型溢流阀中,设阀进口压力为p_1,出口压力为p_2,$\Delta p = p_1 - p_2$,油液从阀的开口处流出的速度可由伯努利方程得

$$v = C_v \sqrt{\frac{2}{\rho}\Delta p} \tag{1-74}$$

式中:C_v——速度系数;

ρ——油液的密度。

设阀座孔的直径为d,阀芯的半锥角为φ,阀芯的开度为x,则阀在开口处的最小通流截面面积为

$$a = \pi x \sin\varphi (d - x \sin\varphi \cos\varphi) \tag{1-75}$$

一般$x \ll d$,所以式(1-75)可以近似地写成

$$a = \pi d x \sin\varphi \tag{1-76}$$

设流量系数为C_q,通过阀的流量则可由下式确定

$$Q = C_q \pi d x \sin\varphi \sqrt{\frac{2}{\rho}\Delta p} \tag{1-77}$$

根据动量定理,压力油液作用在阀芯上的推力为

$$F = \Delta p \frac{\pi}{4} d^2 - \rho Q v \cos\varphi \tag{1-78}$$

把式(1-74)和式(1-77)代入式(1-78)得

$$F = \Delta p \frac{\pi}{4} d^2 - \pi C_q C_v d x \Delta p \sin 2\varphi \tag{1-79}$$

该推力与弹簧力平衡,因此

$$F = A\Delta p - k_v \Delta p x = k(x + x_0) \tag{1-80}$$

式中:$A = \pi d^2/4$;

$k_v = \pi C_q C_v d \sin 2\varphi$;

k——弹簧刚度系数;

x_0——当$x=0$时的弹簧预压缩量。

由式(1-80)得

$$\Delta p = \frac{k(x + x_0)}{A - k_v x} \tag{1-81}$$

压力Δp从低压逐渐上升,设阀开始打开时($x=0$)的压力为Δp_c,则由式(1-81)得

$$\Delta p_c = \frac{k x_0}{A} \tag{1-82}$$

Δp_c称为开启压力。把式(1-82)代入式(1-81)得

$$x = A\frac{\Delta p - \Delta p_{c}}{k + k_{v}\Delta p} \tag{1-83}$$

式(1-83)表明了压力与阀芯开度的关系,如图1-49所示。

内流式锥阀作为直动式溢流阀使用时,经过类似的处理可以得到

$$x = A_{c}\frac{\Delta p - \Delta p_{c}}{k - k_{v}\Delta p} \tag{1-84}$$

见图1-49,当 $\Delta p_{c} < k/k_{v}$ 时,对应于同一个压力变化,内流式阀芯开度的变化要比外流式时大得多。特别是在式(1-84)中,当 $k = k_{v}\Delta p$ 时,即 $\Delta p = k/k_{v}$ 时,$x \to \infty$。在这种情况下,液动力 $k_{v}\Delta px$ 与弹簧力 kx 相平衡,即使 x 改变 Δp 也不变化,但是变得容易不稳定。

把式(1-83)代入式(1-77)则可得到外流式时阀的流量

$$Q = C_{q}\pi d\sin\varphi\sqrt{\frac{2}{\rho}}A\frac{\Delta p - \Delta p_{c}}{k + k_{v}\Delta p}\sqrt{\Delta p} \tag{1-85}$$

由式(1-85)可以求出压力与流量的关系。设溢流阀在额定流量 Q_{n} 时的压力为 Δp_{n},则 Δp 与 Q 的关系如图1-50所示。图中的 $\Delta p_{n} - \Delta p_{c}$ 是从溢流阀开始打开到通过额定流量期间的压力变化,称为调压偏差。对于溢流阀来说,调压偏差越小越好。直动式溢流阀的调压偏差较大,这是它的缺点。

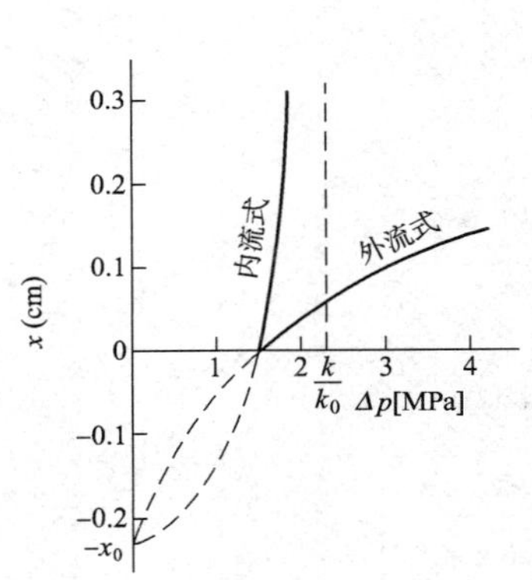

图1-49　直动型溢流阀的 Δp 与 x 的关系

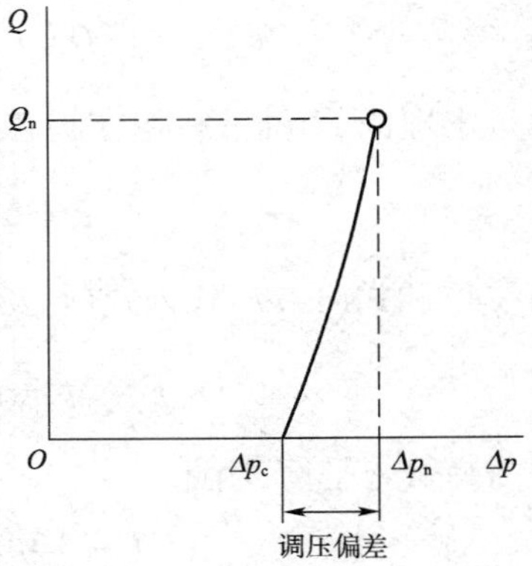

图1-50　溢流阀的调压偏差

②先导型溢流阀。图1-51是先导型溢流阀的原理图。当阀处于关闭状态时,活塞型主阀芯上下两面的压力大体上平衡。主阀的弹簧很软。当系统压力达到先导阀的调定压力时,先导阀打开,并且通过主阀芯节流孔有液流流动。此时的节流阻力使主阀芯上下两面产生压力差,使主阀开启,系统的一部分液流流量被泄到回油管路从而防止了压力的上升。如图1-52所示,该阀的调压偏差比直动型溢流阀要小得多得多,这是它的优点。

2)减压阀

减压阀的作用是当阀的进口压力和流量发生变化时,能使出口压力经常维持在某一调定值上(比进口压力要低)。

图1-52为由溢流阀控制回路压力的情况。图1-53是使用溢流阀的压力控制回路。

(1)直动型减压阀

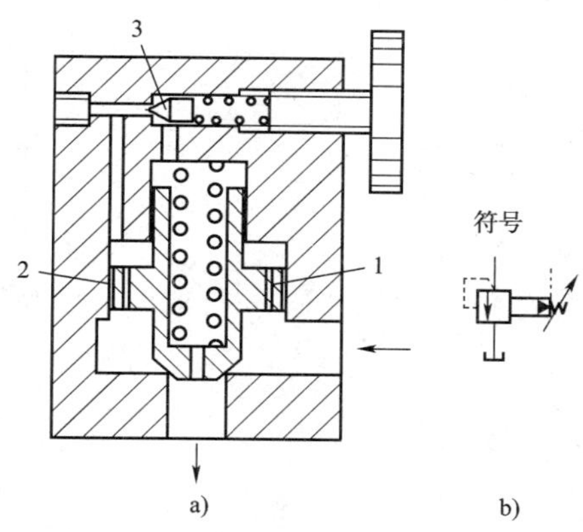

图 1-51　先导型溢流阀
a）结构图；b）联能符号图
1-主阀；2-节流孔；3-先导阀

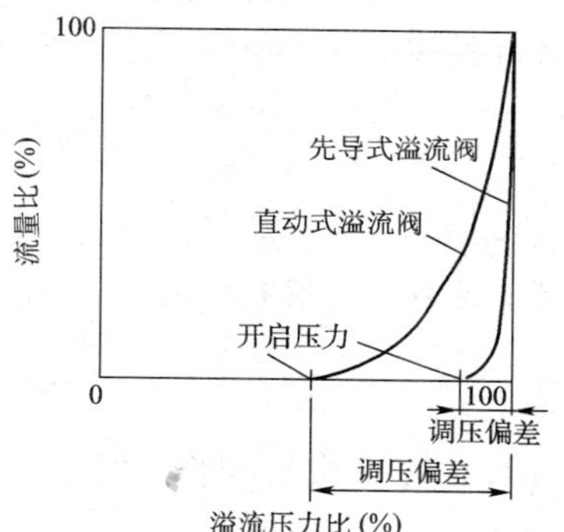

图 1-52　直动型与先导型溢流阀调压偏差的比较

图 1-54 中，当出口压力 p_2 大于调定压力时，阀芯向上抬起，阀芯的开度 x 减小，阀口处的节流阻力增大，这时 p_2 要下降，直到又回到调定的数值。如果 p_2 小于调定压力，那么 x 要增大使 p_2 上升，直到回到调定的数值为止。因此，可以使出口压力 p_2 保持一定，而与进口压力 p_1 和流量无关。

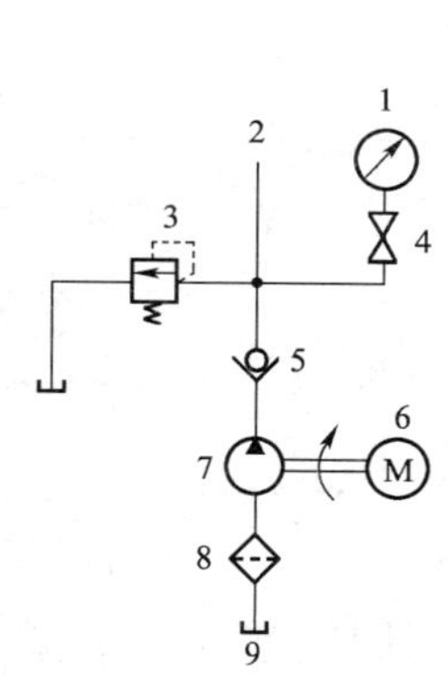

图 1-53　使用溢流阀的压力控制回路

1-压力计；2-接系统；3-溢流阀；4-压力表开关；5-单向阀；6-电机；7-液压泵；8-过滤器；9-油箱

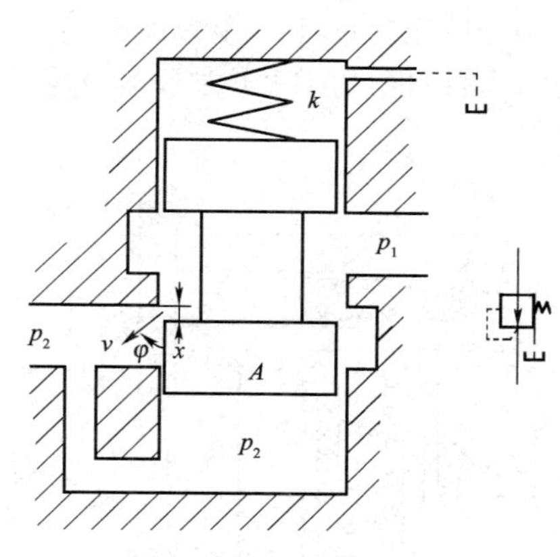

图 1-54　直动型减压阀

开口处的流速为

$$v = C_v \sqrt{\frac{2}{\rho}(p_1 - p_2)} \tag{1-86}$$

如果阀口形状是长方形（宽为 w），则通过阀的流量 Q 可由下式确定

$$Q = C_q wx \sqrt{\frac{2}{\rho}(p_1 - p_2)} \tag{1-87}$$

由于作用在阀芯上的力是平衡的，因此

$$p_2 A + \rho Q v \cos\varphi = k(x_0 - x) \tag{1-88}$$

式中：A——阀芯下端断面积；

k——弹簧刚度系数；

x_0——当 $x=0$ 时的弹簧预压缩量。

把式(1-86)和式(1-87)代入式(1-88)得

$$p_2=\frac{k(x_0-x)-k_v p_1 x}{A-k_v x} \tag{1-89}$$

式中:$k_v=2C_q C_v w\cos\varphi$。

如果把阀做成适当的形状使液动力 $\rho Q_v\cos\varphi$ 减小到可以忽略的程度时,取 $k_v=0$,则

$$p_2=\frac{k}{A}(x_0-x) \tag{1-90}$$

当 $x \ll x_0$ 时(使用非常软的弹簧时),由上式得

$$p_2 \approx \frac{k}{A}x_0=常数 \tag{1-91}$$

出口压力 p_2 保持不变。

(2)先导型减压阀

图1-55中,当出口压力 p_2 达到先导阀的调定压力时,先导阀打开,节流孔处的液流节流阻力在主阀芯上下两面产生压力差,使阀芯移动,开度减小,从而避免了 p_2 的升高,使 p_2 值保持一定。

图1-56是一个先导型减压阀的特性曲线。进口压力和流量变化时,出口压力基本不变。减压阀是以出口油压力作为控制信号,利用反馈原理自动调整缝隙(主阀阀口)的大小,改变液滑阻力,以保证出口压力基本恒定。

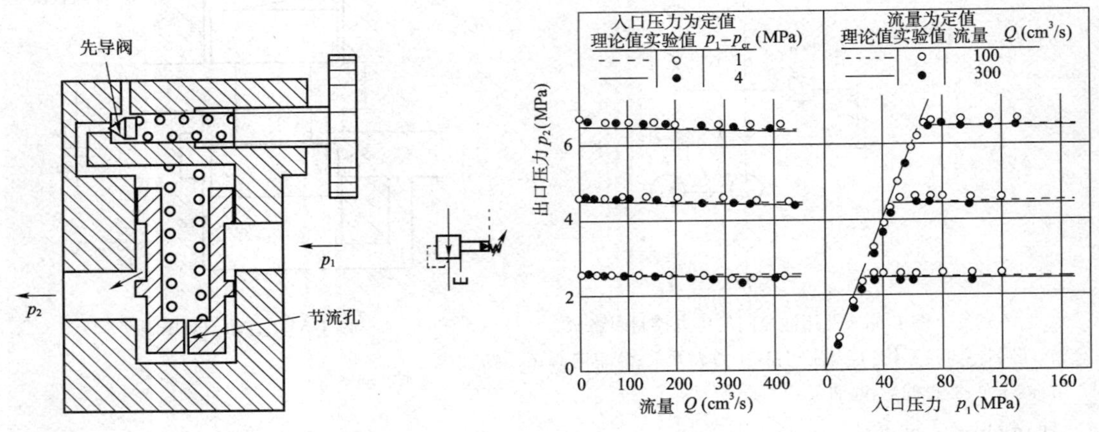

图1-55 先导式减压阀

图1-56 减压阀的特性(pcr:先导阀的开启压力)

图1-57是使用减压阀的减压回路。泵输出的压力油液分两路分别供给液压缸①和液压缸②。一路是直接供给液压缸①,另一路先经减压阀而后供给液压缸②。

3)顺序阀

顺序阀的作用是在有两个以上的液压执行机构的回路中,控制它们的动作顺序。

图1-58是顺序阀的原理图。减压阀进口与液压执行机构的进口相连。当这个液压执行机构到达行程终点时压力 p_1 上升,并成为控制压力,由 B 传向阀芯的下端,推动阀芯使阀口打开,结果使压力油由出口流出推动下一个执行机构工作。

作用在阀芯上的力的平衡方程式为

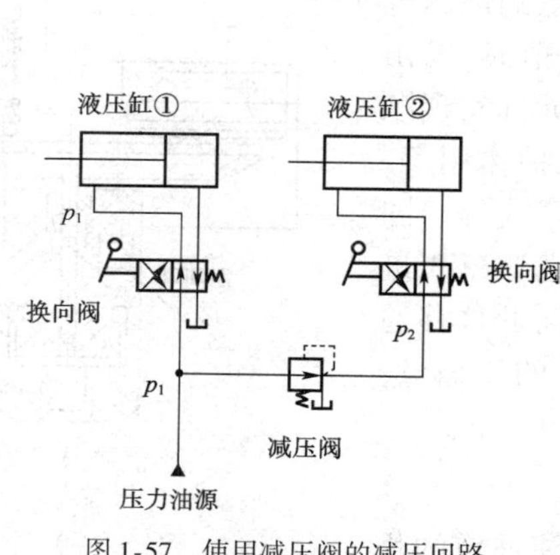

图 1-57　使用减压阀的减压回路

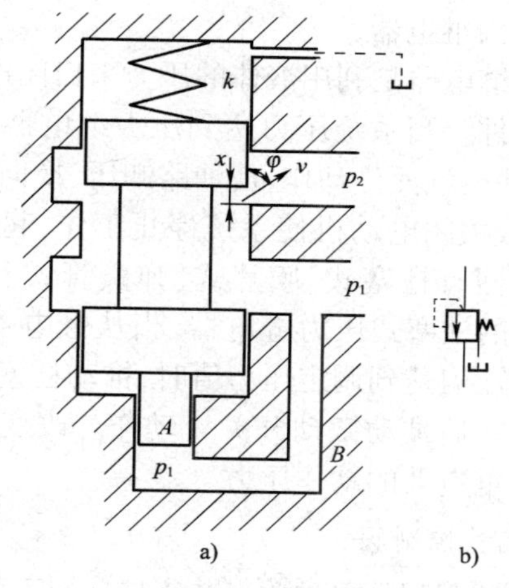

图 1-58　顺序阀

$$p_1A-\rho Qv\cos\varphi=k(x+x_0) \tag{1-92}$$

式中：A——阀芯下端的断面积；

k——弹簧刚度系数；

x_0——当 $x=0$ 时的弹簧预压缩量。

上式中的 v、Q 可由式(1-86)和式(1-87)求得，把这两式代入式(1-92)得

$$x=A\frac{p_1-p_c}{k+k_v(p_1-p_2)} \tag{1-93}$$

式中：$k_v=2C_qC_vw\cos\varphi$；

$p_c=kx_0/A=$开启压力。

把式(1-93)代入流量 Q 的公式(1-87)得

$$Q=C_qWA\frac{p_1-p_c}{k+k_v(p_1-p_2)}\sqrt{\frac{2}{p}(p_1-p_2)} \tag{1-94}$$

在上式中通常是 $p_2\ll p_c$。

图 1-59 为测定顺序阀特性的举例。图 1-60 为使用顺序阀的液压回路。液压缸 1 工作结束后，顺序阀 2 打开，下一个液压缸 3 开始工作。

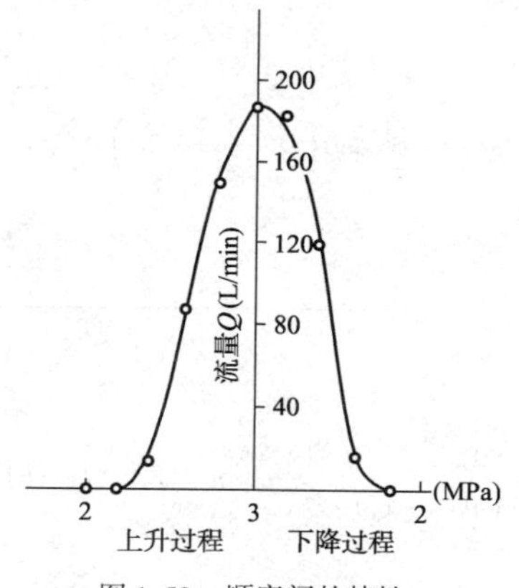

图 1-59　顺序阀的特性

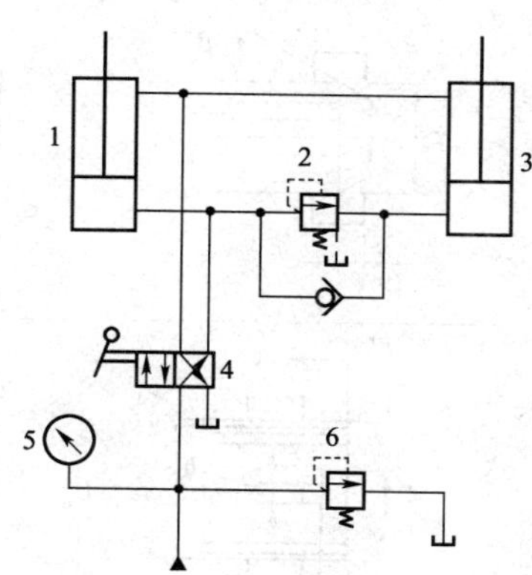

图 1-60　使用顺序阀的顺序回路

1、3-液压缸；2-顺序阀；4-机动换向阀；5-压力表；6-溢流阀

4)压力继电器

压力继电器是利用液体的压力来启闭电气触点的液压电器转换元件。当系统压力达到压力继电器的调定值时,发出电信号,使电气元件动作,使油路卸压、换向,执行元件实现顺序动作,或关闭电动机使系统停止工作,起安全保护作用等。压力继电器有柱塞式、膜片式、弹簧管式和波纹管式等。图1-61所示的柱塞式压力继电器,当从继电器下端进油口3进入的液体压力达到调定压力值时,推动柱塞2上移,此位移通过杠杆放大后推动微动开关4动作。改变弹簧1的压缩量,可以调节继电器的动作压力。

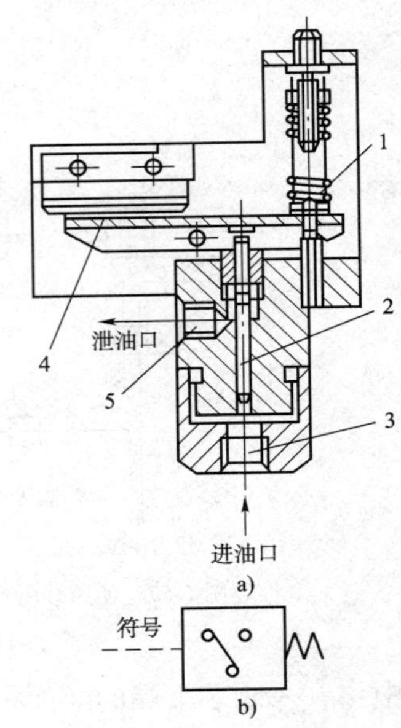

图1-61　柱塞式压力继电器

1-弹簧;2-柱塞;3-进油口;4-微动开关;5-泄油口

5. 流量控制阀

流量控制阀是通过改变节流口通流面积或通流通道的长短来改变局部阻力的大小,从而实现对流量的控制。常用的流量控制阀有节流阀和调速阀等。

1)节流阀

由孔口节流公式(1-95)可知,改变节流口过流面积,就可调节进入到系统中的流量。节流口的形式有多种,几种常用阀口形式及其过流面积 a 的计算公式如表1-4所示。

$$Q = C_q A\sqrt{\frac{2}{\rho}\Delta p} \tag{1-95}$$

各种阀口形式及其过流面积的计算公式　　表1-4

形　　式	阀　口　结　构	过流面积 a 的计算公式
沉割槽形	D, x	$a(x) = \pi Dx$(全周开口) $= Wx$(部分开口) 其中,W 为阀口梯度
锥形(或针形)	β, D, x	$a(x) = \pi x\sin\beta\left(D - \frac{1}{2}x\sin 2\beta\right)$
矩形	x, b_1, b_2, a	$a(x) = \begin{cases} 0, & 当\ x \le x_d \\ nb(x - x_d), & 当\ x > x_d \end{cases}$ n 为阀口数,下同

续上表

形　式	阀　口　结　构	过流面积 a 的计算公式
T形		$a(x)=\begin{cases} nb_1x & 当\ x\leqslant l_d \\ nb_1l+nb_2(x-l) & 当\ x>l \end{cases}$
三角形		$a(x)=nx^2\tan\beta$
双三角槽形		$a(x)=nx^2\sin^2\theta\tan\varphi$
单三角槽形		$a(x)=nbx\sin\theta$
偏心槽形	槽口形状	$a(x)=\dfrac{Wx}{2}$ $W=2\tan\dfrac{\varphi}{2}x$ $x=\sqrt{e^2+R^2-2eR\cos\alpha-R}$
圆形		$a(x)=n\dfrac{d^2}{4}\left[\arccos\left(1-\dfrac{2x}{d}\right)-2\left(1-\dfrac{2x}{d}\right)\sqrt{\dfrac{x}{d}-\left(\dfrac{x}{d}\right)^2}\right]$ 近似计算式为 $a(x)=n\dfrac{x^2(16d-13x)}{12\sqrt{dx-x^2}}$ 其误差不大于1%

续上表

形　式	阀　口　结　构	过流面积 a 的计算公式
圆盘		$a(x) = \pi dx$
斜槽式		$a(x) = Wx\sin\alpha$
旋转槽式		$a(\varphi) = RW\varphi$
转楔式		$a(x) = W(1-\cos\alpha)R\cot\theta$

注:滑阀式阀口。当阀芯在中间位置时,如沉割槽宽度大于阀芯凸肩宽度,则为正开口;如沉割槽宽度等于阀芯凸肩宽度,则为零开口;如沉割槽宽度小于阀芯凸肩宽度,则为正遮盖(负开口)。

由于任何一种具体的节流口都不是薄壁孔或细长孔,为此,通过节流阀的流量与其前后压力差的关系一般地可表示为

$$Q = Ca(p_1 - p_2)^m = Ca\Delta p^m \tag{1-96}$$

式中:C——由节流口形状、液体流态、油液性质等因素决定的系数,具体数值由实验得出;

m——由节流口形状决定的指数,其值在 0.5 ~ 1.0 之间,由实验求得。

式(1-96)为节流阀的流量特性方程,其特性曲线如图 1-62 所示。

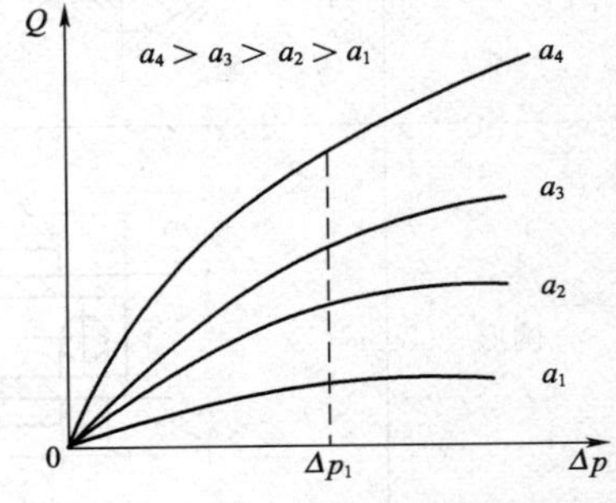

图 1-62　不同开口时节流阀的流量特性

由于 Q 是 Δp 的函数,因此为了正确地控制 Q,就要在

保持 Δp 不变的条件下调节 a。

2）调速阀

保持阀的节流口前后压差 Δp 不变，调节节流面积 a 使流量能保持在某一给定值。这种阀就是调速阀。调速阀是进行了压力补偿的节流阀，它由定差减压阀和节流阀串联而成。

图 1-63 是调速阀的原理图。当供油压力 p_s 变化，节流阀节流口前的压力 p_1 改变时，滑阀（定差减压阀）移动，滑阀开口处的阻力变化，从而使 p_1 经常保持一定。当节流口后的压力 p_2 也变化时，滑阀移动，使 p_1 与 p_2 的变化量相同，从而使 (p_1-p_2) 经常保持一定。由式(1-96)，流量 Q 与节流处的开口面积 a 成比例。如果面积 a 与节流阀的开度成比例，则流量将与节流阀的开度成比例。

图 1-63 中，设滑阀进口的开度为 x 时的开口面积为 $a'(x)$，流量系数为 C_q'，则流量为

$$Q=C_q'a'(x)\sqrt{\frac{2}{\rho}(p_s-p_1)} \tag{1-97}$$

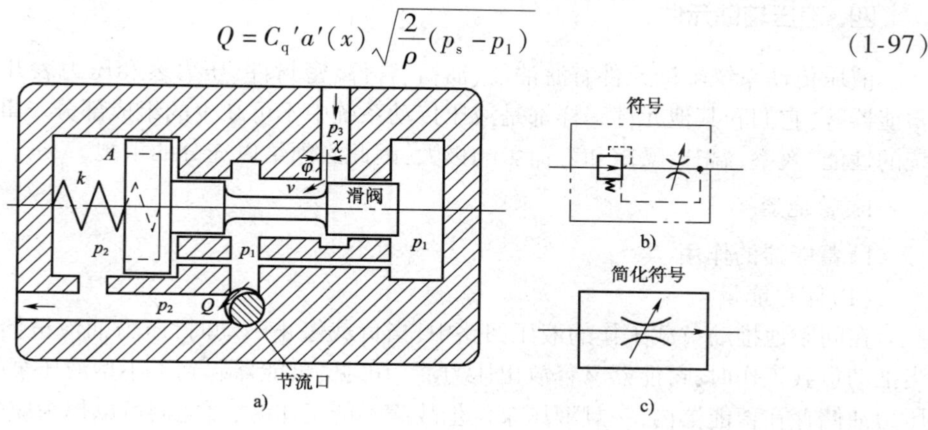

图 1-63　调速阀的工作原理和符号

设阀芯端面的承压面积为 A，滑阀进口处的流速为 v，v 的方向为 φ，当 $x=0$ 时的弹簧预压缩量为 x_0，弹簧刚度系数为 k，则由作用在阀芯上的力平衡可得下式

$$A(p_1-p_2)+\rho Qv\cos\varphi=k(x_0-x) \tag{1-98}$$

式中：$v=\sqrt{2(p_x-p_1)/\rho}$。

Q 可由式(1-97)代入，因此上式成为

$$A(p_1-p_2)+2C_q'a'(x)\cos\varphi(p_s-p_1)=k(x_0-x) \tag{1-99}$$

由式(1-96)、式(1-97)和式(1-99)消去 (p_s-p_1) 和 (p_1-p_2) 得

$$Q=C_qa\sqrt{\frac{2kx_0}{\rho A}}\left[\frac{1-x/x_0}{1+\dfrac{2C_q^2a^2}{AC_q'a'(x)}\cos\varphi}\right]^{\frac{1}{2}} \tag{1-100}$$

由上式，当

$$\left.\begin{aligned}&x/x_0\ll 1\\&\frac{2C_q^2a^2}{AC_q'a'(x)}\cos\varphi\ll 1\end{aligned}\right\} \tag{1-101}$$

时得

$$Q \approx C_q a \sqrt{\frac{2kx_0}{\rho A}} \tag{1-102}$$

因此，流量不受压力 p_s 或滑阀开度 x 的影响。Q 随节流口面积 a 成比例地变化。

对比调速阀和节流阀流量特性(图 1-64)可以看出，当压差 $\Delta p(=p_s-p_2)$ 很小时，调速阀和节流阀的性能相同。这是因为当压差很小时，减压阀芯在弹簧力作用下始终处于最右端位置，阀口全开，不能起到稳定节流阀前后压差的作用。所以调速阀的最低工作压力应保持在0.4～0.5MPa以上。

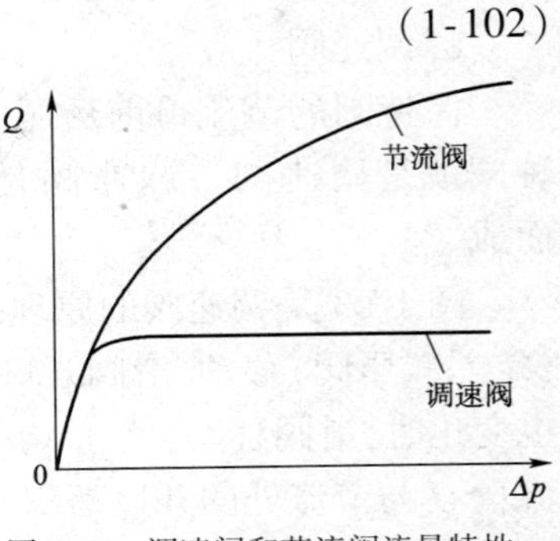

图 1-64　调速阀和节流阀流量特性

四、液压辅助元件

液压传动系统辅助元件有滤油器、油箱、管件、密封件、压力表和压力表开关、热交换器和蓄能器等，它们和其他元件一样都是液压传动系统中不可缺少的组成部分。事实上，它们对系统的性能、效率、温升、噪声和寿命影响极大，因此必须给以充分的重视。

1. 蓄能器

1)蓄能器的作用

(1)储存能量

在间断地推动负载工作的液压回路中，当负载停止不动时，压力油液被储存在蓄能器内。当推动负载工作时，蓄能器又释放出压力油。可见，蓄能器起到了小型液压泵的作用。平时把压力油储存在蓄能器内，一旦液压泵发生故障不能工作时，蓄能器可以作为应急压力油源和辅助回路的驱动用压力油源使用。

(2)吸收脉动和冲击压力

吸收液压泵流量脉动所引起的压力脉动，同时还用来吸收阀在开闭和换向时所引起的冲击压力。

2)蓄能器的构造

(1)气囊式

如图 1-65 所示，在气囊内充入一定压力的惰性气体(一般是氮气)，并且使压力油与气体互相隔离。充入的气体随着油液压力的变化膨胀和收缩。一般希望小型蓄能器的工作频率小于0.5～1Hz。对于大型蓄能器要小于 5Hz。压缩比最好在 4:1以下。这种蓄能器脉动小反应快，其重量比活塞式蓄能器要轻。

(2)活塞式

如图 1-66 所示，用活塞把压力油与气体分隔开，它的使用温度范围比气囊式要宽得多，而且有效排量也大。工作循环频率在 3Hz 以下，而对压缩比却不受任何限制。

(3)液压消声器

使用消声器降低液压装置的噪声的原理是吸收液压泵流量脉动产生的流体高频振动。图 1-67 是其结构一例。用橡胶膜把多孔管道包裹起来，在橡胶与油缸之间封入氮气。高频率脉

动的压力油在通过液压消声器时，脉动振幅大大衰减。

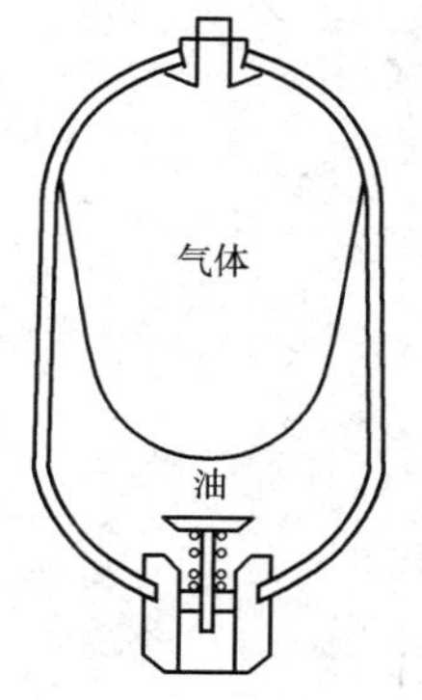

图 1-65　气囊式蓄能器

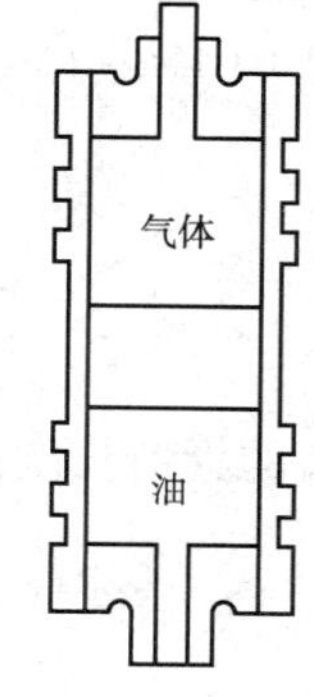

图 1-66　活塞式蓄能器

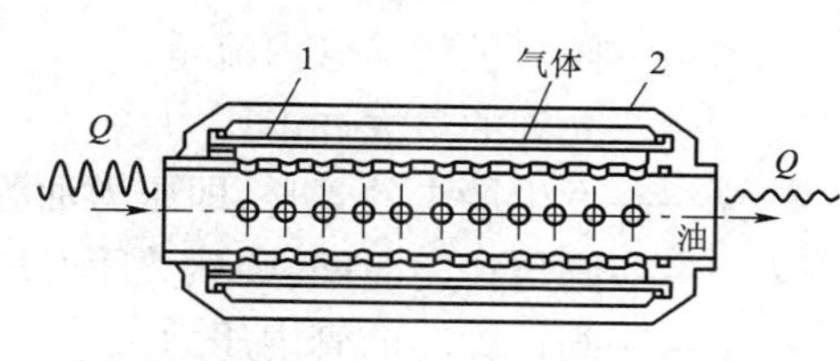

图 1-67　液压消声器

1-橡胶管道；2-油缸

3）蓄能器容量的选择计算

容量是选用蓄能器的依据，其大小视用途而异。现以皮囊式蓄能器为例加以说明。

（1）作辅助动力源时的容量计算

在图 1-68 中，设充气压力为 p_0，充入气体的容积为 V_0（亦即蓄能器的容量），最高工作压力为 p_1，当压力为 p_1 时气体的容积为 V_1；由波义耳定律有

$$p_0 V_0^n = p_1 V_1^n = p_2 V_2^n \tag{1-103}$$

$$V_2 = \left(\frac{p_1}{p_2}\right)^{1/n} V_1 \tag{1-104}$$

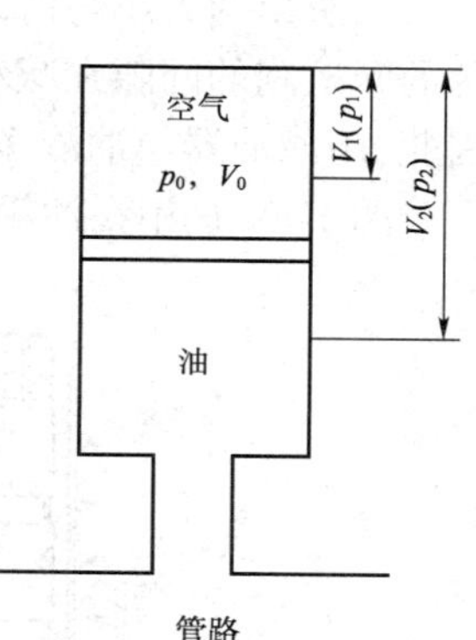

图 1-68　蓄能器

设蓄能器的有效排量为 ΔV，则

$$\Delta V = V_2 - V_1 \tag{1-105}$$

把上式的 V_1 代入式（1-104）得

$$V_2 = \frac{(p_1/p_2)^{1/n}}{(p_1/p_2)^{1/n} - 1}\Delta V \tag{1-106}$$

由式（1-103）变为

$$V_0 = \left(\frac{p_2}{p_0}\right)^{1/n} V_2 \tag{1-107}$$

把式（1-106）的 V_2 代入式（1-107）得

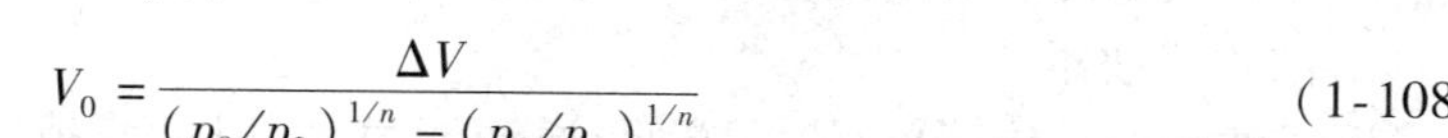

$$V_0 = \frac{\Delta V}{(p_0/p_2)^{1/n} - (p_0/p_1)^{1/n}} \tag{1-108}$$

如果给定 p_0/p_2 与 p_0/p_1 和要求的有效排量 ΔV，由上式就能得出所需要的气体封入容积 V_0。上式中，n 为指数。当蓄能器用于保压和补油时，气体压缩过程缓慢，与外界热交换得以充分进行，可以认为是等温变化过程，这时取 $n=1$；而当蓄能器作辅助或应急动力源时，释放液体的时间短，气体快速膨胀，热交换不充分，这时可视为绝热过程，取 $n=1.4$。实际工作中的状态变化在绝热过程和等温过程之间，因此 $1<n<1.4$。

（2）作吸收冲击用时的容量计算

这时准确计算比较困难,因其与管路布置、液体流态、阻尼情况及泄漏大小等因素有关。一般按经验公式计算缓和和最大冲击力时所需的蓄能器最小容量,即

$$V_0 = \frac{0.04Qp_1(0.0164L - t)}{p_1 - p_2} \tag{1-109}$$

式中:V_0——蓄能器容量;

Q——阀口关闭前管内流量;

p_1——允许的最大冲击压力;

L——发生冲击的管长,即压力油源到阀口的管道长度;

t——阀口关闭时间,突然关闭时取 $t=0$;

p_2——阀口关闭前管内压力。

上式只适用于在数值上 $t<0.0164L$ 的情况。

2. 滤油器

液压装置的故障75%以上的原因通常是由于液压油的污染造成的。因此,用滤油器控制工作油的污染极为重要。

当灰尘的大小与滑动间隙相近时,对液压元件最为有害。随着液压回路的高压化,液压元件的摩擦副的间隙在减小(研究表明,液压元件相对运动表面的间隙大多在1~5μm范围内)。因此,用滤油器使油液净化的措施变得越来越重要。

图1-69是用在油箱中液压泵吸油口的滤油器。图1-70是用在系统管路中的滤油器。

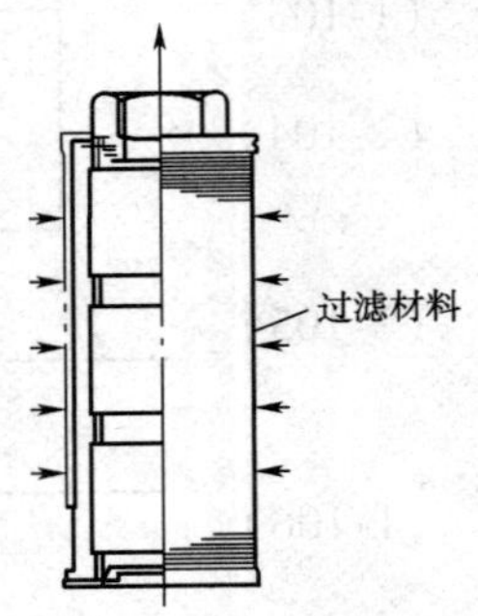

图1-69　油箱用滤油器

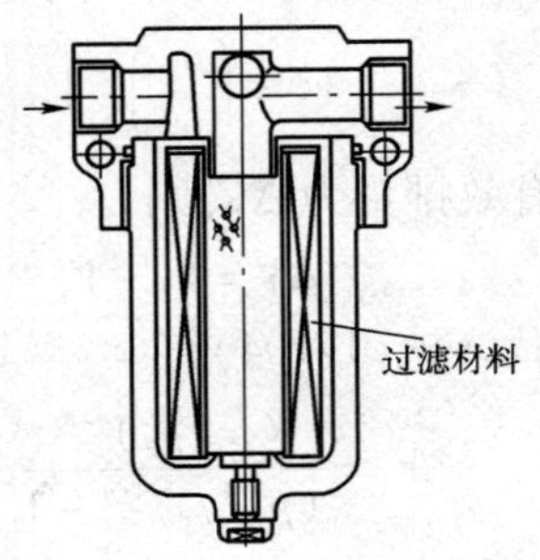

图1-70　蓄管路用滤油器

按滤芯的材料和结构形式的不同,滤油器可分为网式、线隙式、纸芯式、烧结式滤油器及磁性滤油器。按滤油器安放位置的不同,可分为吸滤器、压滤器和回流过滤器。

1)网式滤油器

网式滤油器结构简单、清洗方便、通油能力大,但过滤精度低(有80、100、180μm三个等级),常用于吸油管路做吸滤器对油液进行粗滤。

2)线隙式滤油器

这种滤油器结构简单、通油能力大、过滤效果好,可用做吸滤器或回流过滤器,但不易清洗。

3)纸芯式滤油器

纸芯式滤油器又称纸质滤油器,它的过滤精度高(5~30μm),可在高压(38MPa)下工作,结构紧凑、通油能力大,一般配备壳体后用做压滤器。其缺点是无法清洗,需经常更换滤芯。

4)烧结式滤油器

选择不同粒度的粉末烧结成不同厚度的滤芯,可以获得不同的过滤精度(10～100μm)。烧结式滤油器的过滤精度较高,滤芯的强度高,抗冲击性能好,能在较高温度下工作,有良好的抗腐蚀性,且制造简单,它可用在不同的位置。缺点是:易堵塞,难清洗,烧结颗粒使用中可能会脱落,再次造成油液的污染。

5)磁性滤油器

磁性滤油器的工作原理是利用磁铁吸附油液中的铁质微粒。但一般结构的磁性滤油器对其他污染物不起作用,通常用做回流过滤器。它常被用作复合式滤油器的一部分。

6)复合式滤油器

复合滤油器是上述几类滤油器的组合,可以使性能更加完善。

3. 冷却器

液压系统的工作温度一般希望保持在40～60℃的范围内,最高不超过65℃。如果液压回路内的油温升高,降引起油的黏度下降,从而导致液压元件的性能变化、寿命降低和工作油液老化。液压系统如依靠自然冷却仍不能使油温控制在上述范围内时,就须安装冷却器。

1)液压油液的温度上升

液压油源需要的驱动功率与液压执行机构的输出功率之差就是损失功率。绝大部分损失功率都消耗于液压油的温升。因此,在运转过程中,油温上升得很快。

设液压泵的功率为P(kW),全部液压装置(包括泵、管路、阀、执行机构)的效率为η,则损失功率ΔP(kW)为

$$\Delta P = P(1-\eta) \tag{1-110}$$

因此,产生的热量H为

$$H = \Delta P = P(1-\eta)\text{kW} \tag{1-111}$$

设液压回路内的液压油液的质量为W(kg),比热(定压)为C_p(kJ/kg·K),则每小时的油温上升$\Delta\theta$(℃)为

$$\Delta\theta = \frac{H}{C_p W} \tag{1-112}$$

特别要注意的是,通过溢流阀的油液的压力完全没有利用而全部损失掉,从而引起油温上升。

2)冷却器的分类

冷却器可分为水冷式和孔冷式水冷式,又可分为管式和板式。图1-71是管式水冷冷却

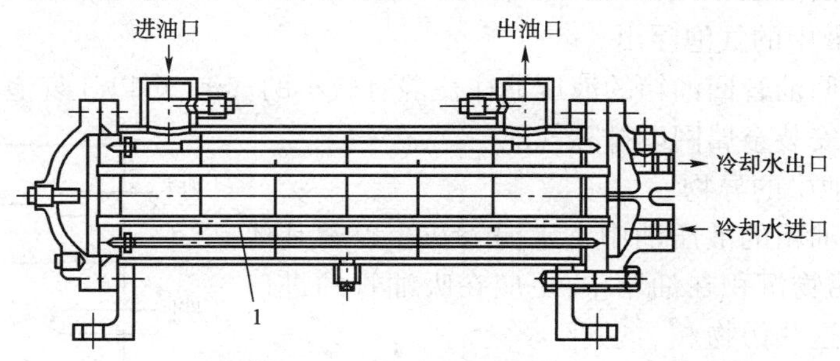

图1-71　管式水冷冷却器

1-冷却管

器。冷却水在管内流动，当油液在它周围流动时即被冷却。

3）冷却器所需要的传热面积

设通过冷却器的油液质量流量为 W_o（kg/s），油液的比热为 C_p（kJ/kg·K），冷却器进油口油温为 θ_1（℃），出口油温为 θ_2（℃），水的流量为 W_t（kg/s），水的比热为 C_t（kJ/kg·K），进口水温为 θ_1（℃），出口水温为 θ_2（℃），则冷却器的传热量 H，也就是单位时间里油液被夺走的热量应该等于在单位时间里水所得到的热量。因此

$$H = C_p W_o(\theta_1 - \theta_2) = C_t W_t(\theta_2 - \theta_1) \tag{1-113}$$

液压油与水的算术平均温度差 $\Delta\theta_m$ 为

$$\Delta\theta_m = \frac{\theta_1 + \theta_2}{2} \tag{1-114}$$

对数平均温度差为

$$\Delta\theta_m = \frac{(\theta_1 - \theta_2) - (\theta_2 - \theta_1)}{\ln[(\theta_1 - \theta_2)/(\theta_2 - \theta_1)]} \tag{1-115}$$

当温差小时，式（1-114）与式（1-115）相差很小。因此，用式（1-114）即可。所需要的传热面积应按下式计算

$$A = \frac{H}{\Delta\theta_m K} \tag{1-116}$$

式中的 K 是传热系数，其值见表 1-5。

冷却器的传热系数 表 1-5

分　类	传热系数 K（kW/ m^2·K）	分　类	传热系数 K（kW/ m^2·K）
管式水冷	19～24	空冷	7～14
板式水冷	51～83		

4. 油箱

1）油箱的功能

（1）储存液压系统所需要的液压油

通常需要储存的油相当于液压泵在 3～5min 的排油量。但是，在车辆上由于受到条件的限制所储存的油较少。

（2）冷却液压油

由于油箱的壁面能散热，因此往往在低压回路中不再专门设置冷却器。

（3）使工作油液中的气泡浮出

从液压系统经回油管回油箱的液压油往往混有微小的气泡，可以让气泡在油箱中浮出，也可以在吸油口附近安装金属网以排除气泡。

（4）除去液压油中的异物

在经回油管回油箱的液压油中常常混入灰尘以及其他污物，需要把这些污物沉积在油箱中，更应在吸油管的进口处安装过滤器除去这些污物。

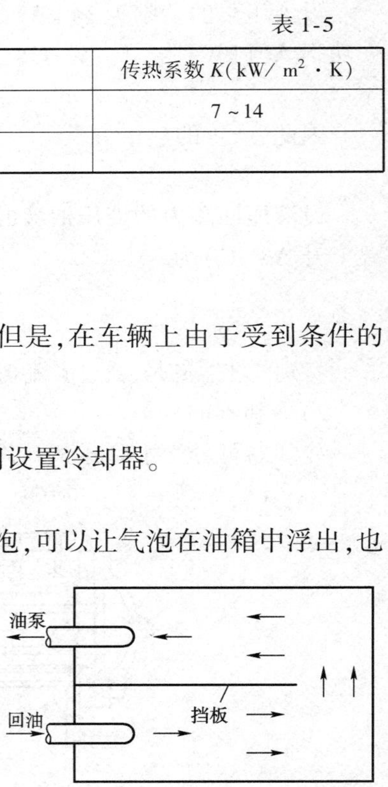

图 1-72　油箱

2）油箱的构造

油箱的构造如图 1-72 所示。在中部安装有挡板，从回

油口回油箱的油沿油箱的内壁面绕过挡板流向吸油口。在壁面上流过的油要向外界散出热量，同时，气泡很容易浮出，污物也容易沉积在油箱底上。

设油箱的散热面积为$A(m^2)$，壁面的传热系数为$K(\mathrm{kW/m^2 \cdot K})$，液压油与周围空气的温度差为$\Delta\theta_m$(℃)，则油箱的散热量$H$(kW)为

油箱的散热系数　　表 1-6

油箱的环境	$K(\mathrm{kW/m^2 \cdot K})$
密闭而且通风不好时	0.7
放在不密闭的地方时	1.0
有自然通风时	1.4

$$H = AK\Delta\theta_m \tag{1-117}$$

K值见表 1-6。

5. 管、管接头

管、管接头的选用原则是要保证管中油液做层流运动，管路应尽量短，以减小压力损失；要根据工作压力、安装位置确定管材与联接结构；与泵、阀等联接的管件应由其接口尺寸决定管径。

1）管、软管

各种管及其适用场合见表 1-7。

管道的种类和使用场合　　表 1-7

种类		特点和适用场合
硬管	钢管	价廉、耐油、抗腐、刚性好，但装配时不易弯曲成形。常在装拆方便处用做压力管道。中压以上用无缝钢管，低压用焊接钢管
	紫铜管	价高、抗震能力差、易使油液氧化，但易弯曲成形。只用于仪表和装配不便之处
软管	尼龙管	乳白色半透明，可观察流动情况。加热后可任意弯曲成形和扩口，冷却后即定形。承压能力因材料而异，其值为 2.8～8MPa 之间
	塑料管	耐油、价低、装配方便，长期使用会老化。只用做低于 0.5MPa 的回油管与泄油管
	橡胶管	用于相对运动间的联接，分高压和低压两种。高压胶管由耐油橡胶夹钢丝编织网（层数越多，耐压越高）制成，价高，用于压力回路。低压胶管由耐油橡胶夹帆布制成，用于回油管路

管的内径和壁厚可用下列两式计算，并须圆整为标准数值，即

$$d = 2\sqrt{\frac{Q}{\pi v}} \tag{1-118}$$

$$\delta = \frac{pdn}{2\sigma_b} \tag{1-119}$$

式中：Q——管内的最大流量；

v——允许流速，推荐值为：吸油管取 0.5～1.5m/s，回油管取 1.5～2.5m/s，压力油管取 2.5～5m/s（压力高时取大值），控制油管取 2～3m/s，橡胶软管应小于 45m/s；

p——管内的工作压力；

n——安全系数；

σ_b——管材的抗拉强度，可由材料手册查出。

2）管接头

在管的联接处所使用的管接头，除了具有必要的强度外，还必须能承受振动、冲击压力，并

且不能漏油。管接头分类如下：

(1)管接头

按管接头和管的联接方式分为扩口式管接头(图1-73a)、卡套式管接头(图1-73b)和焊接式管接头3种。扩口式管接头适用于紫铜管、薄钢管、尼龙管和塑料管等低压管道的联接。卡套式管接头对轴向尺寸要求不严,装拆方便,但对管道联接用管子尺寸精度要求较高,需采用冷拔无缝钢管,可用于高压系统。焊接式管接头密封性可靠,可用于高压。

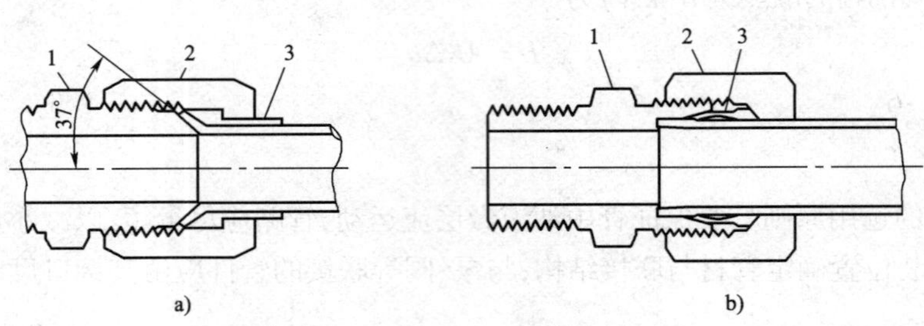

图1-73　扩口式管接头

1-本体;2-螺母;3-套管

(2)胶管接头

胶管接头有可拆式和扣压式两种。随管径不同可用于工作压力在6~40MPa的系统。

(3)快速接头

快速接头的全称为快速装拆管接头,它的装拆无需工具,适用于需经常装拆处。

五、液压油

液压油是液压传动系统中的传动介质,而且还对液压装置的机构、零件起润滑、冷却和防锈作用。液压传动系统的压力、温度和流速在很大的范围内变化,因此液压油的质量优劣直接影响液压系统的工作性能。故此,合理的选用液压油也是很重要的。

1. 液压油的分类

1)石油基液压油
- 普通液压油
- 专用液压油
- 抗磨液压油
- 高黏度指数液压油

石油基液压油是以石油的精炼物作基础,加入抗氧化或抗磨剂等混合而成的液压油,不同性能、不同品种、不同精度则加入不同的添加剂。

2)难燃液压油
- 合成液压油——磷酸脂液压油
- 含水液压油
  - 水——乙二醇液压油
  - 乳化液
    - 油包水乳化液
    - 水包油乳化油

(1)石油基液压油

这种液压油是以石油的精炼物为基础,加入各种为改进性能的添加剂而成。添加剂有抗

氧添加剂、油性添加剂、抗磨添加剂等。不同工作条件要求具有不同性能的液压油，不同品种的液压油是由于精制程度不同和加入不同的添加剂而成。

(2)合成添加剂

磷酸脂液压油是难燃液压油之一。它的使用范围宽，可达 -54 ~ 135℃。抗燃性好，氧化安定性和润滑性都很好。缺点是与多种密封材料的相容性很差，有一定的毒性。

(3)水——乙二醇液压油

这种液体由水、乙二醇和添加剂组成，而蒸馏水占 35% ~ 55%，因而抗燃性好。这种液体的凝固点低，达 -50℃，黏度指数高(130 ~ 170)，为牛顿流体。缺点是能使油漆涂料变软。但对一般密封材料无影响。

(4)乳化液

乳化液属抗燃液压油，它由水、基础油和各种添加剂组成。分水包油乳化液和油包水乳化液，前者含水量达 90% ~ 95%，后者含水量达 40%。

2. 液压油的物理特性

1)密度 ρ

$$\rho = m/V \quad \mathrm{kg/m^3}$$

一般矿物油的密度为 850 ~ 950kg/m³。

2)重度 γ

$$\gamma = G/V \quad \mathrm{N/m^3}$$

一般矿物油的重度为 8400 ~ 9500N/m³

因 $G = mg$ 所以 $\gamma = G/V = \rho g$

3)液体的可压缩性

当液体受压力作用时体积减小的特性称为液体的可压缩性。对于压力为 p_0 时体积为 V_0 的液压油，当压力升高 Δp，液压油的体积减少 ΔV 时，则此液压油的可压缩性可用体积压缩系数 β，即单位压力变化下的体积相对变化量来表示。

体积压缩系数 $$\beta = -\frac{1}{V_0}\frac{\Delta V}{\Delta p}$$

体积压缩系数 β 的倒数称为体积弹性模量 K。即

$$K = \frac{1}{\beta}$$

4)流体的黏性

液体在外力作用下流动时，由于液体分子间的内聚力而产生一种阻碍液体分子之间进行相对运动的内摩擦力，液体的这种产生内摩擦力的性质称为液体的黏性(见图 1-74)。由于液体具有黏性，当流体发生剪切变形时，流体内就产生阻滞变形的内摩擦力，由此可见，黏性表征了流体抵抗剪切变形的能力。处于相对静止状态的流体中不存在剪切变形，因而也不存在变形的抵抗，只有当运动流体流层间发生相对运动时，流体对剪切变形的抵抗，也就

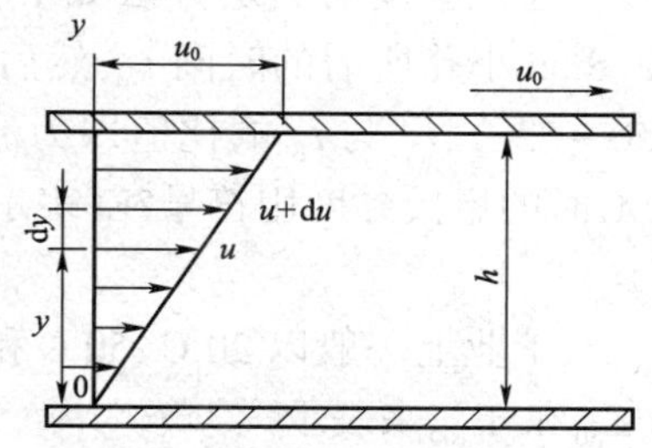

图 1-74 液体内摩擦定律反映液体黏性的示意图

是黏性才表现出来。黏性所起的作用为阻滞流体内部的相互滑动，在任何情况下它都只能延缓滑动的过程而不能消除这种滑动。

黏性的大小可用黏度来衡量，黏度是选择液压用流体的主要指标，是影响流动流体的重要物理性质。

当速度梯度变化时，μ 为不变常数的流体称为牛顿流体，μ 为变数的流体称为非牛顿流体。除高黏性或含有大量特种添加剂的液体外，一般的液压用流体均可看作是牛顿流体。

流体的黏度通常有3种不同的测试单位。

(1)绝对黏度 μ

绝对黏度又称动力黏度，它直接表示流体的黏性即内摩擦力的大小。动力黏度 μ 在物理意义上讲，是当速度梯度 $du/dz=1$ 时，单位面积上的内摩擦力的大小，即

$$\mu=\frac{\tau}{du/dz} \tag{1-120}$$

动力黏度的国际(SI)计量单位为牛顿·秒/米^2，符号为 $N\cdot s/m^2$，或为帕·秒，符号为 $Pa\cdot s$。

(2)运动黏度 ν

运动黏度是绝对黏度 μ 与密度 ρ 的比值

$$\nu=\mu/\rho \tag{1-121}$$

式中：ν——液体的动力黏度，m^2/s；

ρ——液体的密度，kg/m^3。

运动黏度的SI单位为米^2/秒(m^2/s)。还可用CGS制单位：斯(托克斯)，St斯的单位太大，应用不便，常用1%斯，即1厘斯来表示，符号为cSt。

故：

$$1cSt=10^{-2}St=10^{-6}m^2/s$$

例如10号机械油指明该油在50℃时其运动黏度 ν 的平均值是10cSt。蒸馏水在20.2℃时的运动黏度 ν 恰好等于1cSt，所以从机械油的牌号即可知道该油的运动黏度。例如20号油说明该油的运动黏度约为水的运动黏度的20倍，30号油的运动黏度约为水的运动黏度的30倍，以此类推。

(3)相对黏度

相对黏度是以相对于蒸馏水的黏性的大小来表示该液体的黏性的。相对黏度又称条件黏度。各国采用的相对黏度单位有所不同。有的用赛氏黏度，有的用雷氏黏度，我国采用恩氏黏度。恩氏黏度的测定方法如下：测定200cm^3 某一温度的被测液体在自重作用下流过直径2.8mm小孔所需的时间 t_A，然后测出同体积的蒸馏水在20℃时流过同一孔所需时间 t_B(t_B = 50~52s)，t_A 与 t_B 的比值即为流体的恩氏黏度值。恩氏黏度用符号°E表示。被测液体温度 t℃时的恩氏黏度用符号°Et表示。

$$°Et=t_A/t_B \tag{1-122}$$

工业上一般以20℃、50℃和100℃作为测定恩氏黏度的标准温度，并相应地以符号$°E_{20}$、$°E_{50}$和$°E_{100}$来表示。

知道恩氏黏度以后，利用下列的经验公式，将恩氏黏度换算成运动黏度：

$$v=7.31°E-6.31/°E\times10^{-6} \tag{1-123}$$

为了使液体介质得到所需要的黏度，可以采用两种不同黏度的液体按一定比例混合，混合后的黏度可按下列经验公式计算。

$$°E = [a°E_1 + b°E_2 - c(°E_1 - °E_2)]/100 \tag{1-124}$$

式中：°E——混合液体的恩氏黏度；

$°E_1$、$°E_2$——用于混合的两种油液的恩氏黏度；

a、b——用于混合的两种液体$°E_1$、$°E_2$各占的百分数，$a+b=100$；

c——与a、b有关的实验系数，见表1-8。

系数 c 的值　　表1-8

a(%)	10	20	30	40	50	60	70	80	90
b(%)	90	80	70	60	50	40	30	20	10
c	6.7	13.1	17.9	22.1	25.5	27.9	28.2	25	17

(4)压力对黏度的影响

在一般情况下，压力对黏度的影响比较小，在工程中当压力低于5MPa时，黏度值的变化很小，可以不考虑。当液体所受的压力加大时，分子之间的距离缩小，内聚力增大，其黏度也随之增大。因此，在压力很高以及压力变化很大的情况下，黏度值的变化就不能忽视。在工程实际应用中，当液体压力在低于50MPa的情况下，可用式(1-125)计算其黏度

$$\nu_p = \nu_0(1+\alpha_p) \tag{1-125}$$

式中：ν_p——压力在p(Pa)时的运动黏度；

ν_0——绝对压力为1个大气压时的运动黏度；

p——压力(Pa)；

α——决定于油的黏度及油温的系数，一般取$\alpha=(0.002\sim0.004)\times10-5$，1/Pa。

(5)温度对黏度的影响

液压油黏度对温度的变化是十分敏感的，当温度升高时，其分子之间的内聚力减小，黏度就随之降低。不同种类的液压油，它的黏度随温度变化的规律也不同。我国常用黏温图表示油液黏度随温度变化的关系。对于一般常用的液压油，当运动黏度不超过76mm²/s，温度在30～150℃范围内时，可用下述近似公式计算其温度为t℃的运动黏度

$$\nu_t = \nu_{50}(50/t)^n \tag{1-126}$$

式中：ν_t——温度在t℃时油的运动黏度；

ν_{50}——温度为50℃时油的运动黏度；

n——黏温指数。黏温指数n随油的黏度而变化，其值可参考表1-9。

黏温指数　　表1-9

$\nu_{50}/mm^2\cdot s^{-1}$	2.5	6.5	9.5	12	21	30	38	45	52	60
n	1.39	1.59	1.72	1.79	1.99	2.13	2.24	2.32	2.42	2.49

3. 液压系统对液压油的要求

液压油是液压传动系统的重要组成部分，是用来传递能量的工作介质。除了传递能量外，它还起着润滑运动部件和保护金属不被锈蚀的作用。液压油的质量及其各种性能将直接影响液压系统的工作。从液压系统使用油液的要求来看，有下面几点：

①适宜的黏度和良好的黏温性能一般液压系统所用的液压油其黏度范围为

$$\nu = 11.5 \times 10^{-6} \sim 35.3 \times 10^{-6} m^2/s(2 \sim 5°E50)$$

②润滑性能好在液压传动机械设备中,除液压元件外,其他一些有相对滑动的零件也要用液压油来润滑,因此,液压油应具有良好的润滑性能。为了改善液压油的润滑性能,可加入添加剂以增加其润滑性能。

③良好的化学稳定性即对热、氧化、水解、相容都具有良好的稳定性。

④对液压装置及相对运动的元件具有良好的润滑性。

⑤对金属材料具有防锈性和防腐性。

⑥比热、热传导率大,热膨胀系数小。

⑦抗泡沫性好,抗乳化性好。

⑧油液纯净,含杂质量少。

⑨流动点和凝固点低,闪点(明火能使油面上油蒸气内燃,但油本身不燃烧的温度)和燃点高。

此外,对油液的无毒性、价格便宜等,也应根据不同的情况有所要求。

4. 液压油的选用

液压油的牌号(即数字)表示在40℃下油液运动黏度的平均值(单位为cSt)。表1-10中原名内为过去的牌号,其中的数字表示在50℃时油液运动黏度的平均值。但是总的来说,应尽量选用较好的液压油,虽然初始成本要高些,但由于优质油使用寿命长,对元件损害小,所以从整个使用周期看,其经济性要比选用劣质油好些。

常见液压油系列品种 表1-10

种类	牌号		原名	用途
	油名	代号		
普通液压油	N_{32}号液压油 N_{68}G号液压油	YA-N_{32} YA-N_{68}	20号精密机床液压油 40号液压—导轨油	用于环境温度0~45℃工作的各类液压泵的中、低压液压系统
抗磨液压油	N_{32}号抗磨液压油 N_{150}号抗磨液压油 N_{168}K号抗磨液压油	YA-N_{32} YA-N_{150} YA-N_{168}K	20抗磨液压油 80抗磨液压油 40抗磨液压油	用于环境温度-10~40℃工作的高压柱塞泵或其他泵的中、高压系统
低温液压油	N_{15}号低温液压油 N_{46}D号低温液压油	YA-N_{15} YA-N_{46}D	低凝液压油 工程液压油	用于环境温度-20℃至高于40℃工作的各类高压油泵系统
高黏度指数液压油	N_{32}H号高黏度指数液压油	YD-N_{32}D		用于温度变化不大且对黏温性能要求更高的液压系统

第三节 液压基本回路

任何机械设备的液压传动系统都是由一些液压基本回路组成的。所谓基本回路,就是由有关的液压元件组成,用来完成特定功能的典型油路。本章将对一些常用的基本回路分别予

以介绍。

一、压力控制回路

压力控制回路是利用压力控制阀来控制系统中油液的压力，以满足执行元件对力或转矩的要求。这类回路包括调压、减压、增压、卸荷、保压和平衡等多种回路。

1. 调压回路

调压回路的功用是使液压系统整体或某一部分的压力保持恒定或不超过某个数值。有些调压回路还可以利用先导式溢流阀的控制油口实现远程调压（图1-75a）和多级压力的变换（图1-75b），此时要求两个溢流阀的调定压力符合 $p_3 < p_1$。利用比例溢流阀，系统就可以通过改变比例溢流阀的输入电流来实现无级调压（图1-75c），这样可使压力切换平稳，而且容易实现远距离控制或程控。

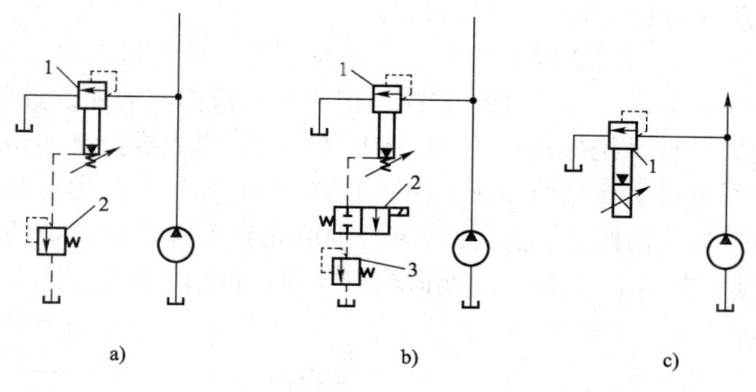

图1-75　调压回路

1-溢流阀；2-换向阀；3-调压阀

2. 减压回路

减压回路的功用是使液压系统中的某一部分油路具有较低的稳定压力。最常见的减压回路通过定值减压阀与主油路相连，参见图1-57。

为了使减压回路工作可靠，减压阀的最低调整压力不应小于0.5MPa，最高调整压力至少比系统压力小0.5MPa。

3. 增压回路

增压回路的功用是用以提高系统中局部油路中的压力。它能使局部压力远远高于油源的压力。采用增压回路比选用高压大流量泵要经济得多。局部增压常利用增压液压缸（增压器）获得，如图1-76所示。

图1-76a）所示的单作用增压器的增压回路，当系统处于图示位置时，压力为 p_1 的油液进入增压器的大活塞腔，此时在小活塞腔即可得到压力为 p_2 的高压油液，增压的倍数等于增压器大、小活塞的工作面积之比。当二位四通换向阀右位接入系统时，增压器的活塞返回，补油箱中的油液经单向阀补入小活塞腔。这种回路只能间断增压。

图1-76b）所示的双作用增压器的增压回路，在图示位置，泵输出的压力油经换向阀5和单向阀1进入增压器左端大、小活塞腔，右端大活塞腔的回油通油箱，右端小活塞腔增压后的

高压油经单向阀 4 输出,此时单向阀 2、3 被关闭;当活塞移到右端时,换向阀得电换向,活塞向左移动,左端小活塞腔输出的高压油经单向阀 3 输出。这样,增压缸的活塞不断往复运动,两端便交替输出高压油,实现了连续增压。

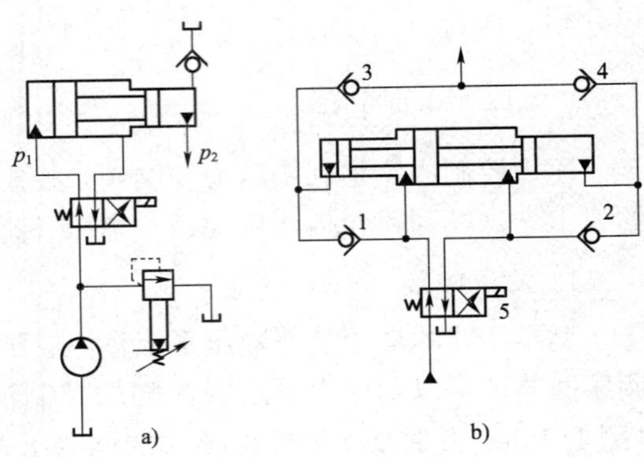

图 1-76　增压回路

a)单作用的增压回路;b)双作用的增压回路

1、2、3、4-单向阀;5-换向阀

4. 卸荷回路

卸荷回路的功用是在液压泵驱动电机不需频繁启闭的情况下,使液压泵在零压或很低压力下运转,以减少功率损耗,降低系统发热,延长液压泵和电机的使用寿命。

图 1-77 为采用换向阀的卸荷回路。在图 1-77b)中的 M(或 H、K)换向阀处于中位时,可使泵卸荷,但切换压力冲击大,适用于低压小流量的系统。对于高压大流量的系统,可采用 M(H 或 K)电液换向阀对泵进行卸荷(图 1-77c),但必须在换向阀前面设置单向阀(或在换向阀回油口设置背压阀),以使系统保持 0.2 ~ 0.3MPa 的压力,供先导控制油路用。

用先导型溢流阀也可实现泵的卸荷。在图 1-75b)中,如果去掉远程调压阀 3,使溢流阀的控制口直接与二位二通换向阀 2 相连,便构成一种由先导型溢流阀卸荷的回路。这种回路的卸荷压力小,切换时冲击也小;二位二通换向阀只需通过很小的流量,所以适合流量大的系统。

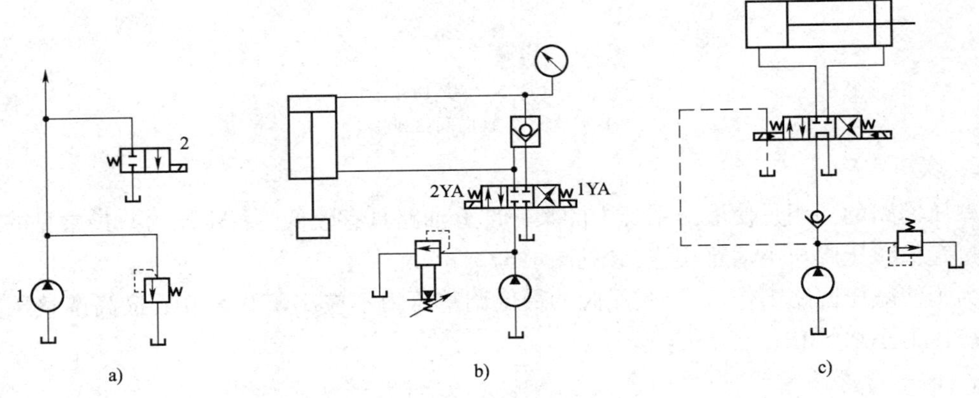

图 1-77　用换向阀的卸荷回路

1-液压泵;2-换向阀

5. 保压回路

执行元件在工作循环的某一阶段内,若需要保持规定的压力,就应采用保压回路。最简单的保压回路是使用密封性能较好的液控单向阀的回路(见图 1-77b),但阀类元件的泄漏使这种回路的保压时间不能维持很久,为此可用蓄能器和泵保压的回路。

利用蓄能器保压的回路如图 1-78 所示。图 1-78a)所示的回路,当主换向阀在左位工作时,液压缸活塞推进压紧工件,进油路压力升高至调定值,压力继电器发讯使二通阀通电,泵即卸荷,单向阀自动关闭,液压缸则由蓄能器保压。当蓄能器的压力不足时,压力继电器复位使

泵重新工作。图1-78b)所示为多缸系统一缸保压回路,进给缸快进时,泵压下降,但单向阀3关闭,将夹紧油路和进给油路隔开。蓄能器4用来给夹紧缸保压并补充泄漏,压力继电器5的作用是当夹紧缸压力达到预定值时发出讯号,使进给缸动作。

用泵保压的回路如图1-79所示。当系统压力较低时,低压大流量泵1和高压小流量泵2同时向系统供油,当系统压力升高至卸荷阀4的调定值时,泵1卸荷。此时高压小流量泵2使系统压力保持为溢流阀3的调定值。泵2的流量只需略高于系统的泄漏量,以减少系统发热。也可采用限压式变量泵来保压,它在保压期间仅输出少量足以补偿系统泄漏的油液,效率较高。

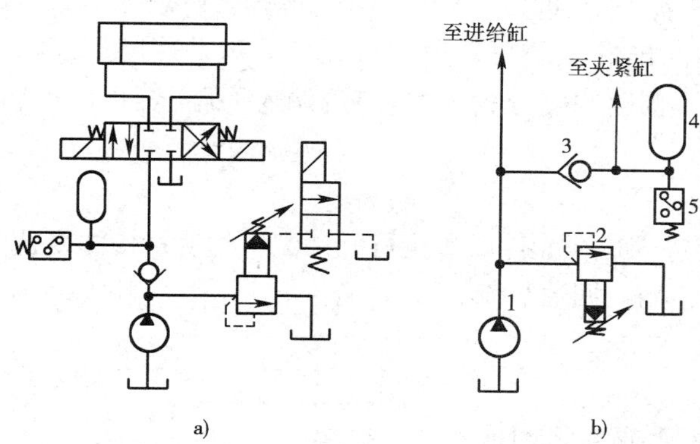

图1-78　用蓄能器保压的回路

1-液压泵;2-溢流阀;3-单向阀;4-蓄压器;5-压力继电器

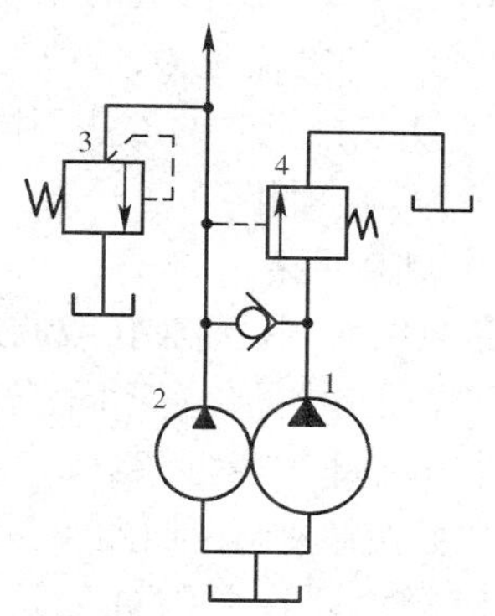

图1-79　用泵保压的回路

1-低压大流量泵;2-高压小流量泵;3-溢流阀;4-卸荷阀

6. 平衡回路

为了防止立式液压缸及其工作部件在悬空停止期间因自重而自行下落,可设置由顺序阀组成的平衡回路。如图1-80a)所示为采用单向顺序阀组成的平衡回路。顺序阀的开启压力要足以支承运动部件的自重。当换向阀处于中位时,液压缸即可悬停,但活塞下行时有较大的功率损失。为此可采用外控单向顺序阀,如图1-80b)所示,下行时控制压力油打开顺序阀,背压较小,提高了回路效率。但由于顺序阀的泄漏,悬停时运动部件总要缓慢下降。对要求停止位置准确或停留时间较长的液压系统,应采用如图1-80c)所示的液控单向阀回路。在图1-80c)中,应设置一节流阀,以防止运动部件下行时会因自重而超速运动。当超速运动时,缸上腔出现真空,致使液控单向阀关闭,待压力重建时才能再打开,这会造成下行运动时断时续和强烈振动的现象。

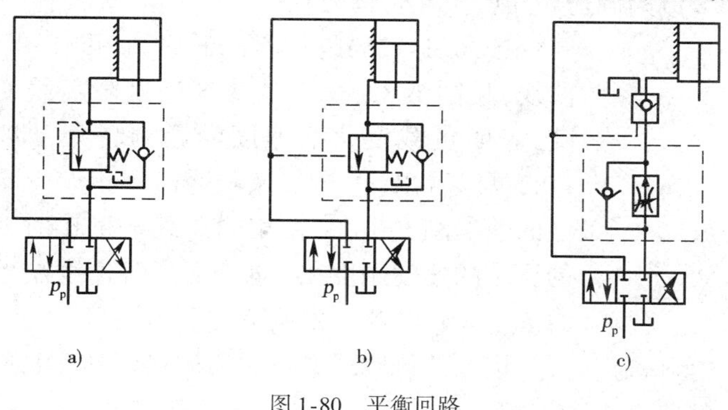

图1-80　平衡回路

二、速度控制回路

速度控制回路包括调速回路、快速运动回路和速度换接回路。

1. 调速回路

调速回路在液压传动系统中占有重要的地位。在不考虑泄漏的情况下,液压缸的运动速度 v 由进入(或流出)液压缸的流量 Q 及其有效作用面积 A 决定,即 $v=Q/A$。同样,液压马达的转速 n 由进入或流出马达的流量 Q 和排量 q 决定,即 $n=Q/q$。由此可知,改变流入(或流出)液压执行元件的流量 Q,或改变液压马达的排量 q,均可调节执行元件的运动速度。因此,按改变流量 Q 或排量 q 的方法不同,可将液压调速回路分为 3 类:节流调速回路、容积调速回路和容积节流调速回路。

1)节流调速回路

用定量泵供油,用节流阀(或调速阀)改变进入执行元件或自执行元件流出的流量使之变速。根据流量阀在回路中的位置不同,分为进油节流调速、回油节流调速和旁路节流调速 3 种回路。

(1)进油节流阀调速回路

将节流阀串联在泵与缸之间,即构成进油节流阀调速回路(图 1-81)。泵输出的油液一部分经节流阀进入缸的工作腔,泵多余的油液经溢流阀回油箱。由于溢流阀有溢流,泵的出口压力 p_p 保持恒定。调节节流阀通流面积,即可改变通过节流阀的流量,从而调节缸的速度。

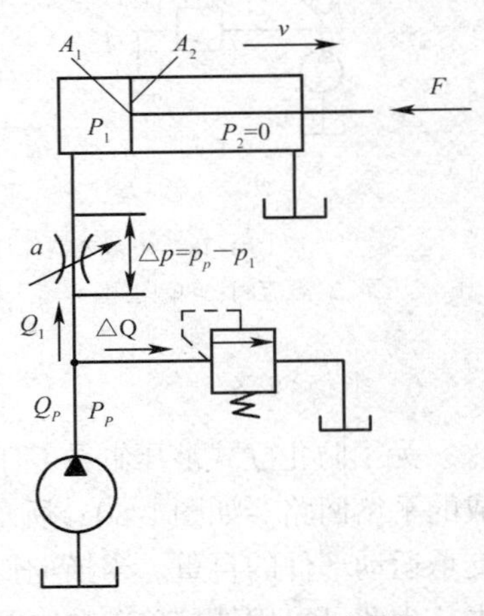

图 1-81　进油节流阀调速回路

设 p_1、p_2 分别为缸的进油腔和回油腔的压力(由于回油通油箱,$p_2\approx 0$);F 为缸的负载;通过节流阀的流量为 Q_1;泵出口压力为 p_p;a 为节流阀孔口通流面积;C_d 为流量系数;ρ、μ 分别为液体密度和动力黏度;C 为节流系数(对薄壁孔 $C=C_d\sqrt{2/\rho}$);m 为由孔口形状决定的指数($0.5\leqslant m\leqslant 1$,对薄壁孔 $m=0.5$),则缸的运动速度为

$$v=\frac{Q_1}{A_1}=\frac{Ca}{A_1}\left(p_p-\frac{F}{A_1}\right)^m \tag{1-127}$$

式(1-126)即为进油节流阀调速回路的负载特性方程。

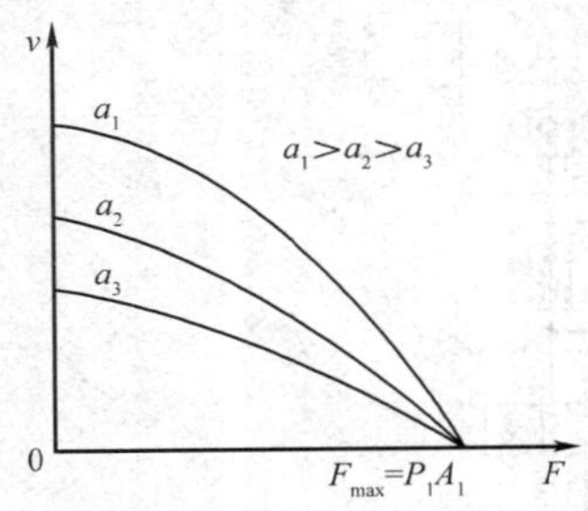

图 1-82　进油节流阀调速回路的速度-负载特性曲线

按式(1-126)选用不同的 a 值,可作出一组速度-负载特性曲线(见图 1-82)。曲线表明速度随负载变化的规律,曲线越陡,表明负载变化对速度的影响越大,即速度刚度小。由图 1-82可以看出:①当节流阀通流面积 a 一定时,重载区比轻载区的速度刚度小;②在相同负载下工作时,节流阀通流面积大的比小的速度刚度小,即速度高时速度刚性差;③最大承载能力 $F_{max}=p_pA_1$ 与速度调节无关。

进油节流阀式调速回路的输入功率,亦即液压泵的输出功率为

$$P_p = p_p Q_p = \text{常量} \tag{1-128}$$

该调速回路的输出功率,亦即液压缸的输出功率为

$$P_1 = p_1 Q_1 \tag{1-129}$$

回路的功率损失为(不考虑液压泵、液压缸和管路中的功率损失)

$$\begin{aligned}\Delta P = P_p - P_1 = p_p Q_p - p_1 Q_1 = p_p(Q_1 + \Delta Q) - (p_p - \Delta p)Q_1 \\ = p_p \Delta Q + \Delta p Q_1 = \Delta P_1 + \Delta P_2\end{aligned} \tag{1-130}$$

式中:ΔQ——通过溢流阀的流量;

Δp——节流阀的工作压差;

ΔP_1——溢流损失;

ΔP_2——节流损失。

式(1-130)表明,该回路的功率损失由两部分组成。一是溢流损失 ΔP_1,它是在泵的输出压力 p_p 下,流量 ΔQ 流经溢流阀产生的功率损失;二是节流损失 ΔP_2,它是流量 Q_1 在压差 Δp 下流经节流阀产生的功率损失。这两部分损失都变成热量使油温升高。由于存在上述两部分功率损失,所以回路效率较低。

综上所述,进油节流阀调速回路适用于轻载、低速、负载变化不大和对速度稳定性要求不高的小功率场合。

(2)回油节流阀调速回路

如图 1-83 所示,将节流阀串联在缸的回油路上,即构成回油节流阀调速回路(泵的出口压力恒定)。用节流阀调节缸的回油流量,实现调速。缸的运动速度为

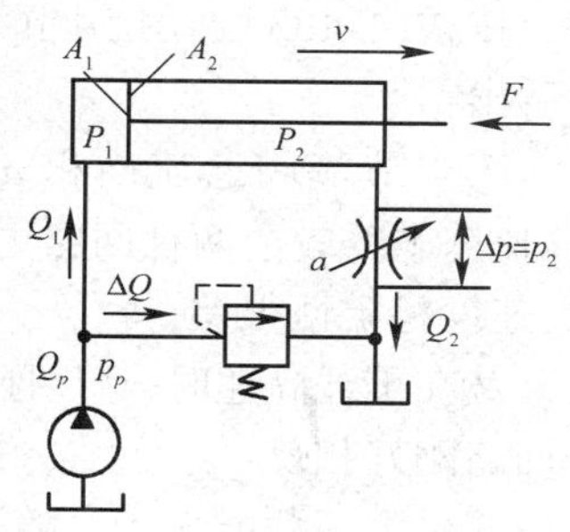

图 1-83 回油节流阀调速回路

$$v = \frac{Q_2}{A_2} = \frac{Ca}{A_2}\left(p_p \frac{A_1}{A_2} - \frac{F}{A_2}\right)^m \tag{1-131}$$

式中:A_2——液压缸有杆腔的有效面积;

Q_2——通过节流阀的流量。

其他符号意义与式(1-127)同。比较式(1-131)和式(1-127)可以发现,回油节流阀调速回路与进油节流阀调速回路的速度-负载特性及速度刚度基本相同,若液压缸两腔有效面积相同(双出杆液压缸),则两种节流阀调速回路的速度-负载特性和速度刚度就完全一样。

回路的功率损失为

$$\Delta P = p_p \Delta Q + \Delta p Q_2 = \Delta P_1 + \Delta P_2 \tag{1-132}$$

与进油节流阀调速回路相比较:

①回油节流阀调速回路中的节流阀能使液压缸回油腔形成一定背压,因而它能承受负值负载(与液压缸运动方向相同的负载)。而进油节流阀调速回路只有在液压缸回油路上设置背压阀后才能承受负值负载,但这样要增大功率损失。

②在回油节流阀调速回路中,流经节流阀而发热的油液直接流回油箱冷却。而进油节流阀调速回路中流经节流阀而发热的油液还要进入液压缸,不利于散热。

③对于单出杆液压缸来说,在回油节流阀调速回路中,当负载变为零时,液压缸的背腔压力(有杆腔)将会升高很大,这样对密封不利。

④同一个节流阀放到进油调速可使液压缸得到比回油调速更低的速度。

为了提高回路的综合性能，一般常采用进油节流阀调速，并在回油路上加背压阀，使其兼具二者优点。

(3)旁路节流阀调速回路

如图1-84a)所示，将节流阀接在与执行元件并联的旁油路上。通过调节节流阀的通流面积，来控制泵溢回油箱的流量，即可实现调速。由于溢流已由节流阀来承担，故溢流阀实为安全阀，常态时关闭，过载时打开，其调定压力为最大工作压力的1.1～1.2倍，故泵工作过程中的压力随负载而变化。设泵的理论流量为Q_{th}，泵的泄漏系数为C_1，则缸的运动速度为(其他符号意义同前)。

$$v=\frac{Q_1}{A_1}=\frac{Q_{th}-C_1(F/A_1)-Ca(F/A_1)^m}{A_1} \tag{1-133}$$

按式(1-133)选用不同的a值，可作出一组速度-负载特性曲线(见图1-84b)。由曲线可以看出：

①当节流阀通流面积a一定而负载增大时，速度下降较前两种回路更为严重，即特性很软，速度稳定性很差；

②在重载高速时，速度刚度较好，这与前两种回路刚好相反；

③最大承载能力F_{max}随节流口通流面积a的增大而减小，即旁路节流阀调速回路的低速承载能力很差，调速范围也小。

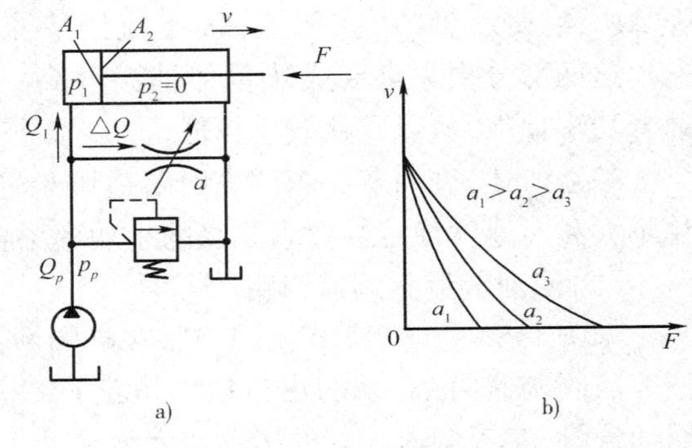

图1-84　旁路节流阀调速回路

在不考虑管路压力损失及其泄漏的情况下，对旁路节流阀调速回路的功率特性分析如下：

液压泵输出功率为

$$P_p=p_pQ_p=p_1Q_p \tag{1-134}$$

输出功率为

$$P_1=p_1Q_1 \tag{1-135}$$

功率损失为

$$\Delta P=P_p-P_1=p_1(Q_p-Q)=p_1\Delta Q_1=\Delta P_2 \tag{1-136}$$

由式(1-136)可以看出，旁路节流阀式调速回路的功率损失只有一项，即节流损失ΔP_2，没有溢流损失。因此，与进、回油节流阀调速回路相比，旁路节流阀调速回路的效率比较高。

由于本回路的速度-负载特性很软，低速承载能力差，故其应用比前两种回路少，只用于高速、重载、对速度平稳性要求不高的较大功率的系统，如牛头刨床主运动系统、输送机液压系统等。

(4)采用调速阀的节流调速回路

采用节流阀的节流调速回路，节流阀前后的压差随负载的变化而变化，故速度平稳性都差。若用调速阀代替节流阀，回路的速度-负载特性将大为改善。因为只要调速阀前后的工作压差超过它的最小稳定工作压差值(一般为0.5～1MPa)，通过调速阀的流量便不再随压差而变。

2)容积调速回路

节流调速回路由于存在着节流损失和溢流损失，回路效率低，发热量大，因此多用于小功率调速系统。在大功率调速系统中，多采用回路效率高的容积式调速回路。

容积调速回路根据油液的循环方式可分为开式回路（图 1-85a）和闭式回路（图 1-85b）两种。在开式回路中，从油箱吸油，执行元件的回油直接回油箱，油液能得到较好的冷却；但油箱体积大，空气和污物容易侵入回路，影响正常工作。在闭式回路中，执行元件的回油直接与泵的吸油腔相连，结构紧凑，只需很小的补油箱，空气和污物不易混入回路，但油液的散热条件差，为了补充（回路中的）泄漏，并进行换油和冷却，需附设补油泵（其流量为主泵的 10% ~ 15%，压力为 0.3 ~ 0.5MPa）。

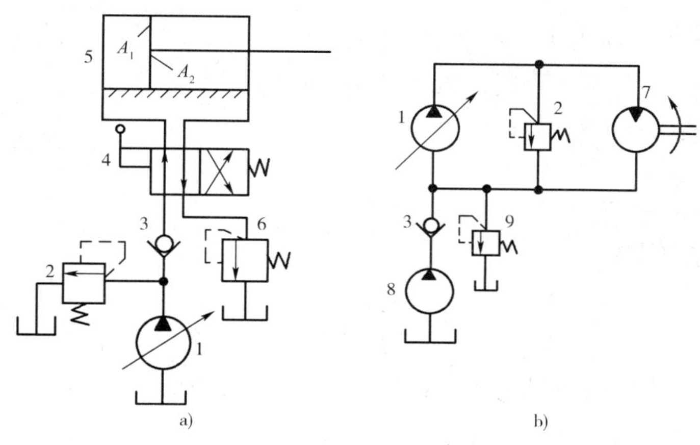

图 1-85　变量泵－定量马达（缸）回路

a）变量泵-缸回路；b）变量泵－定量马达回路

1-变量泵；2-安全阀；3-单向阀；4-换向阀；5-缸；6-背压阀；7-定量马达；8-补油泵；9-溢流阀

容积调速回路根据泵和马达的不同组合方式有变量泵-定量马达（缸）（图 1-85）、定量泵-变量马达（图 1-86）和变量泵-变量马达（图 1-87）3 种回路。这 3 种情况的特性各不相同。

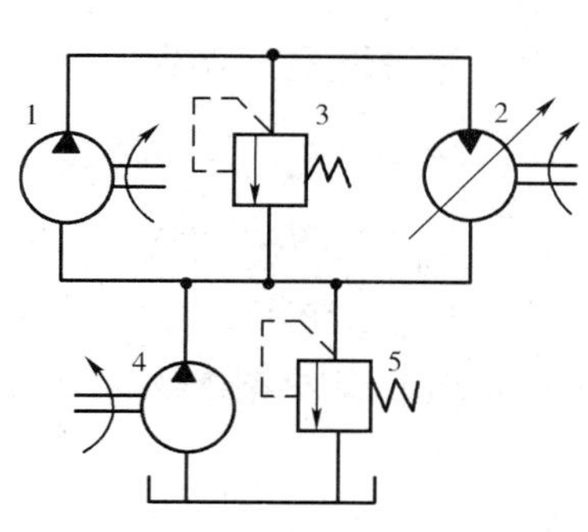

图 1-86　定量泵-变量马达回路

1-定量泵；2-变量马达；3-高压安全阀；4-补油泵；5-低压溢流阀

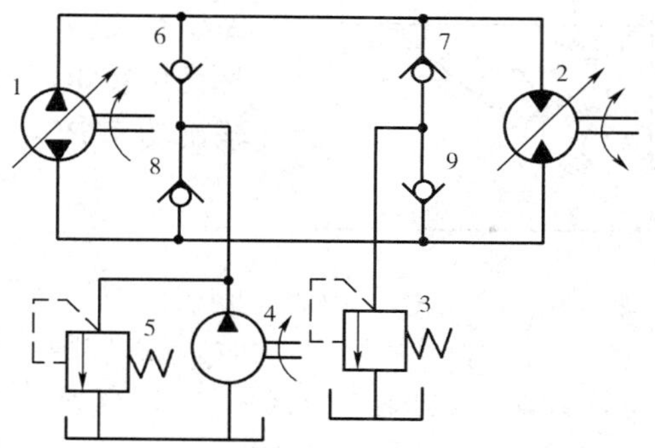

图 1-87　变量泵-变量马达回路

1-双向变量泵；2-双向变量马达；3-高压安全阀；4-补油泵；5-低压溢流阀；6、7、8、9-单向阀

（1）变量泵-定量马达（缸）回路

图 1-88 表示由变量泵和定量马达组成的回路，此时对于马达有

$$q_M n_M = Q_M \eta_{vM} \tag{1-137}$$

式中：q_M——马达排量；

n_M——马达转速；

Q_M——输入马达的流量；

η_{vM}——马达的容积效率。

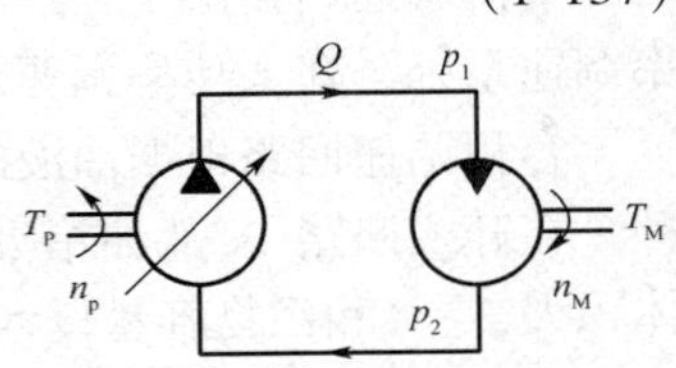

图 1-88 变量泵-定量马达回路

则马达的输出转速为

$$n_M = \frac{Q_M \eta_{vM}}{q_M} \tag{1-138}$$

若不计管路容积损失，则有

$$Q_M = Q_p = q_p n_p \eta_{vp} \tag{1-139}$$

式中：q_P——泵排量；

n_P——泵转速；

Q_P——泵输出的流量；

η_{vP}——泵的容积效率。

故

$$\eta_M = \frac{q_P}{q_M} n_P \eta_{vP} \eta_{vM} \tag{1-140}$$

此即为变量泵-定量马达回路的转速特性。式(1-139)表明：$n_M \propto q_P$。其转速特性曲线如图 1-89 所示。

马达输出转矩(= 负载转矩)T_M 为

$$T_M = q_M \Delta p_M \eta_{mM} \tag{1-141}$$

式中：$\Delta p_M = p_1 - p_2$——马达进、出口压力差；

η_{mM}——马达的机械效率。

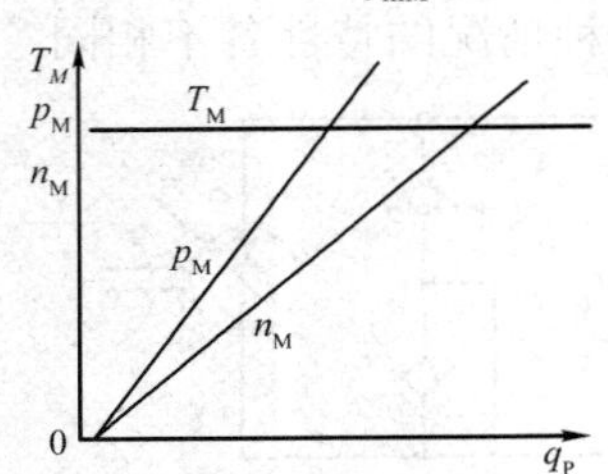

图 1-89 变量泵-定量马达回路工作特性

式(1-141)表明：马达输出转矩 T_M 仅与马达进、出口压力差 Δp_M 有关($T_M \propto \Delta p_M$)，而与泵的调节参数 q_P 无关(见图 1-89)，这称为恒转矩调节(对液压缸来说称为恒推力调节)。液压马达的输出功率 P_M 为

$$P_M = T_M n_M = T_M \frac{q_P}{q_M} n_P \eta_{vP} \eta_{vM} \propto q_P \tag{1-142}$$

恒转矩调节主要用于负载转矩变化不大、调速范围大的场合，是实际应用最为广泛的调节方式，如小型内燃机车、液压起重机、船用绞车、高射炮的方向回转、坦克炮塔的回转等。

(2)定量泵-变量马达回路

图 1-90 表示由定量泵和变量马达组成的回路，此时对于泵有

$$Q_P = q_P n_P \eta_{vP} = \text{const} \tag{1-143}$$

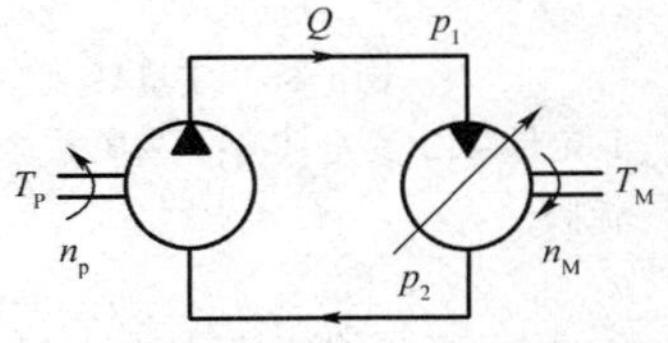

图 1-90 定量泵-变量马达回路

若不计管路容积损失，则泵所输出的全部流量都提供给了马达，即 $Q_P = Q_M$。所以马达的输出转速仍为式(1-139)，不过

此时 $q_P = \text{const}$（定量泵）；$q_M \neq \text{const}$（变量马达，即为泵的调节参数），$n_M \propto 1/q_M$。其转速特性曲线如图 1-91 所示。

马达输出转矩（=负载转矩）T_M 仍为式（1-140），此时表明：马达输出转矩 T_M 不仅与马达进、出口压力差 Δp_M 有关（$T_M \propto \Delta p_M$），而且还与马达的调节参数 q_M 有关（$T_M \propto q_M$，见图 1-91）。

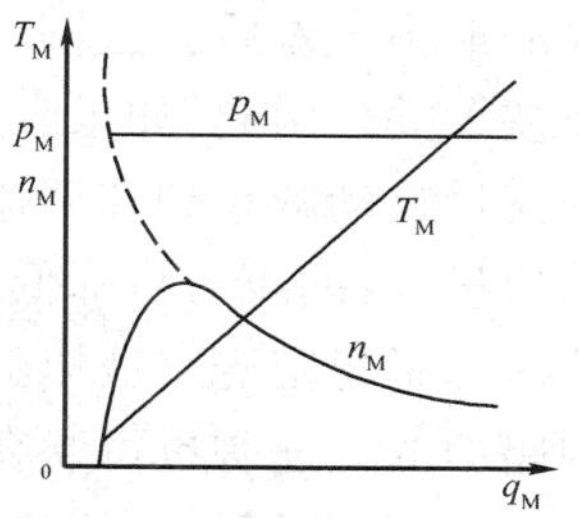

图 1-91　定量泵-变量马达回路工作特性

液压马达的输出功率 P_M 为

$$P_M = T_M n_M = q_M \Delta p_M \eta_{mM} \cdot \frac{q_P}{q_M} n_P \eta_{vP} \eta_{vM} = \Delta p_M q_P n_P \eta_{vP} \eta_{vM} \eta_{mM} \quad (1\text{-}144)$$

上式表明：马达的输出功率 P_M 仅与马达进、出口压力差 Δp_M 有关（$T_M \propto \Delta p_M$），而与马达的调节参数 q_M 无关（见图 1-91），这称为恒功率调节。

定量泵-变量马达回路调速范围很小，这是因为过小地调节液压马达的排量，会导致输出转矩值降至很低（见图 1-91）。因此，这种回路的应用不如上一种回路广泛。

（3）变量泵-变量马达回路

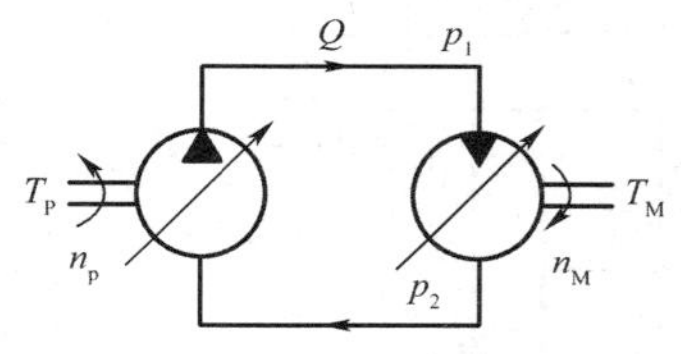

图 1-92　变量泵-变量马达回路

图 1-92 表示由变量泵和变量马达组成的回路，它的调速范围宽，而且传动特性可以多变。其缺点是价格贵。

如图 1-93 所示，这种回路在低速时，先把马达排量 q_M 调到最大，改变泵的排量 q_P 就能使马达的转速 n_M 变化。在高速时，把泵的排量 q_P 调到最大，改变马达的排量 q_M 使其转速 n_M 变化。因此，低速时的传动特性与变量泵-定量马达回路（见图 1-89）的情况相同；高速时的传动特性与定量泵-变量马达回路（见图 1-91）的情况相同。图 1-93就是它的传动特性。

这种回路适宜于大功率液压系统，如港口起重运输机械、矿山采掘机械等。

3）容积节流调速回路

容积调速回路虽然效率高、发热少，但仍存在速度-负载特性软的问题。调速阀式节流调速回路的速度-负载特性好，但回路效率低。容积节流调速回路的效率虽然没有单纯的容积调速回路高，但它的速度-负载特性好，因此在低速稳定性要求高的机床进给系统中得到了普遍应用。

容积节流调速回路是采用压力补偿型变量泵供油，通过对节流元件的调整来改变流入或流出液压缸的流量来调节液压缸的速度；而液压泵输出的流量自动地与液压缸所需流量相适应。这种回路虽然有节流损失，但没有溢流损失，效率较高。

（1）限压式变量泵与调速阀组成的容积节流调速回路

图 1-94 是用限压式变量泵与调速阀组成的容积节流调速回路。图中限压式变量泵的流量全部进入调速阀，没有旁路分流。当调速阀两端压差超过正常工作

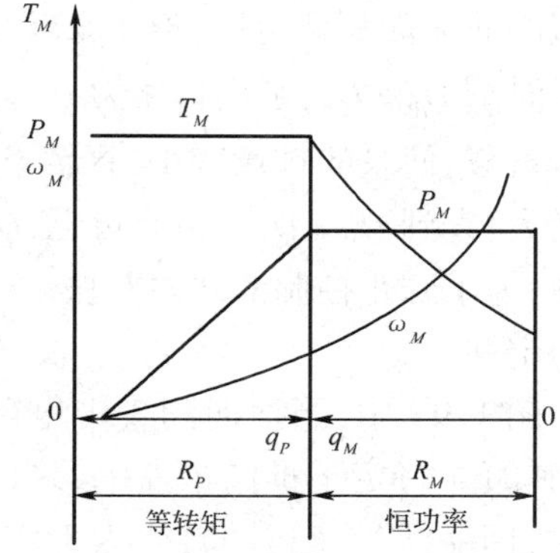

图 1-93　变量泵－变量马达回路工作特性

需要的最小压差后,通过调速阀的流量决定于调速阀中节流阀的开口量,而与调速阀前后的压差无关。因此,如果限压式变量泵的流量大于调速阀调定的流量,泵的压力将提高,使泵的流量自动减小到和调速阀调定的流量相适应;如果限压式变量泵的流量小于调速阀调定的流量,泵的压力将降低,使泵的流量自动增大到和调速阀调定的流量相适应。在这里,调速阀除了稳定进入液压缸的流量外,还能使泵的流量和液压缸的需要量相适应。这种调速回路中的调速阀也可装在回油路上,但对单杆缸,为了获得更低的稳定速度,应放在进油路上,空载时泵以最大流量进入缸使其快速。

这种调速回路的速度刚性、运动平稳性、承载能力和调速范围都和与它对应的调速阀式节流调速回路类同。

(2)差压式变量泵和节流阀组成的容积节流调速回路

回路的原理见图1-95。图中液压缸的进油路上有一个节流阀2,节流阀两端的压差引至差压式变量泵的两个控制活塞(柱塞)上。其中柱塞1的面积和活塞5的活塞杆面积相同。因此,变量泵定子的偏心量e,也就是泵的流量Q_P受到节流阀两端压差的控制。

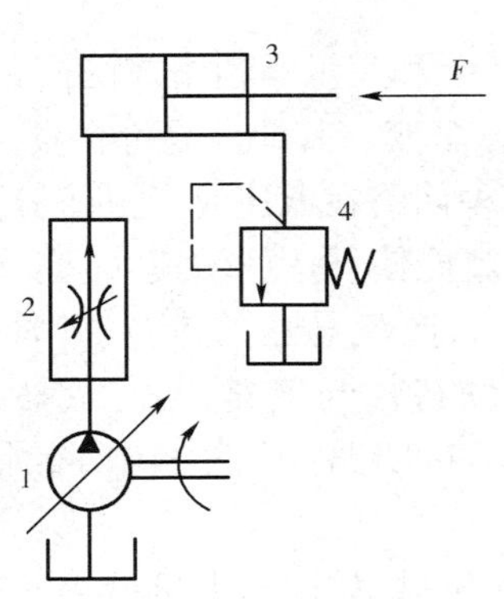

图1-94　限压式变量泵和调速阀组成的调速回路

1-补油泵;2-双向变量泵;3-上管路;4-单向阀

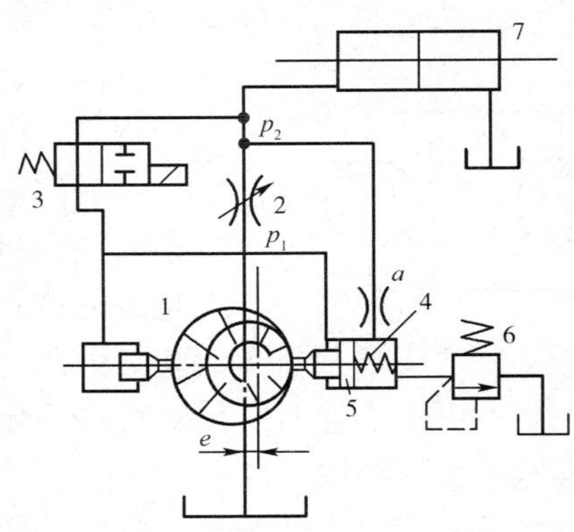

图1-95　压差式变量泵和节流阀组成的调速回路

1-柱塞;2-节流阀;3-换向阀;4-弹簧;5-活塞;6-安全阀;7-液压缸

该回路中液压缸的速度通过改变节流阀通流面积,控制进入液压缸的流量Q_1来调节。当节流阀通流面积调定后,液压泵输出流量Q_P就自动地与通过节流阀的流Q_1相匹配。比如,若某时刻$Q_P > Q_1$,泵出口压力p_P升高,则控制活塞作用在定子左侧的推力大于右侧的推力,定子右移,使泵的排量减小,直至$Q_P = Q_1$。反之,当$Q_P < Q_1$时,p_P减小,定子左移,使泵的排量增大,直到$Q_P = Q_1$。由此可见,$Q_P = Q_1$的过程是一个自动调节的过程。在这个自动调节过程中,为了防止控制活塞左右振动,在控制油路中设有阻尼孔a,用以增加控制系统的阻尼,提高稳定性。

图1-95中,当换向阀3中电磁铁断电时,节流阀两端被二位二通电磁阀短接,压差为零,弹簧4将定子推向最左端,泵的流量最大,这时为快速运动状态。当二位二通电磁阀通电时,回路从快速运动转变为工作进给。图中安全阀6限制了液压缸7进油腔的压力,是一个安全阀。

2. 快速运动回路

快速运动回路的功用是，加快执行元件的空载运行速度，以提高系统的工作效率和充分利用功率。常用的方法有以下几种：

1）液压缸差动联接快速运动回路

图 1-96a）中，当换向阀处于右位时，缸呈差动联接，泵输出的油和缸返回的油合流，进入缸的无杆腔，实现活塞快速运动。当活塞两端有效面积为 2∶1时，快进速度将是非差动联接的 2 倍。

2）采用蓄能器的快速运动回路

图 1-96b）中，当换向阀 5 处于左位或右位时，泵 1 和蓄能器 4 同时向缸 6 供油，实现快速运动。当换向阀处于中位时，缸停止工作，泵经单向阀 3 向蓄能器充液，蓄能器压力升高到液控顺序阀 2 的调定压力时，泵卸荷。

3）双泵供油快速运动回路

图 1-96c）中 7 为大流量泵，8 为小流量泵，两泵同时向系统供油时可实现执行元件的快速运动；转入工作行程中，系统压力升高，打开液控顺序阀 11（卸荷阀）使大流量泵卸荷，仅由小流量泵 8 向系统供油。

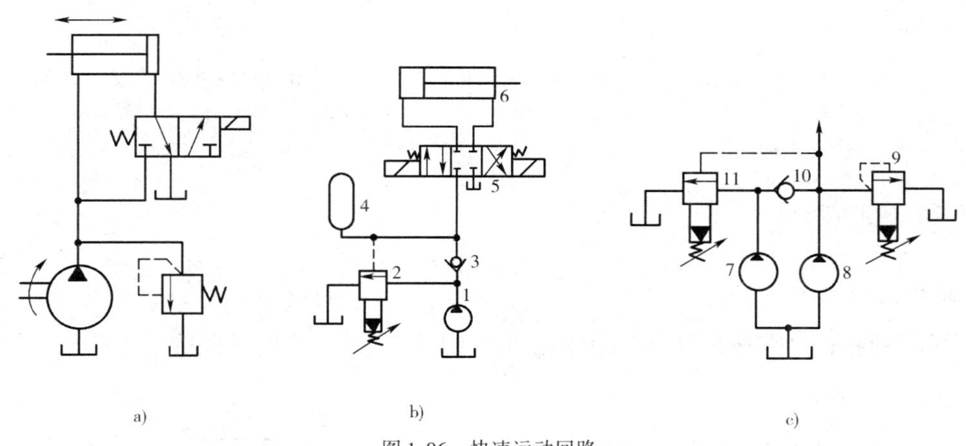

图 1-96　快速运动回路

a）液压缸差动联接快速运动回路；b）采用蓄能器的快速运动回路；c）双泵供油快速运动回路

1-泵；2、11-液控顺序阀；3、10-单向阀；4-蓄能器；5-换向阀；6-液压缸；7-大流量泵；8-小流量泵；9-溢流阀

3. 速度换接回路

速度换接回路的功用是，使执行元件在一个工作循环中，从一种运动速度变换到另一种运动速度。

1）快速与慢速的换接回路

图 1-97 是用行程阀的快慢速换接回路。在图示状态下，活塞快进，当活塞杆上的挡块压下行程阀时，缸右腔油液经节流阀流回油箱，活塞转为慢速工进；当换向阀左位接入回路时，活塞快速返回。此回路的优点是速度换接过程比较平稳，换接点的位置精度高；缺点是行程阀的安装位置不能任意布置。若将行程阀改为电磁阀，通过挡块压下电气行程开关来操纵，则其平稳性和换接精度均不如行程阀好。

2)两种不同慢速的换接回路

图1-98a)中两调速阀并联,由换向阀 C 换接,两调速阀各自独立调节流量,互不影响;但一个调速阀工作时,另一个调速阀无油通过,其定差减压阀居最大开口位置,速度换接时大量油液通过该处使执行元件突然前冲。因此,它不宜用于"在加工过程中实现速度换接",只能用于速度预选的场合。

图1-98b)中两调速阀串联,且调速阀 B 的流量调得比 A 小,从而实现两种慢速的换接。此回路的速度换接平稳性好。

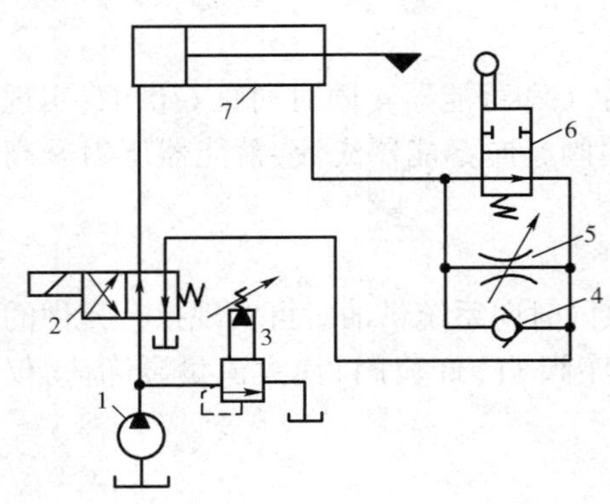

图1-97 用行程阀的快慢速换接回路

1-液压泵;2-电磁换向阀;3-溢流阀;4 单向阀;5-调速阀;6-机动换向阀;7-行程阀

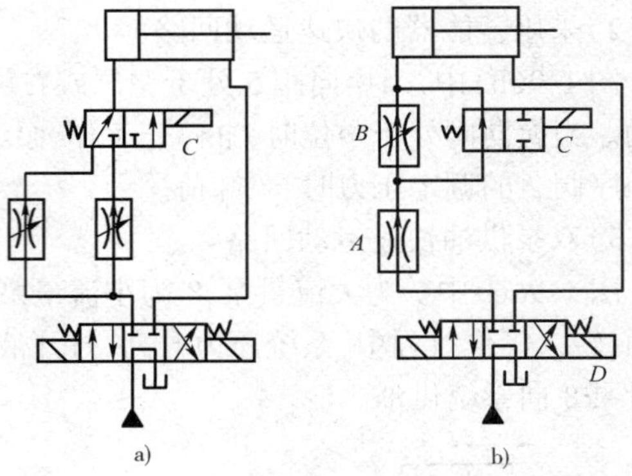

a)

b)

图1-98 用两种调速阀的速度换接回路

A、B-调速阀;C-换向阀;D-电磁换向阀

三、方向控制回路

1. 简单换向回路

简单换向回路,只需在泵与执行元件之间采用标准的普通换向阀即可。

2. 复杂换向回路

当需要频繁、连续自动地作往复运动且对换向过程有很多附加要求时,则需采用复杂换向回路。

1)时间控制制动式换向回路

如图1-99所示,这种回路的主油路只受换向阀3控制。在换向过程中,例如,当先导阀2在左端位置时,控制油路中压力油经单向阀 I_2 通向换向阀3右端,换向阀左端的油经节流阀 J_1 流回油箱,换向阀芯向左移动,阀芯上的制动锥面逐渐关小回油通道,活塞速度逐渐减慢,并在换向阀3的阀芯移过 l 距离后将通道闭死,使活塞停止运动。当节流阀 J_1 和 J_2 的开口

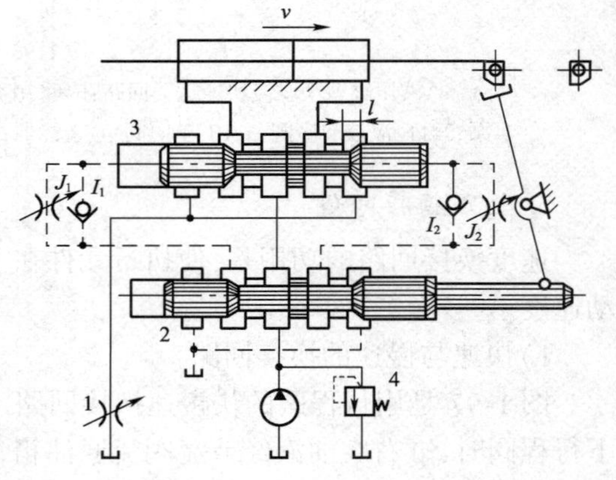

图1-99 时间控制制动式换向回路

1-节流阀;2-先导阀(二位四通);3-换向阀;4-溢流阀

大小调定之后，换向阀阀芯移过 l 距离所需的时间（即活塞制动所经历的时间）就确定不变（不考虑油液黏度变化的影响）。因此，这种制动方式被称为时间控制制动式。这种换向回路的主要优点是：其制动时间可根据主机部件运动速度的快慢、惯性的大小通过节流阀 J_1 和 J_2 的开口量得到调节，以便控制换向冲击，提高工作效率；此外，换向阀中位机能采用 H 形，对减小冲击量和提高换向平稳性都有利。其主要缺点是：换向过程中的冲出量受运动部件的速度和其他一些因素的影响，换向精度不高。这种换向回路主要用于工作部件运动速度较高，要求换向平稳，无冲击，但换向精度要求不高的场合，如平面磨床和插、拉、刨床的液压系统。

2）行程控制制动式换向回路

如图 1-100 所示，这种回路中的主油路除受换向阀 3 控制外，还受先导阀 2 控制。当先导阀 2 在换向过程向左移动时，先导阀阀芯的右制动锥将液压缸右腔的回油通道逐渐关小，使活塞速度逐渐减慢，对活塞进行预制动。当回油通道被关得很小（轴向开口量尚留约 0.2～0.5mm）、活塞速度变得很慢时，换向阀的控制油路才开始切换，换向阀阀芯向左移动，切断主油路通道，使活塞停止运动，并随即使它在相反的方向启动。这里，不论运动部件原来的速度快慢如何，先导阀总是要先移动一段固定的行程 l，将工作部件先进行预制动后，再由换向阀来使它换向。所以，这种制动方式被称为行程控制制动式。这种换向回路的换向精度高，冲出量较小；但制动时间长短和换向冲击的大小将受到运动部件速度快慢的影响。所以，这种换向回路宜用于主机工作部件运动速度不大，但换向精度要求高的场合，如内、外圆磨床液压系统。

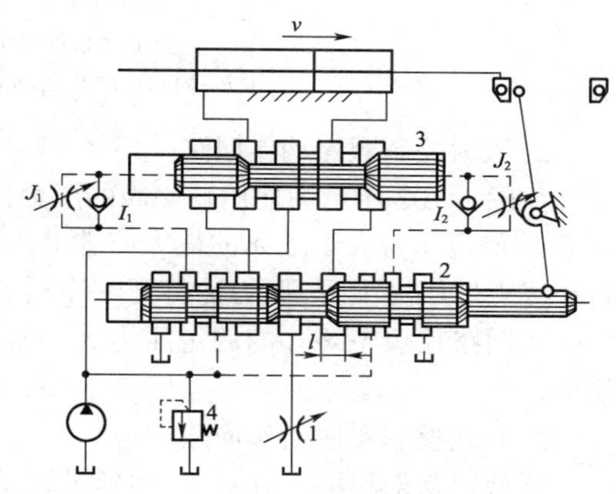

图 1-100 行程控制制动式换向回路

1-节流阀；2-先导阀（二位七通）；3-换向阀；4-溢流阀

四、多缸（马达）工作控制回路

1. 顺序动作回路

1）行程控制顺序动作回路

如图 1-101a）所示为用行程阀控制的顺序动作回路，在图示状态下，A、B 两缸的活塞在右端。当推动手柄，使阀 C 左位工作，缸 A 左行，完成动作①；挡块压下行程阀 D 后，缸 B 左行，完成动作②；手动换向阀 C 复位后，缸 A 先复位，实现动作③；随着挡块后移，阀 D 复位，缸 B 退回实现动作④。完成一个工作循环。

如图 1-101b）所示为用行程开关控制的顺序动作回路。当阀 E 得电换向时，缸 A 左行完成动作①；其后，缸 A 触动行程开关 S_1，使阀 F 得电换向，控制缸 B 左行完成动作②；当缸 B 左行至触动行程开关 S_2 使阀 E 失电时，缸 A 返回，实现动作③；其后，缸 A 触动 S_3 使 F 断电，缸 B 返回完成动作④；最后，缸 B 触动 S_4 使泵卸荷或引起其他动作，完成一个工作循环。

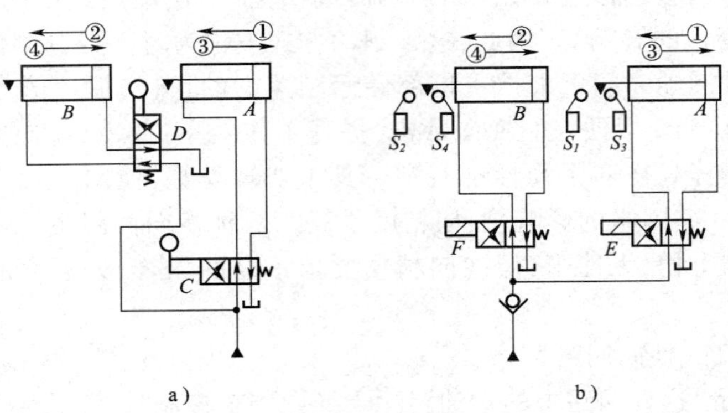

图 1-101 行程控制顺序动作回路

a)用行程阀控制;b)用行程开关控制

A、B-液压缸;C、D-机动换向阀(行程阀);E、F-电磁换向阀

2)压力控制顺序动作回路

如图 1-102 所示为使用顺序阀的压力控制顺序动作回路。当换向阀左位接入回路且顺序阀 D 的调定压力大于缸 A 的最大前进工作压力时,压力油先进入缸 A 的左腔,实现动作①;缸行至终点后压力上升,压力油打开顺序阀 D 进入缸 B 左腔,实现动作②;同样地,当换向阀右位接入回路且顺序阀 C 的调定压力大于缸 B 的最大返回工作压力时,两缸按③和④的顺序返回。

3)时间控制顺序动作回路

这种回路是利用延时元件(如延时阀、时间继电器等)使多个缸按时间完成先后动作的回路。如图 1-103 所示为使用延时阀来实现缸 3、4 工作行程的顺序动作回路。当阀 1 电磁铁通电,左位接通回路后,缸 3 实现动作①;同时,压力油进入延时阀 2 中的节流阀 B,推动换向阀

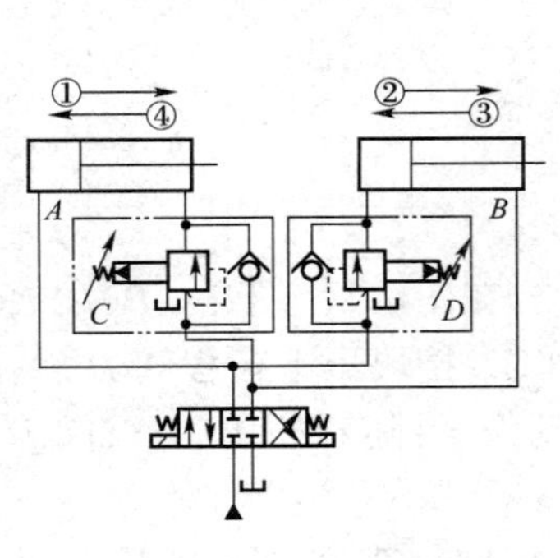

图 1-102 压力控制顺序动作回路

A、B-液压缸;C、D-顺序阀

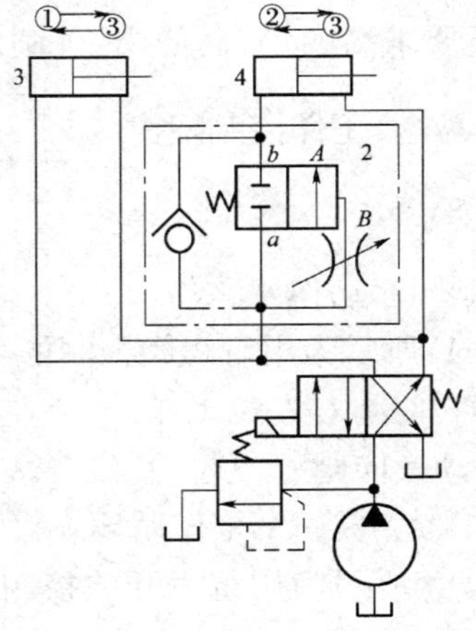

图 1-103 时间控制顺序动作回路

1-电磁换向阀;2-延时阀;3、4-液压缸;

A-换向阀;B-节流阀

A 缓慢左移，延续一定时间后，接通油路 a、b，油液才进入缸 4，实现动作②；通过调节节流阀的开度，来调节缸 3 和缸 4 先后动作的时间差。当阀 1 电磁铁断电时，压力油同时进入缸 3 和缸 4 右腔，使两缸返回，实现动作③。由于通过调节节流阀的流量受负载和温度的影响，所以延时不易准确，一般都与行程控制方式配合使用。

2. 同步回路

同步回路的功用是，保证系统中的两个或多个缸（马达）在运动中以相同的速度（或固定的速比）运动。在多缸系统中，影响同步精度的因素很多，如缸的外负载、泄漏、摩擦阻力、制造精度、结构弹性变形以及油液中含气量。为此，同步回路应尽量克服或减少上述因素的影响。

1）容积式同步回路

（1）同步泵的同步回路（图 1-104）

用两个同轴等排量的泵分别向两缸供油，实现两缸同步运动。正常工作时，两换向阀应同时动作；在需要消除端点误差时，两阀也可以单独动作。

（2）同步马达的同步回路（图 1-105）

用两个同轴等排量马达作配流环节，输出相同流量的油液来实现两缸同步运动。由单向阀和溢流阀组成交叉溢流补油回路，可在行程端点消除误差。

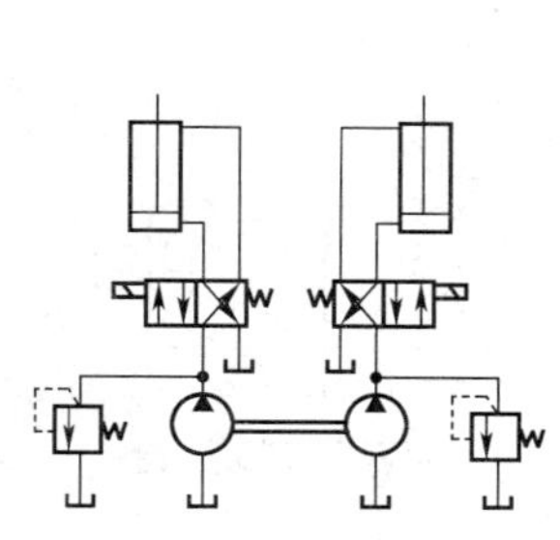

图 1-104　同步泵的同步回路

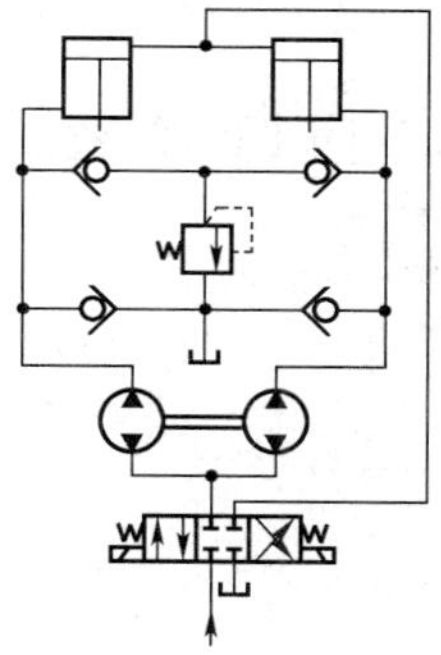

图 1-105　同步马达的同步回路

（3）同步缸的同步回路（图 1-106）

同步缸 3 由两个尺寸相同的双杆缸联接而成，当同步缸的活塞左移时，油腔 a 与 b 中的油液使缸 1 与缸 2 同步上升。若缸 1 的活塞先到达终点，则油腔 a 的余油经单向阀 4 和安全阀 5 排回油箱，油腔 b 的油液继续进入缸 2 下腔，使之达到终点。同理，若缸 2 的活塞先达终点，也可使缸 1 的活塞相继到达终点。

（4）带补偿装置的串联缸同步回路（图 1-107）

缸 1 的有杆腔 A 的有效面积与缸 2 的无杆腔 B 的面积相等。当三位四通阀右位工作时，两缸下行，若缸 1 活塞先到底，将触动行程开关 a 使阀 5 得电，压力油经阀 5 和液控单向阀 3 向缸 2 的 B 腔补油，使活塞继续下降到底。若缸 2 活塞先到底，则触动行程开关 b 使阀 4 得电，控制压力油经阀 4 打开液控单向阀 3，缸 1 下腔油液经液控单向阀 3 及阀 5 回油箱，其活塞继续下降到底。

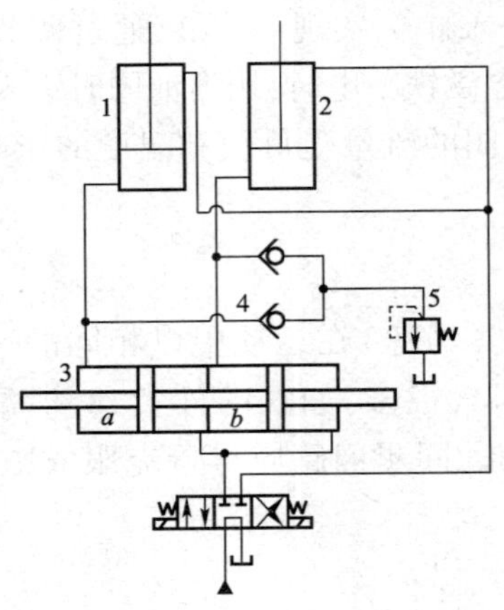

图 1-106　同步缸的同步回路

1、2-液压缸；3-同步缸；4-单向阀；5-安全阀；a、b-油腔

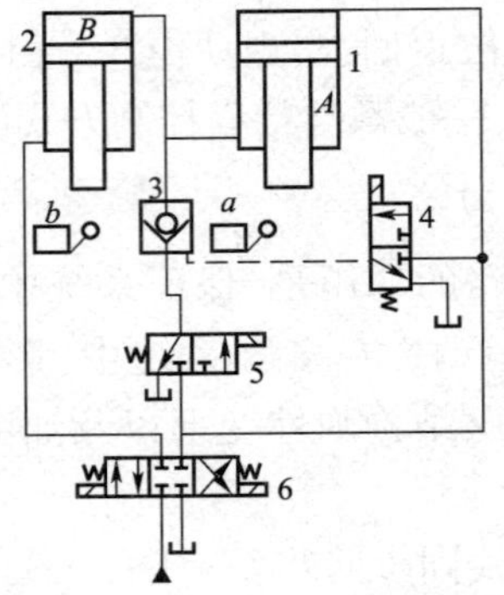

图 1-107　带补偿装置的串联缸同步回路

1、2-液压缸；3-单向阀；4、5-电磁溢流阀；6-电磁换向阀；A-有杆腔；B-无杆腔；a、b-行程开关

(5)机械联接同步回路(图 1-108)

这种回路是用刚性梁、齿轮及齿条等机械零件，使两缸活塞杆间建立刚性的运动联系，实现位移同步。

2)节流式同步回路

(1)采用分流集流阀的同步回路(图 1-109)

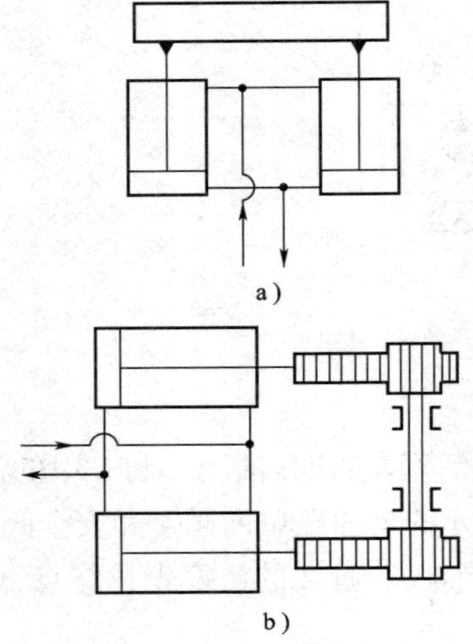

图 1-108　机械联接同步回路

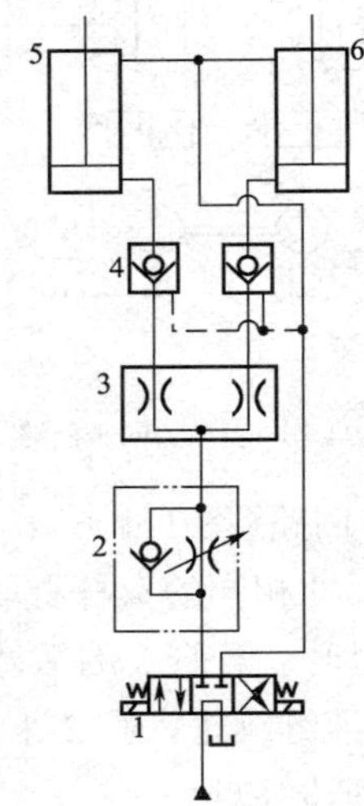

图 1-109　用分流集流阀的同步回路

1-电磁换向阀；2-单向节流阀；3-分流集流阀；4-液控单向阀；5、6-液压缸

当换向阀左位接回油路时，压力油经分流集流阀 3 分成两股等量的油液进入缸 5 和缸 6，使两缸活塞同步上升；当换向阀右位接回油路时，阀 3 起集流作用，控制两活塞同步下降。回路中的单向节流阀 2 是用来增加背压以控制活塞下降速度的。分流集流阀只能实现速度同步。若某缸先到达行程终点，则可经阀内节流孔窜油，使各缸都能到达终点，从而消除累积误差。

(2)采用电液比例调速阀的同步回路(图1-110)

回路中使用一个普通调速阀和一个电液比例调速阀(它们各自装在由单向阀组成的桥式节流油路中),分别控制着缸3和缸4的运动,当两活塞出现位置误差时,检测装置就会发出信号,调节比例调速阀的开度,实现同步。

(3)用电液伺服阀的同步回路(图1-111)

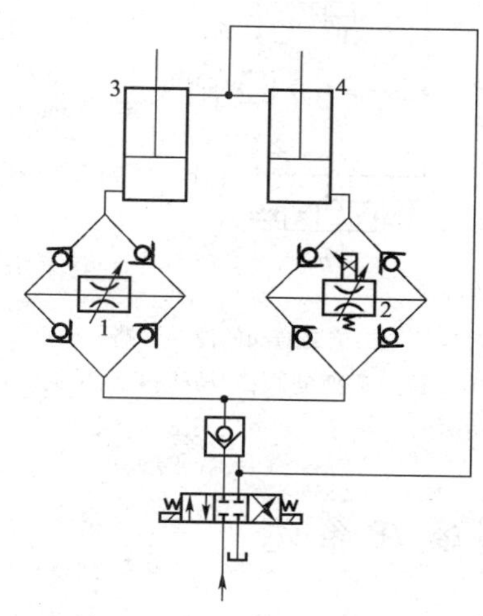

图1-110 用电液比例调速阀的同步回路

1-调速阀;2-电液比例调速阀;3、4-液压缸

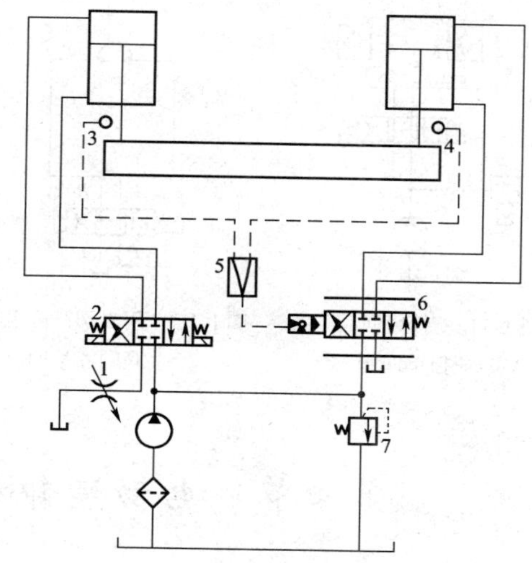

图1-111 用电液伺服阀的同步回路

1-节流阀;2-换向阀;3、4-位移传感器;5-伺服放大器;6-电液伺服阀;7-溢流阀

图中伺服阀6根据两个位移传感器3和4的反馈信号持续不断地控制其阀口的开度,使通过的流量与通过换向阀2阀口的流量相同,使两缸同步运动。此回路因伺服阀必须通过与换向阀同样大的流量而价格贵,故适用于两缸相距较远而同步精度要求很高的场合。

五、其他回路

1. 锁紧回路

锁紧回路的功用是,在执行元件不工作时,切断其进、出油路,使它准确地停留在原定位置上。

如图1-112所示为使用液控单向阀(又称双向液压锁)的锁紧回路,它能在缸不工作时使活塞迅速、平稳、可靠且长时间地被锁住。

2. 浮动回路

浮动回路是把执行元件的进、回油路连通或同时接通油箱,借助于自重或负载的惯性力使其处于无约束的自由浮动状态。

如图1-113所示为采用H形(或P形、Y形)三位四通换向阀的浮动回路。

如图1-114所示为利用二位二通阀2实现起重机吊钩马达浮动的回路。当二位二通阀的下位接回路时,起重机吊钩在自重作用下不受约束地快速下降(即“抛钩”)。马达浮动时若有外泄漏,单向补油阀4(或5)可自动补油,以防空气进入。

对于径向柱塞式内曲线马达,使定子内充满压力油,柱塞缩回缸体,马达外壳就处于浮动状态。这种马达用于起重机械，能实现抛钩；用于行走机械，可以滑行。

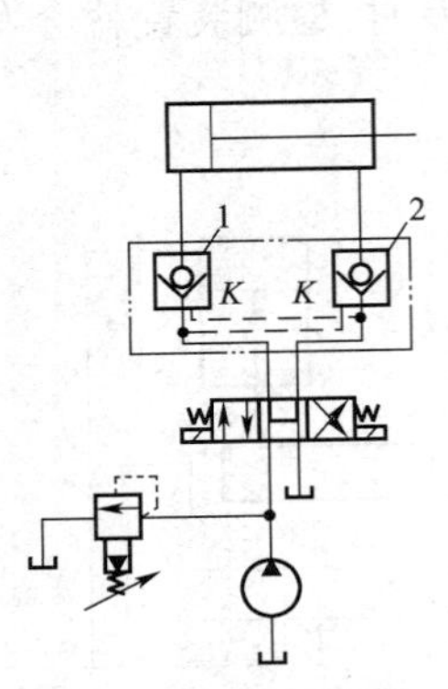

图 1-112 锁紧回路
1、2-液控单向阀

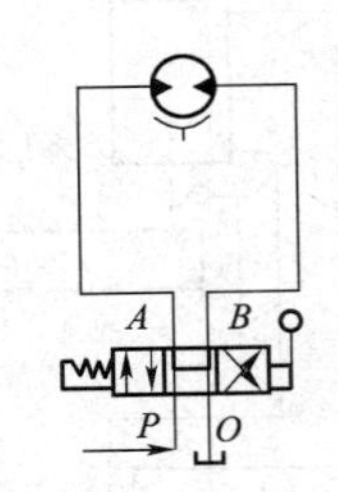

图 1-113 用 H 形三位四通阀的浮动回路

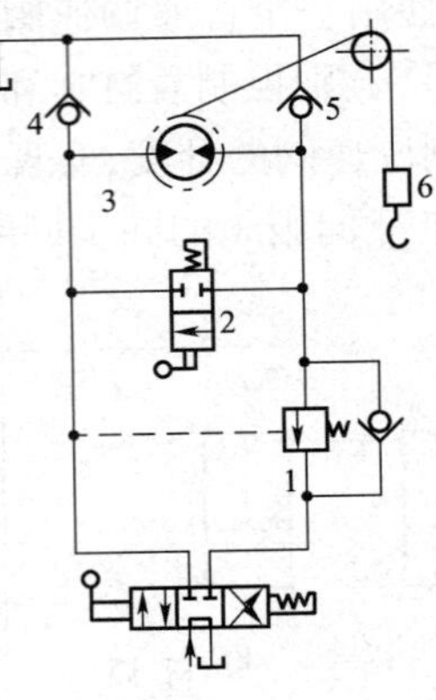

图 1-114 用二位二通阀的浮动回路
1-平衡阀；2-二位二通换向阀；3-马达；4、5-单向补油阀；6-吊钩

第四节 电动装卸机械典型液压系统

一、翻车机液压系统

翻车机是一种非常专业化的散状物料卸料设备，它用于火车装载的散状物料的翻卸。随着国民经济的持续发展，火电厂、冶炼厂、水泥厂、港口、矿山的建设如火如荼，其所需的火车运输的散状物料如煤炭、焦炭、矿砂的用量大幅增长，翻车机的年需求量已达到 50～60 台套。秦皇岛港务集团有限公司是如今世界最大的能源运输港口，仅煤炭接卸的三车翻车机就多达 8 台，年煤炭吞吐量达 1.6 亿多吨。2004 年秦皇岛港的煤五期工程正式上马，其中需建设三套翻车机系统，翻车机是由 Metso 英国公司设计。秦皇岛港煤五期翻车系统共三套，分别为 CD6、CD7 和 CD8。每套系统主要由翻车机、定位车、入口和出口夹轮器、漏斗和给料器、除尘系统及一些辅助设备组成。秦皇岛港煤五期翻车机液压驱动装置包括翻车机液压系统、定位车液压系统和夹轮器液压系统三部分，下面以煤五期翻车机液压系统为例介绍翻车机各部分液压系统组成及工作原理。

1. 翻车机液压系统

三车翻车机为三车单梁双端环结构形式，由转子、托轮装置、旋转驱动系统、压车系统、靠车系统组成。

每台翻车机上共设三套液压装置，每套控制一节车厢。由 12 个压车油缸（每个车厢 4 个缸）、12 个靠车板油缸（每个车厢 4 个缸）、三个动力站及相应的回路组成。每个独立的动力站为压车油缸及靠车板油缸供油。

压车梁通过压车油缸与车厢顶部接触。每个压车油缸内设有缓冲回路用来与车厢弹簧力相抵消。

三个靠车板是可以移动的，当它伸出时，在旋转过程中支撑与它相邻的车厢侧部。每个靠车板由四个靠车油缸提供动力。

三个动力站安装在翻车机上，在翻车机旋转时随之翻转。

翻车机的实物照片如图 1-115 所示，结构俯视图如图 1-116 所示，翻车机结构侧视图如图 1-117 所示，翻车机结构截面图如图 1-118 所示。

图 1-115　翻车机照片

1）翻车机的工作循序

①翻车机静止时(0°)，三节车厢定位在翻车机内。12 个压车梁在全部升起位置(即压车油缸活塞杆全部伸出)，三个靠车板位于全部缩回位置(即靠车油缸活塞杆全部缩回)，接近开关发出“压车梁全部升起”及“靠车板全部缩回”的信号。

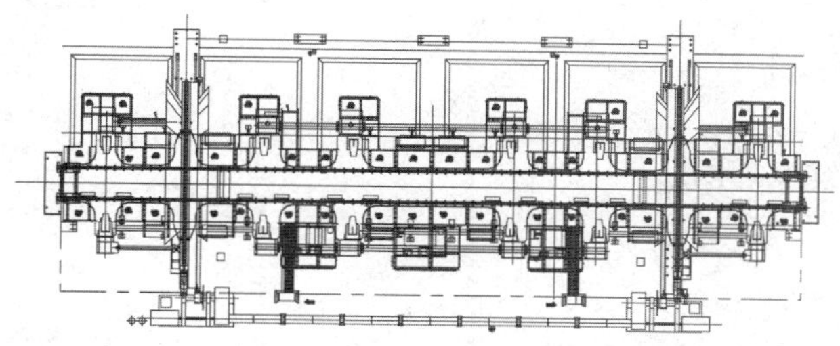

图 1-116　翻车机结构俯视图

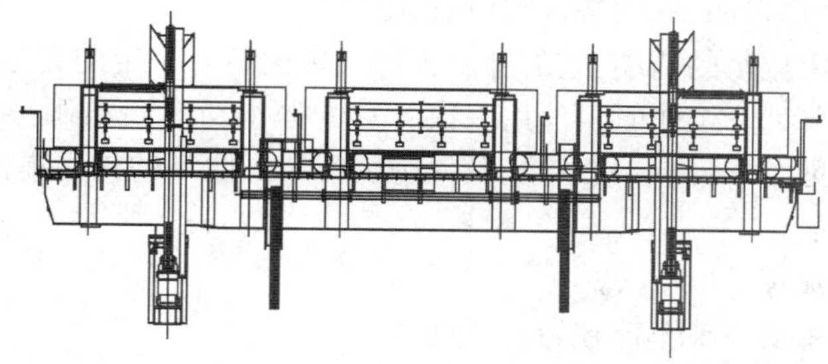

图 1-117　翻车机结构侧视图

②操作人员发出“开始自动循环”指令。

③靠车板伸出(靠车油缸活塞杆伸出)直至接触车厢。在翻转前必须确定两个信号，一个为插装阀上的感应式行程限位器“靠车板锁定”信号，一个为油缸上的压力开关“靠车板加载”信号。

④在接收到所有靠车油缸信号后，设备开始翻转，同时压车油缸活塞杆缩回。

⑤压车油缸活塞杆继续缩回，直至压车梁接触车厢顶部。

⑥每个液压缸配备的筒形插装阀应确保，一旦车厢重量施加反作用力或由于车厢弹簧的持续力，每个独立的液压缸就能液压锁住。

⑦在大约 70°倾翻时，关闭动力装置的液压动力。

⑧在大约 90°倾翻时，监测每个筒形插装阀配备的传感器，确保阀门已被锁住。如果没有收到来自传感器的“被锁住”信号，应自动停止翻车机。

⑨在倾翻周期内，车厢弹簧持续释放。此动作（大约 40mm）依靠安全活塞和其辅助可调安全阀从“被锁住”系统脱开，其配装于压车液压缸的后面。

⑩继续旋转到正常倾翻角度 165°。

⑪翻车机翻转到位后停止 3s，然后开始返回。

⑫在轨面（0°倾翻）时，给出松开靠车板的信号，靠车液压缸在液压动力作用下缩回。

⑬如果接通全部“压车梁上升”和“靠车板缩回”限位开关，定位车可以开始其下一轮循环。

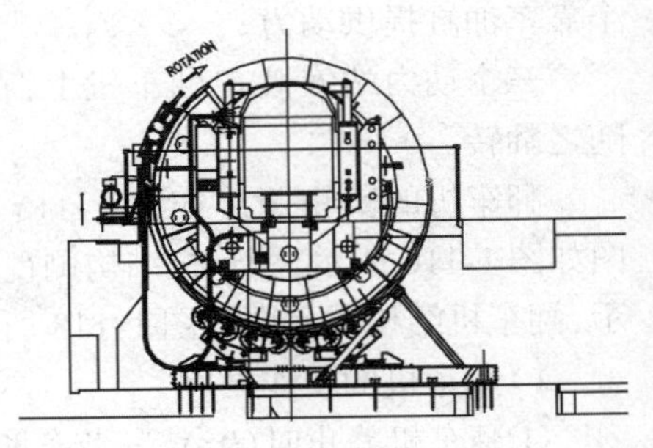

图 1-118　翻车机结构端部视图

2）翻车机液压系统总图

如图 1-119 所示。

3）压车梁液压系统图

如图 1-120 所示。

4）靠车板液压系统原理图

如图 1-121 所示。

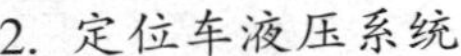

2. 定位车液压系统

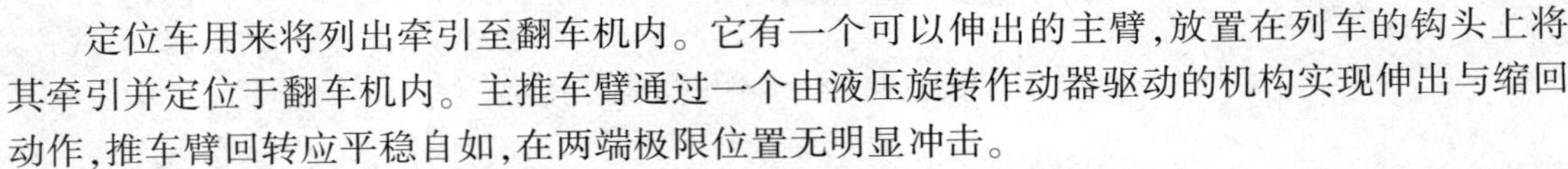

定位车用来将列出牵引至翻车机内。它有一个可以伸出的主臂，放置在列车的钩头上将其牵引并定位于翻车机内。主推车臂通过一个由液压旋转作动器驱动的机构实现伸出与缩回动作，推车臂回转应平稳自如，在两端极限位置无明显冲击。

辅推车臂设置在定位车的前端，它的伸出方向与主轨道有一定的夹角，用来将最后的车厢推入翻车机。辅臂每节列车工作时仅使用一次。它的伸出与缩回动作与主臂相似，有相同的旋转作动器驱动。辅推车臂带有一个钩头及一个由液压缸驱动的钩头提销机构。定位车结构示意图如图 1-122 所示。

1）定位车的工作循序

①机车牵引列车将第一节车停在定位车前。

②定位车将定位车主臂伸出，卡住列车及第一节之间的车钩。

③定位车运行，将列车推入翻车机，而将第一节车辆停在翻车机外。

④夹轮器夹住列车。

⑤定位车主臂缩回，返回第 3 节及第 4 节车沟联接处。

⑥定位车主臂伸出。夹轮器松开。

⑦定位车向前移动 3 节车长，将前 3 节车推入翻车机内的主梁平台上。

⑧夹轮器夹住重车的车轮，使列车不至于前后移动。

⑨定位车主臂缩回，返回至原位，即第 6 节与第 7 节车钩处。定位车主臂伸出准备下一次推车循环。

2）定位车液压系统原理图

如图 1-123 所示。

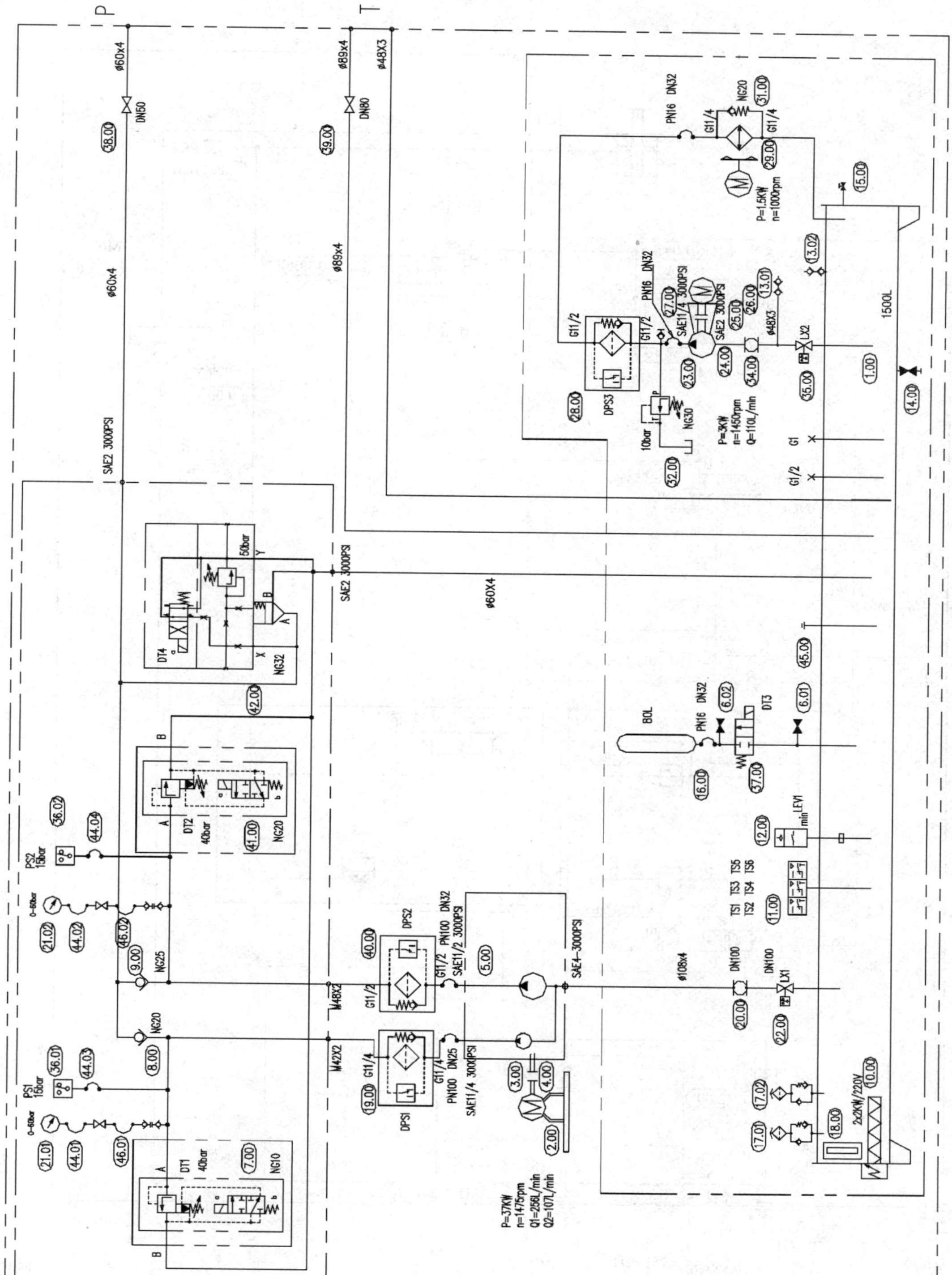

图 1-119　翻车机液压系统总图

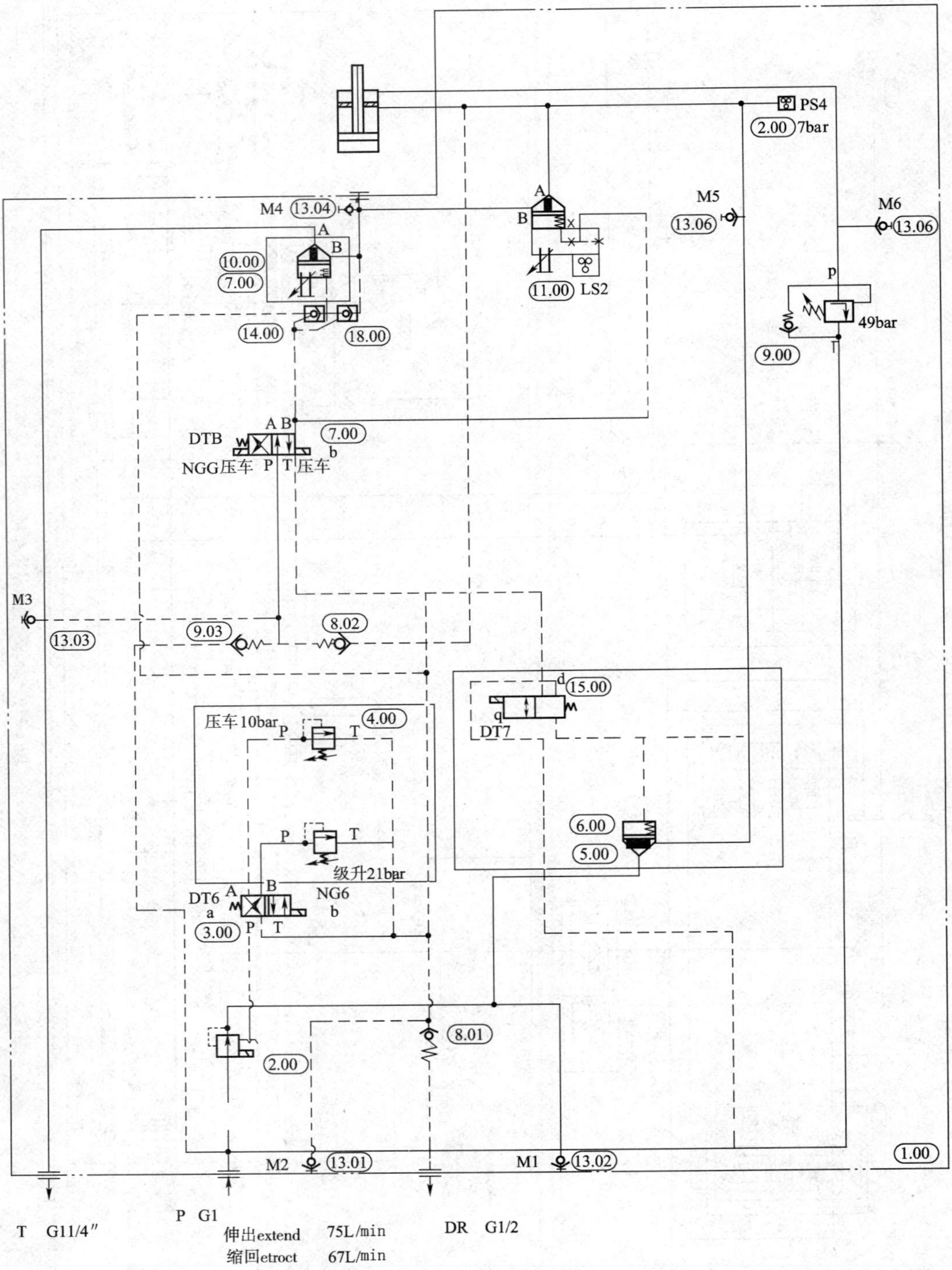

T　G11/4″　　P　G1　　DR　G1/2

伸出extend　75L/min

缩回etroct　67L/min

图 1-120　翻车机压车梁液压系统原理图

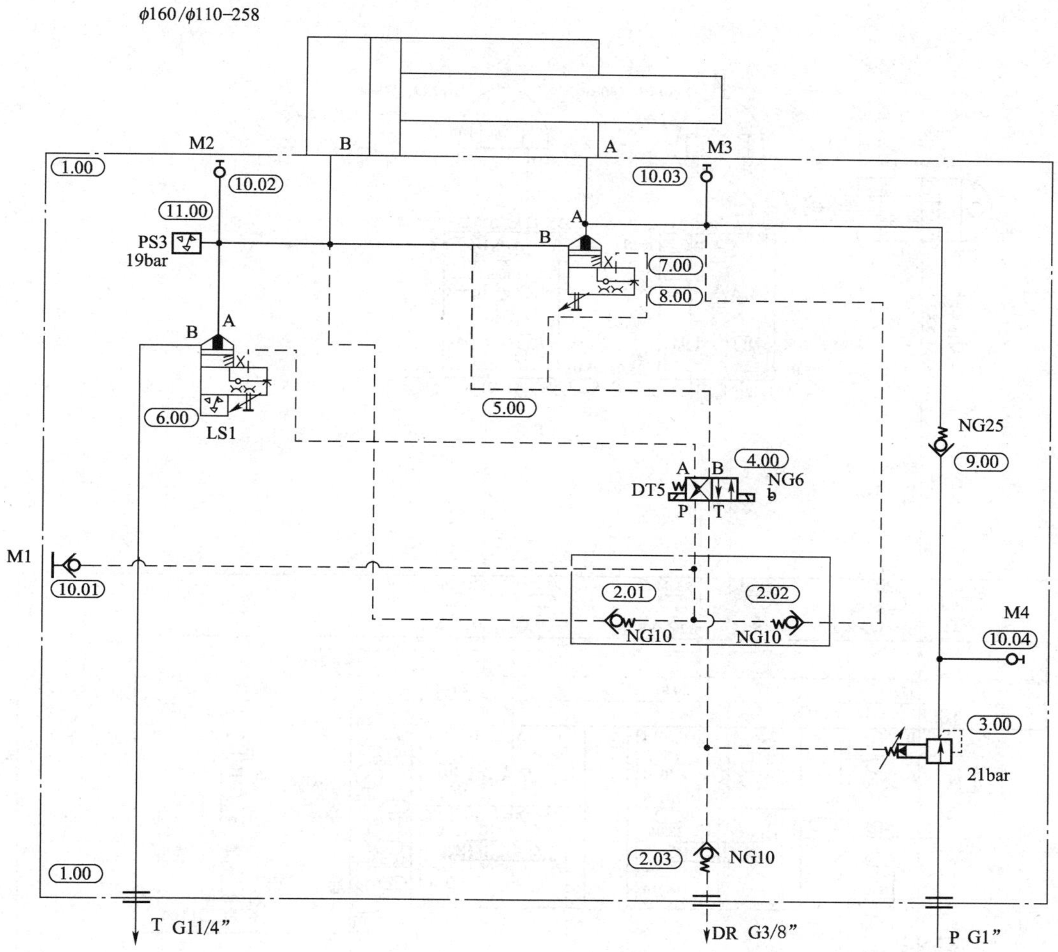

图 1-121　翻车机靠车板液压系统原理图

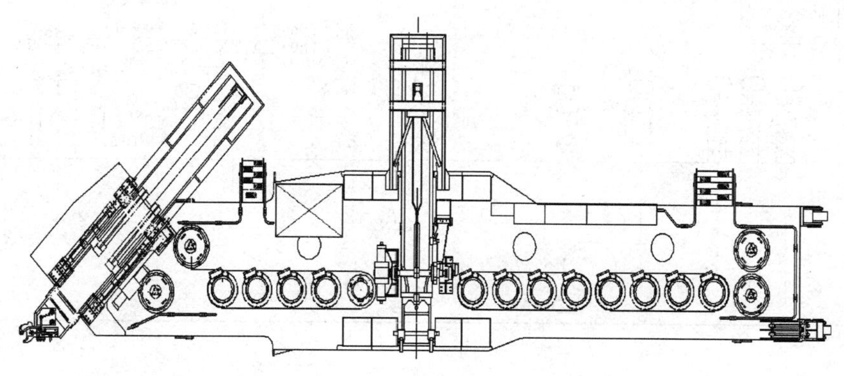

图 1-122　定位车结构示意图

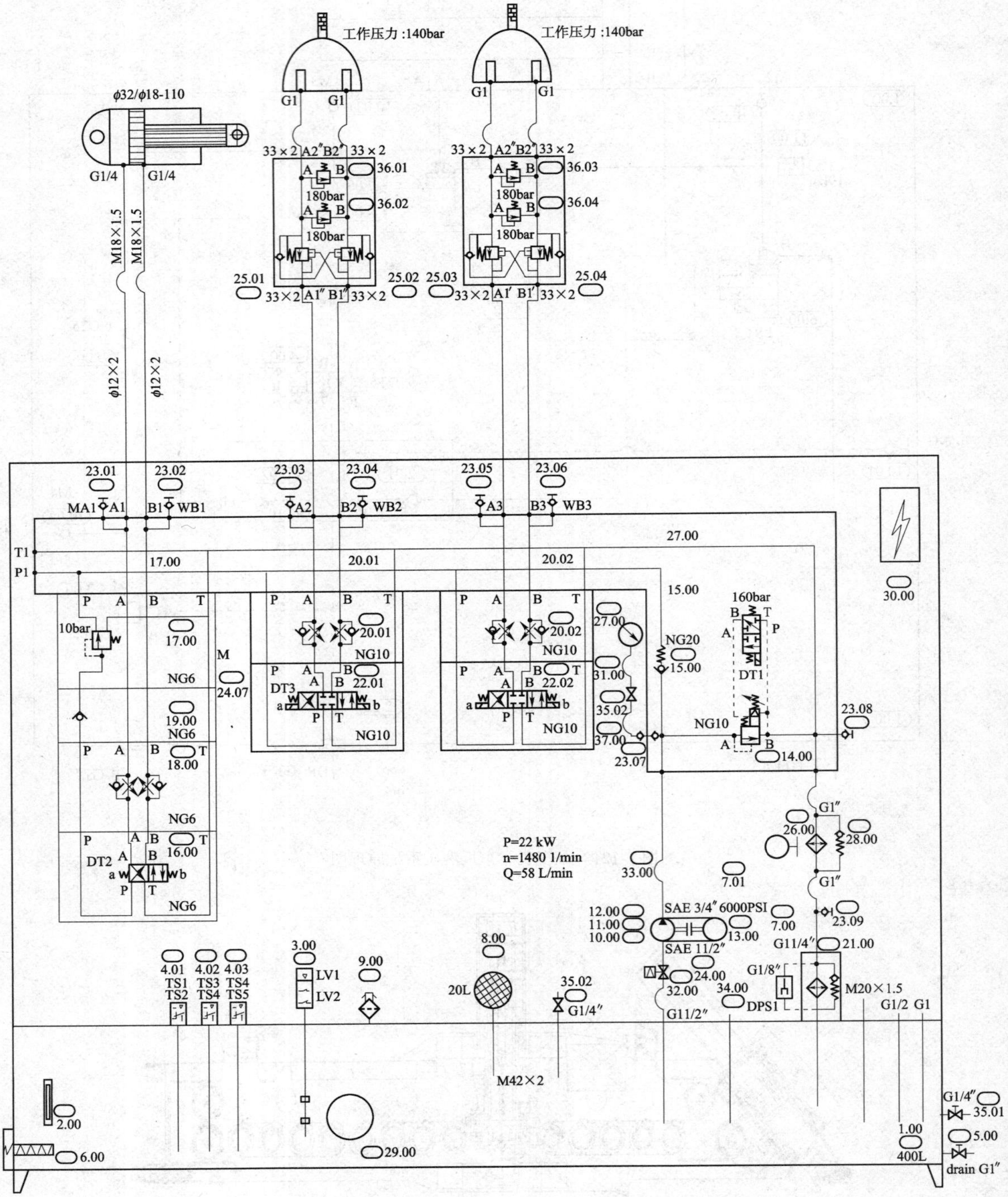

图 1-123　定位车液压系统原理图

3. 夹轮器液压系统

夹轮器的作用是当列车被定位车牵引定位后,限制并固定列车。在每条车线上设 6 组夹轮器。夹轮器采用液压驱动的车轮夹子,油缸通过机械连杆施力于水平的夹轮棒夹住轮子。每组夹轮器由 4 个油缸驱动,无杆腔通油夹轮器夹紧,无杆腔通油夹轮器打开。

夹轮器液压系统原理如图 1-124 所示。

二、堆料机液压系统

1. 堆料机俯仰、回转、司机室调平液压系统

如图 1-125 所示。

2. 堆料机夹轨器液体系统

如图 1-126 所示。

三、取料机液压系统

1. 取料机俯仰液压系统

如图 1-127 所示。

2. 取料机格栅、司机室调平液压系统

如图 1-128 所示。

四、装船机溜筒液压系统

如图 1-129 所示。

五、高塔吊液压系统

主液压泵的功能为变幅动作提供压力,由辅助泵的压力线路即靠上部的两根红实线经过压力滤清器,并经由 1-130 液压控制阀块中的压力调节阀和比例阀 04U. Y10(做变幅动作由程序给出相应的值)给出控制压力,调节主液压泵的三联泵的流量,图 1-131 总成的两个调压阀调节到 50 ~ 320Bar 的高压油路,供给变幅油缸。

辅助泵另外的功能是给提升、开闭斗、旋转直流电机的卡钳制动器提供工作压力。具体工作原理为:在 04U. Y10 右侧线路上通过其上部的压力调节阀整定到 35 ~ 190Bar 压力值之间,并由其下部的压力调节阀进一步整定到 90Bar 左右,也就是上部去卡钳油缸的压力线路和右下部旋转卡钳油缸的压力线路工作压力均应该为 85 ~ 100Bar 之间,且不应变化太大。之后,通过 11A. Y7、11A. Y71 的动作给卡钳油缸补油和回油使能打开、夹紧,压力开关 > 60Bar 证明其已打开,压力开关 < 5Bar 证明其油缸中油已卸净,保证有足够的夹紧力,04R. Y29 阀的意义是起泵瞬间接通 3s,释放卡钳油缸中的油保证动作之前制动器有足够的预紧力,卡钳打开时通过 50Bar 的蓄能器优化其动作。

该高塔吊液压系统多环节的液压系统图详见图 1-130 ~ 图 1-138 所示。

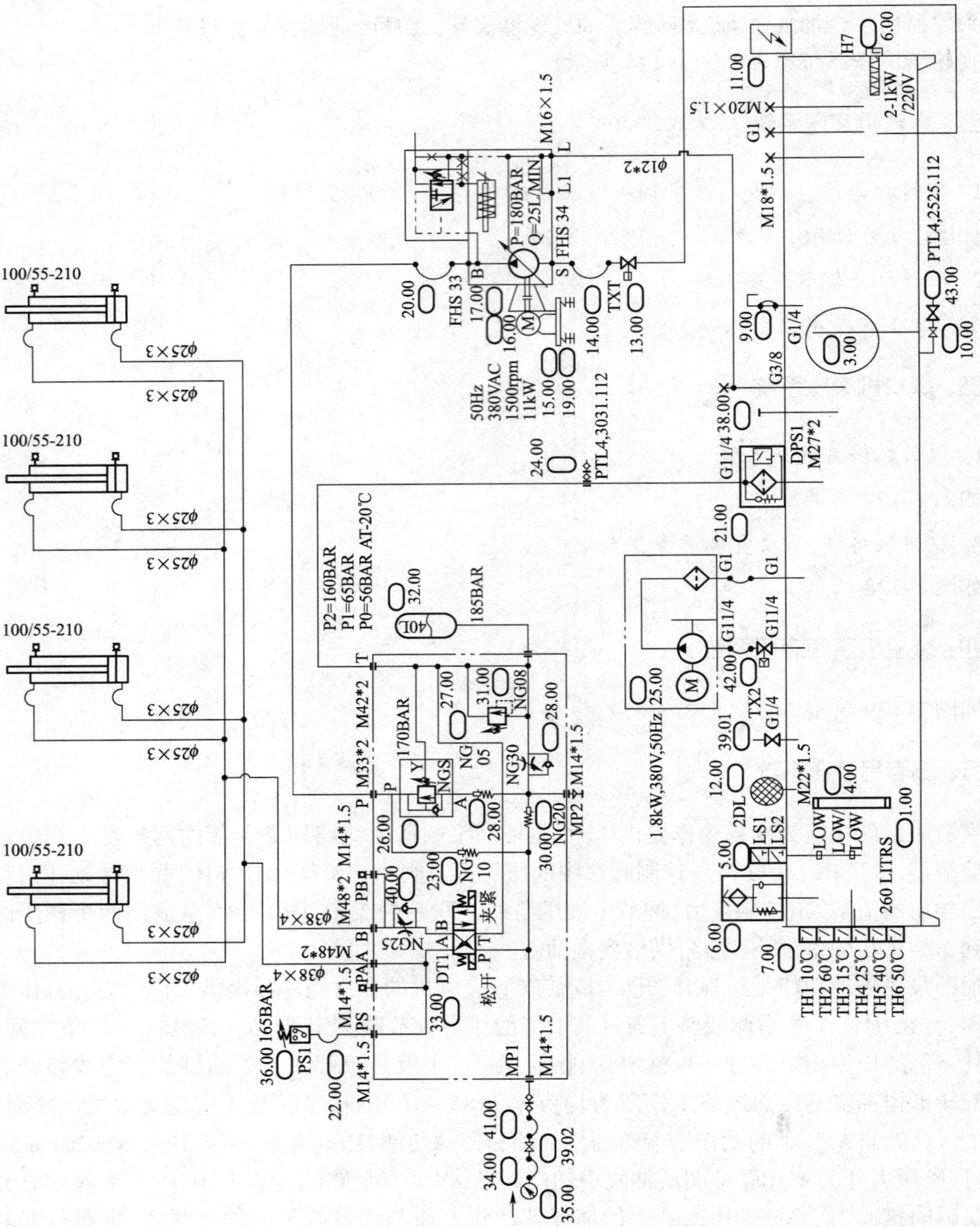

图 1-124　夹轮器液压系统原理图

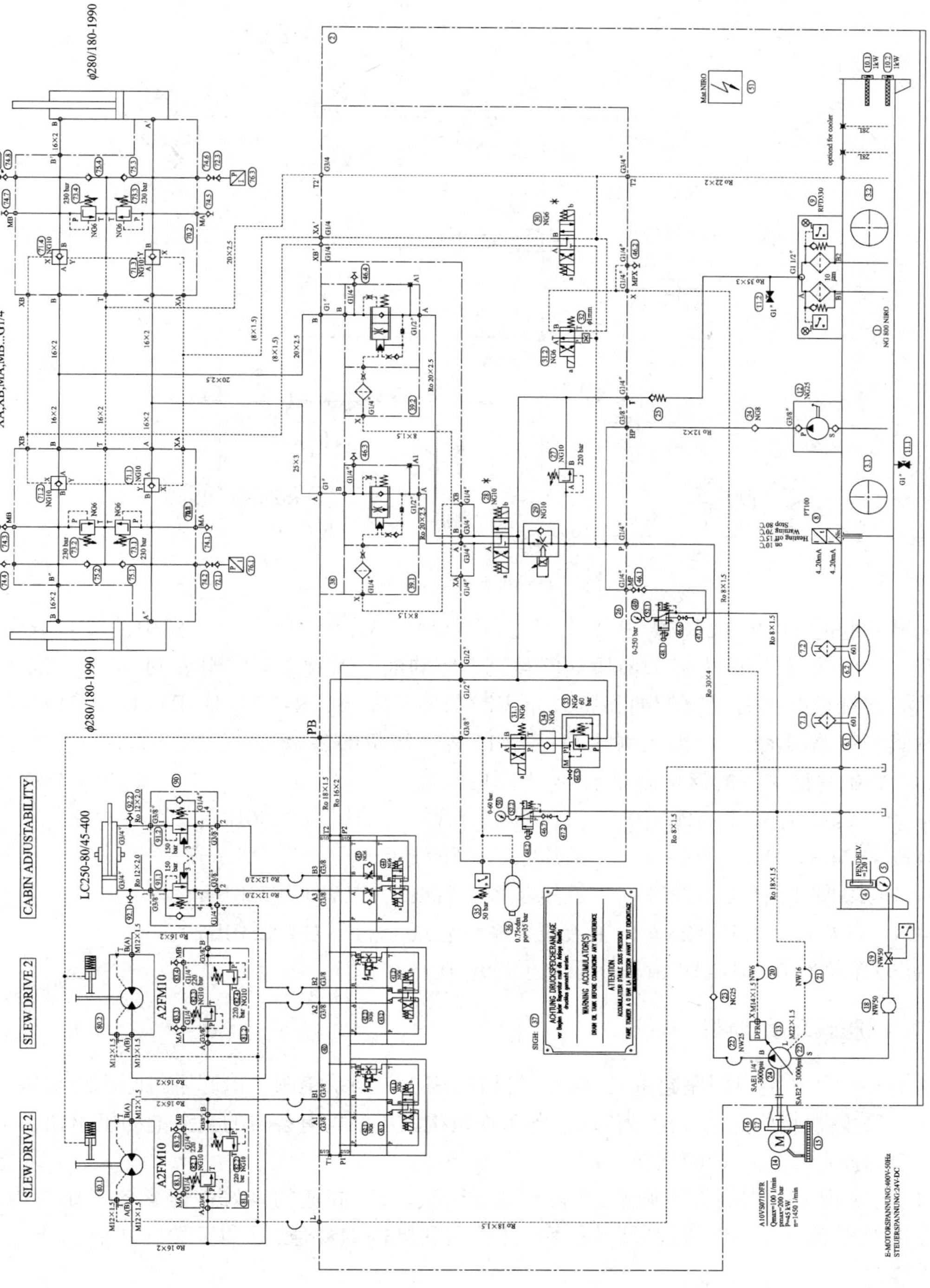

图 1-125　堆料机回转、俯仰、司机室调平液压系统原理图

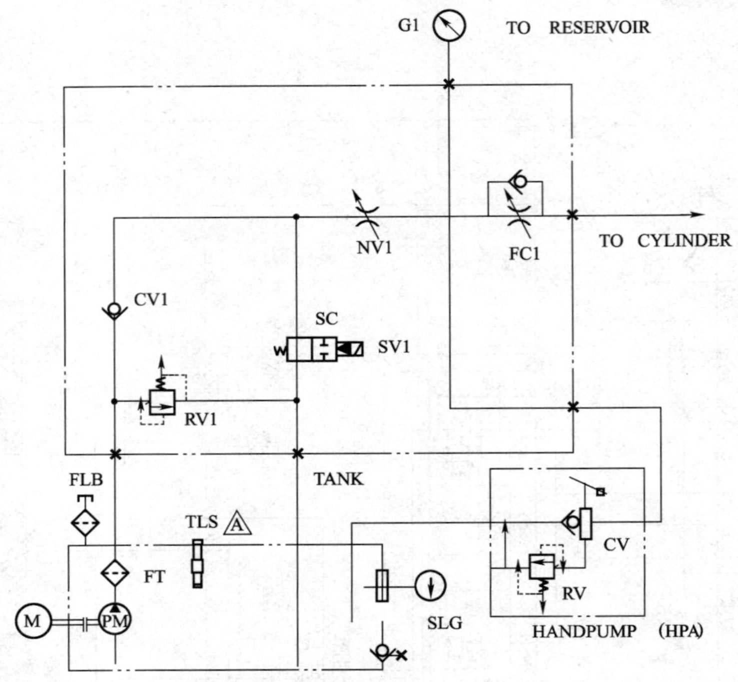

图 1-126 堆料机夹轨器液压系统原理图

大臂升起时 31. R-Y22、31. R-Y27 导通,由比例阀 31. R-Y11 控制油路中油量大小从而实现起升速度的快慢,同时上腔的液压油向补充下腔的油。大臂下降时电磁阀 31. R-Y22 导通,保证上腔即红色线路有足够的油和压力,同时 31. R-Y28、31. R-Y29、31. R-Y11 导通实现下腔油经过蓝色线路回油箱,也由比例阀 31. R-Y11 控制流量的多少实现速度的控制,并通过比例阀 04. U-Y10 调整主泵的流量满足上升、下降的需要。

04. U-Y24 = 0,04. U-Y23 = 0,主液压泵系统管线上的压力为 50Bar;

04. U-Y24 = 0,04. U-Y23 = 1,主液压泵系统管线上的压力为 50Bar;

04. U-Y24 = 1,04. U-Y23 = 0,主液压泵系统管线上的压力为 220Bar;

04. U-Y24 = 1,04. U-Y23 = 1,主液压泵系统管线上的压力为 280Bar。

(此时比例阀 04. U-Y10 由程序给出了设定值)

六、门座式起重机液压系统

图 1-139 为 5t 港口门座起重机(简称门机)的液压传动系统图。该起重机除运行机构外,起升、变幅和旋转机构都是采用液压传动。各工作机构液压泵均有各自的交流电动机驱动。

港口门座起重机采用液压传动的主要优点是:

(1)可实现大范围的无级调速,获得重载-低速、轻载-高速的良好性能。各工作机构之间可以方便地任意组合动作,提高装卸效率,且易实现机构的微速,有利于舱内作业和防止与障碍物碰撞。

(2)易于防止过载,起制动平稳,动载荷小,机械工作安全可靠。

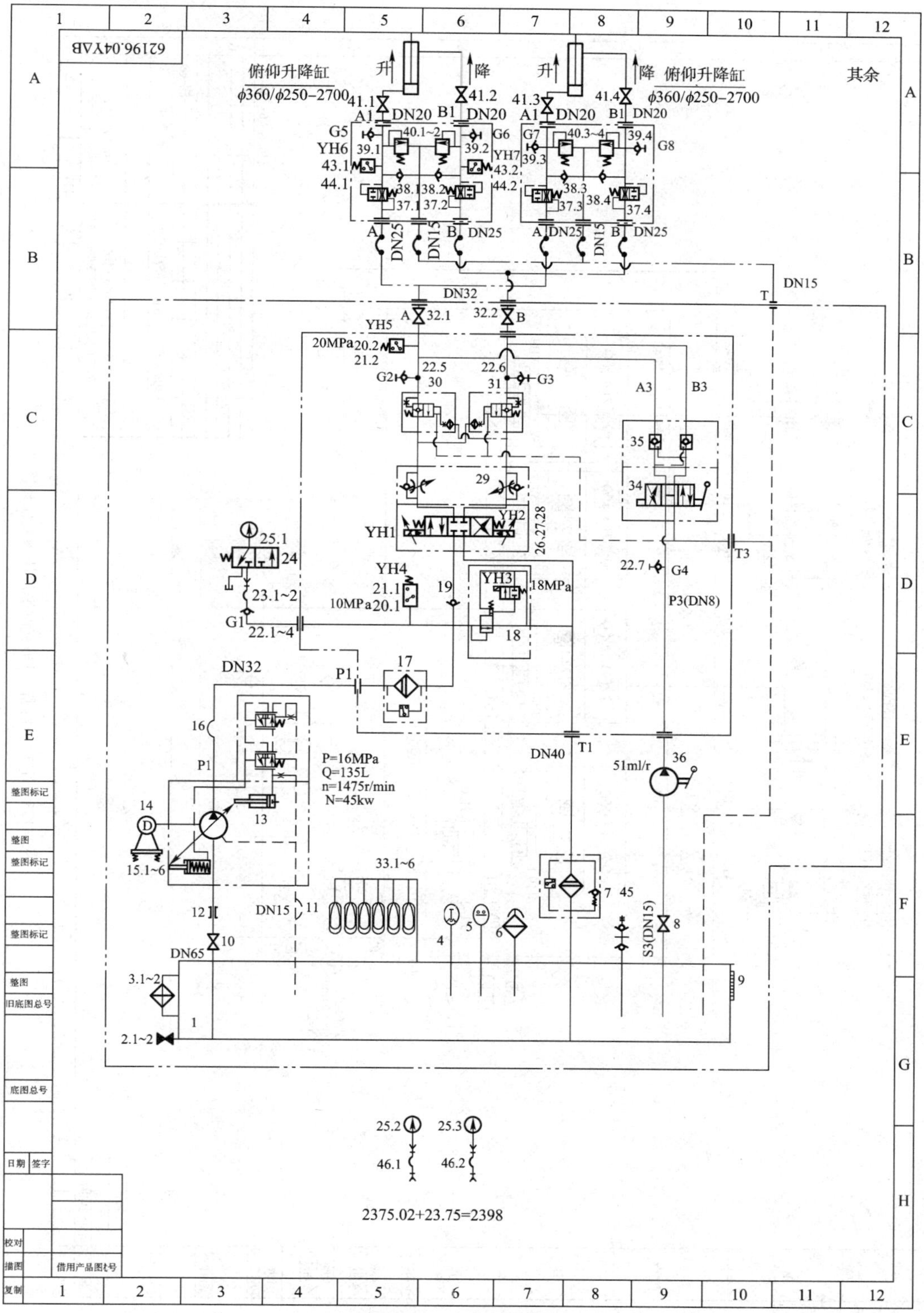

图 1-27　取料机俯仰液压系统原理图

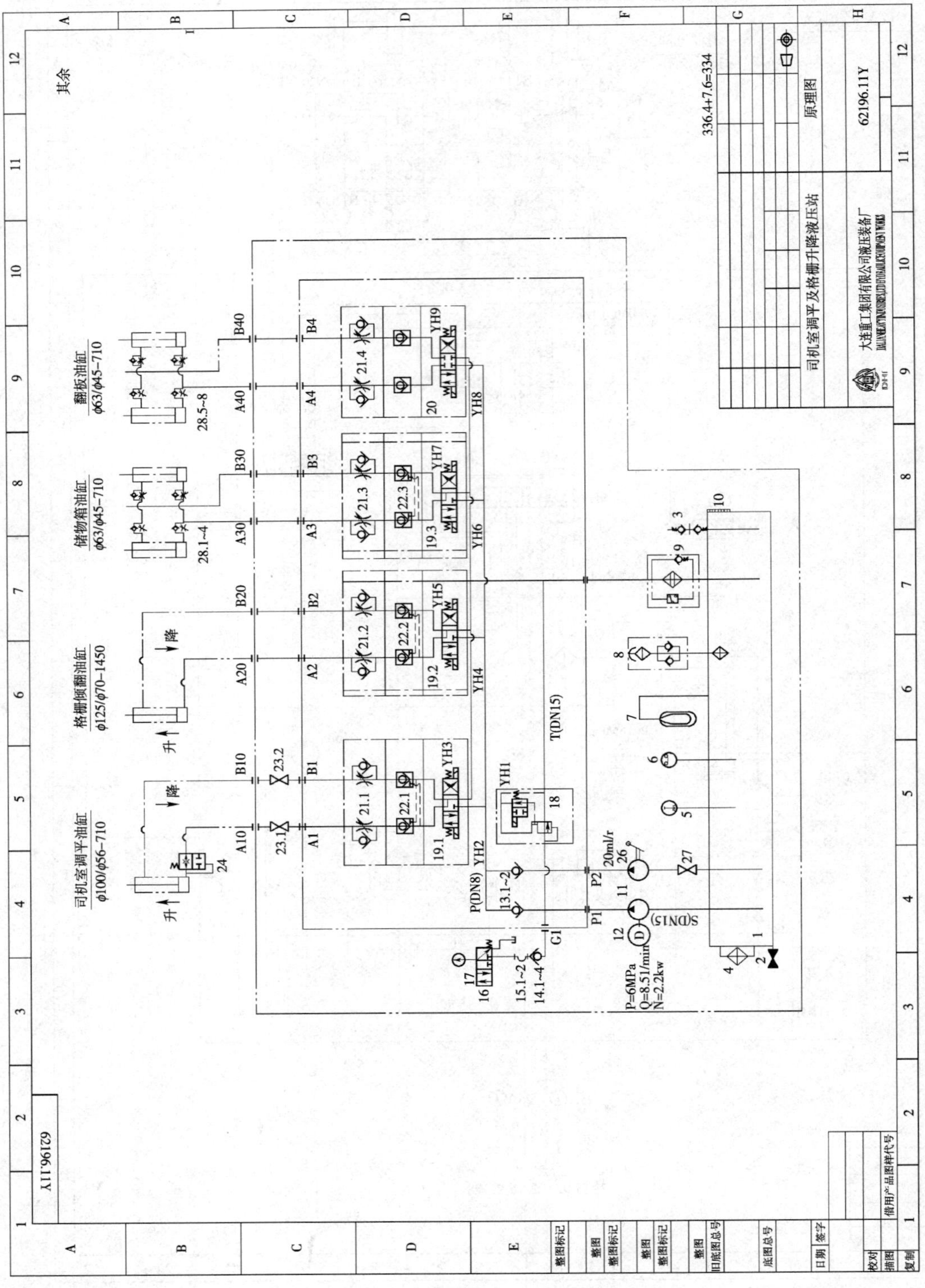

图1-128 取料机格栅、司机室调平液压系统原理图

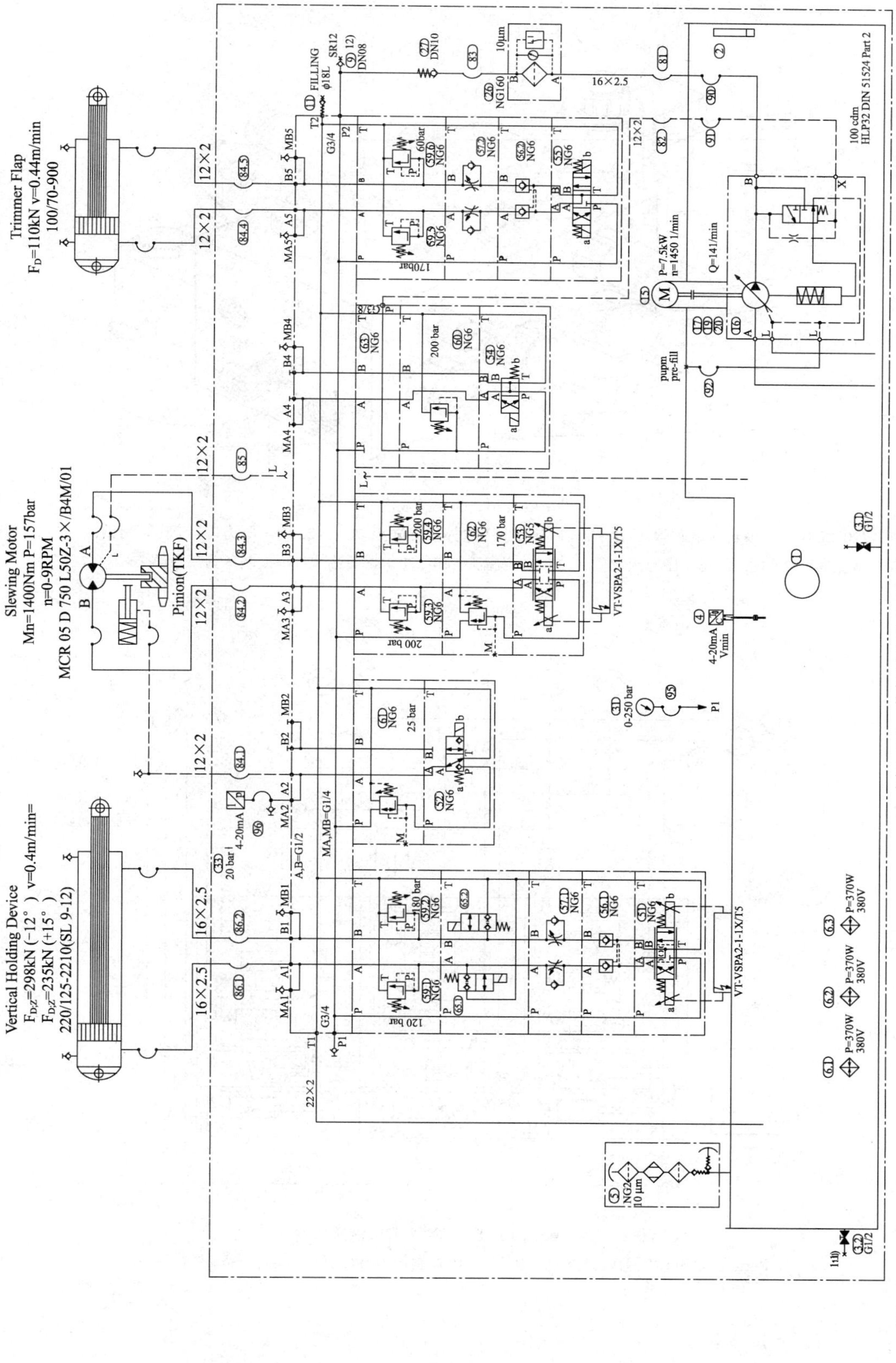

图 1-129　装船机溜筒液压系统原理图

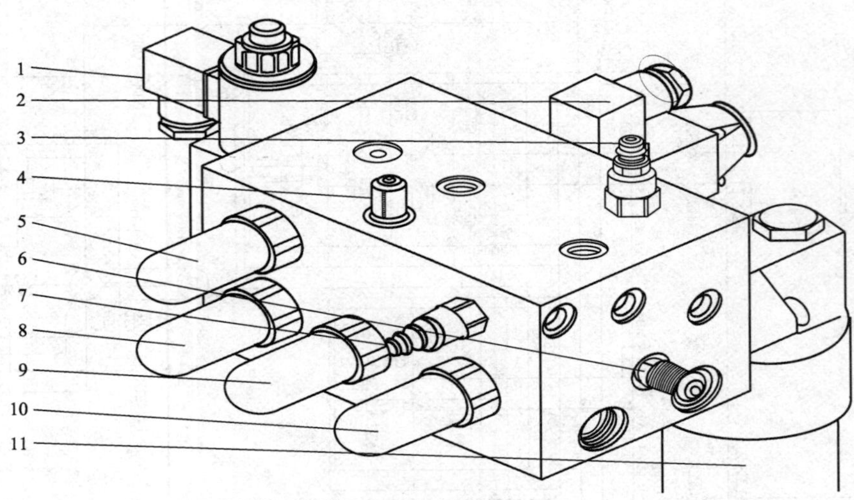

图 1-130 阀块总成图

1-220/280Bar 压力转换电磁阀;2-比例阀;3-流量调节阀;4-测试点 M3;5-220Bar 压力限制阀;6-测试点 M1;7-蓄能器冲压阀;8-280Bar 压力限制阀;9-35 Bar 溢流阀;10-120 Bar 溢流阀;11-控制压力滤清器

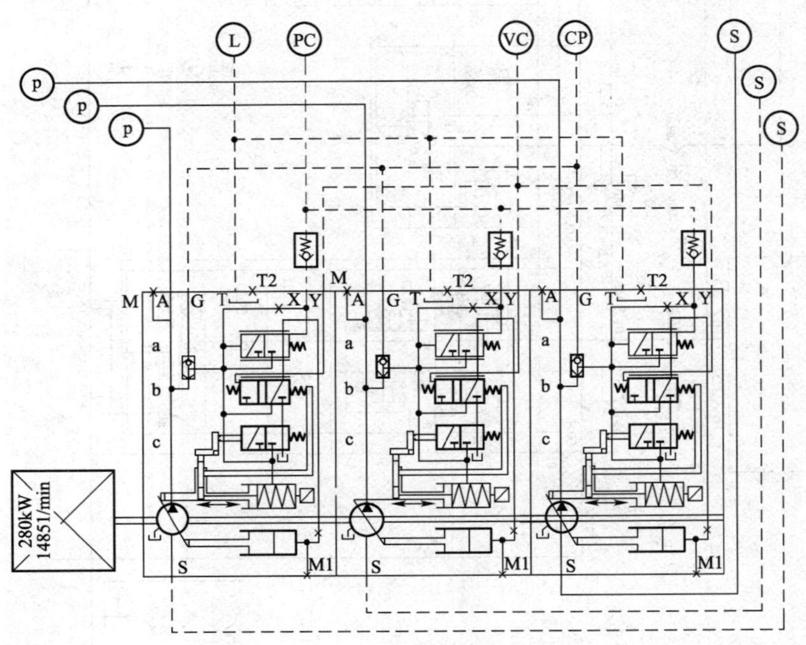

图 1-131 高塔吊液压系统动力部分液压原理图

P-压力线路;L-泻荷线路;S-吸油线路;CP-控制压力;PC-压力控制;VC-流量控制

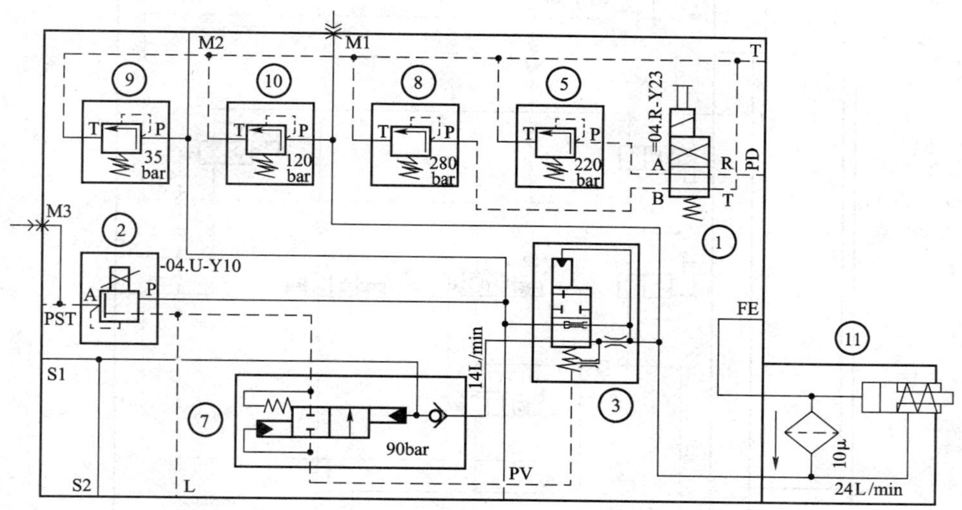

图 1-132 主液压泵压力、流量控制系统液压原理图

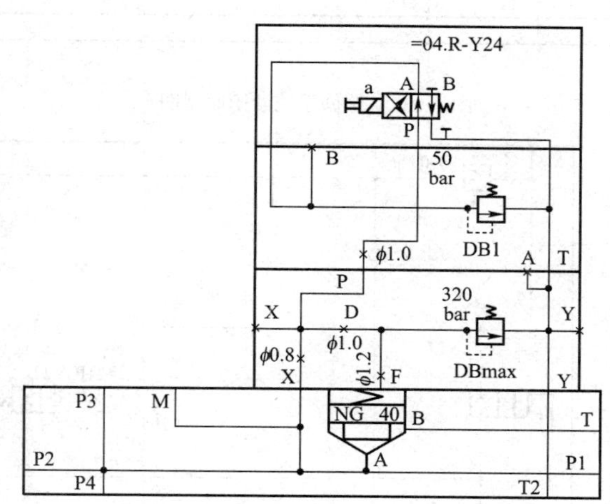

图 1-133 调节阀总成液压原理图

起升机构采用了由变量轴向柱塞泵 2 和变量轴向柱赛马达 12 组成的闭式系统。液压马达通过圆柱齿轮减速器驱动起升卷筒,改变变量泵 2 的供油方向就可改变起升马达 12 的选转方向。借助于伺服变量机构可方便地改变泵的排量来实现无级调速。由于液压马达的排量随负荷压力大小自动变化,因此可获得近似的恒功率特性。即当符合达到某一规定值以前,液压马达的排量为一定,马达转速一定;而当负荷超过该值后则在负荷压力作用下,马达排量自动变大而转速下降。这种由变量泵-变量马达组成的闭式系统具有大的调速范围和良好的调速特性,但控制机构较为复杂,成本较高。因此门机上采用较普遍的是由变量泵和定量马达组成的闭式系统。此时,通过负荷压力反馈到泵的变量机构来获得恒功率特性。因此,根据负荷大小可使马达自动地改变转速。此外,也可通过操纵手柄方便地改变泵的排量来改变重物的升降速度。

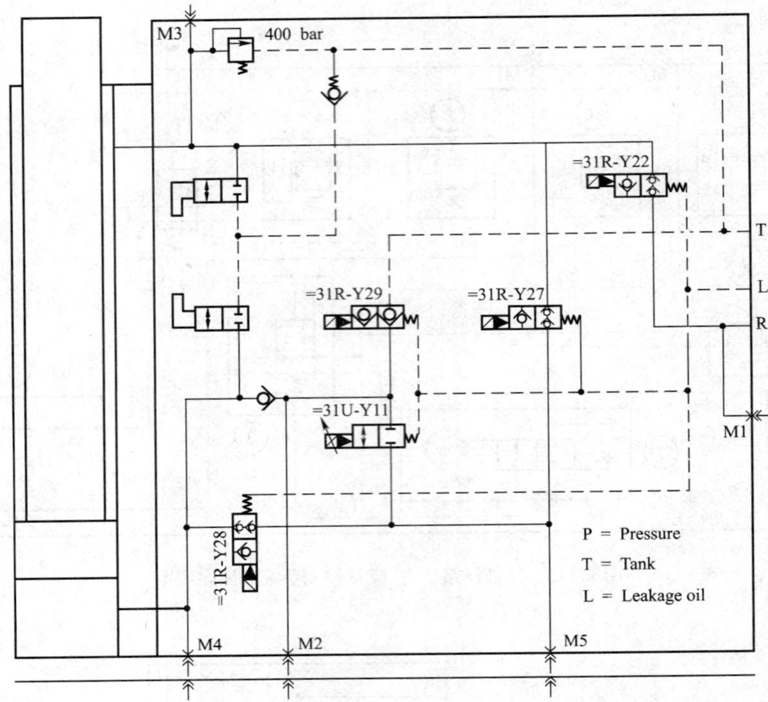

图 1-134 俯仰系统液压原理图

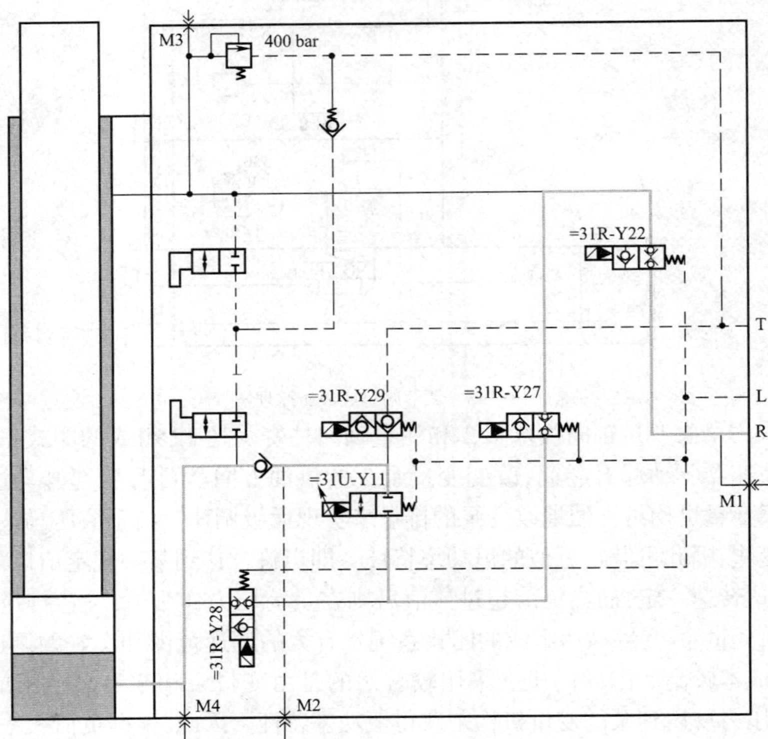

图 1-135 大臂上升局部液压示意图

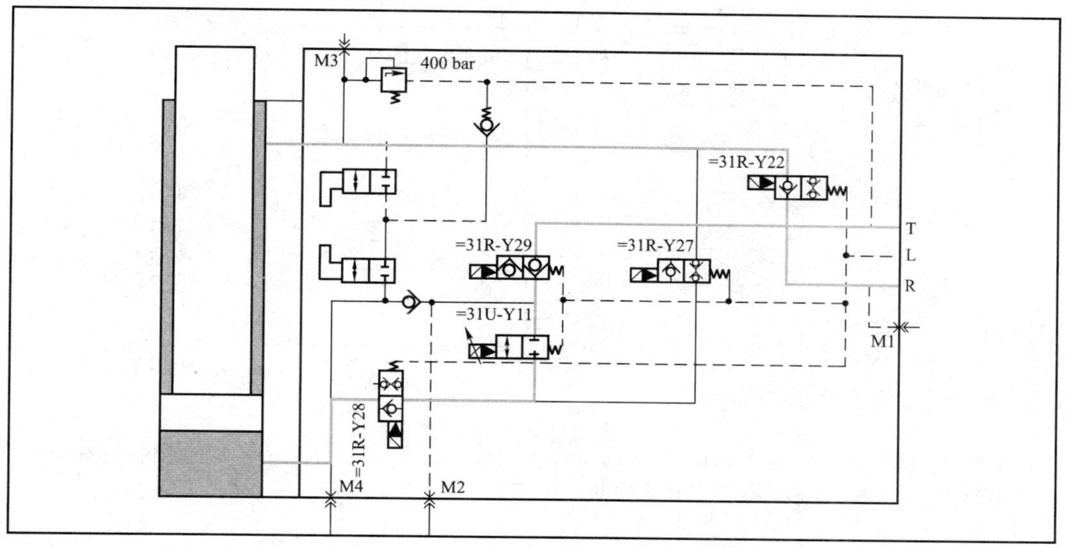

图 1-136　大臂下降局部液压示意图

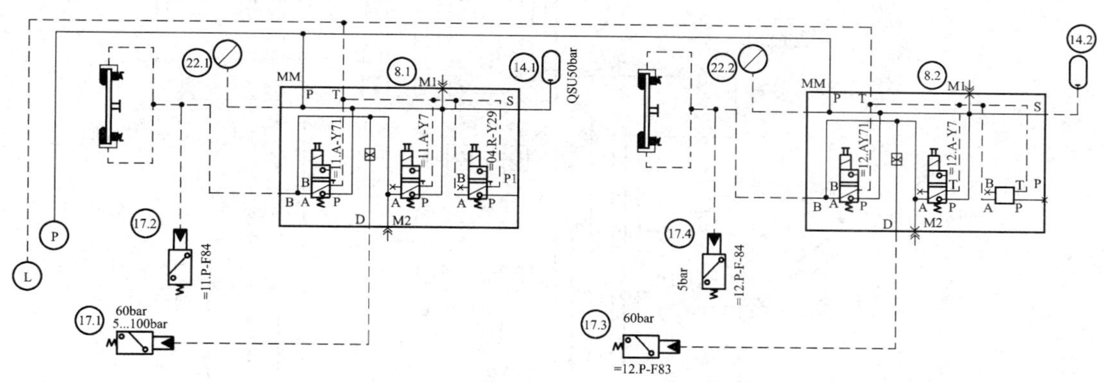

图 1-137　辅臂泵压力控制系统原理图

P-压力线路；L-泻荷线路

为了可靠地支持住重物，起升机构装有液压松闸、弹簧上闸的制动器，工作时通过操纵泵 1 的压力油即可松开制动器。为了作业过程中突然停电或者油管破裂时使制动器能自动上闸，通常是把制动器的控制油路与主油路相连。此外由于采用了闭式系统，因此可利用电动机的再生制动来限制重物的下降速度。

为了改善油液的发热，该闭式系统中采用了冷热油部分交换的换油方案。系统中低压管路中的热油经液控单向阀 6 和低压溢流阀 7 排回油箱，而冷油由补油泵 3 通过单向阀 4 向系统补充。油路中设有双向安全阀 5，用来防止系统过载和缓和启动冲击。这里所以采用双向安全阀组，主要是因为采用了与旋转机构相同型号的安全阀组 I 的缘故（用以减少阀的规格）。液控单向阀、低压溢流阀和双向安全阀装在同一阀体内组成专用组合阀组 I，简化了管路联接。

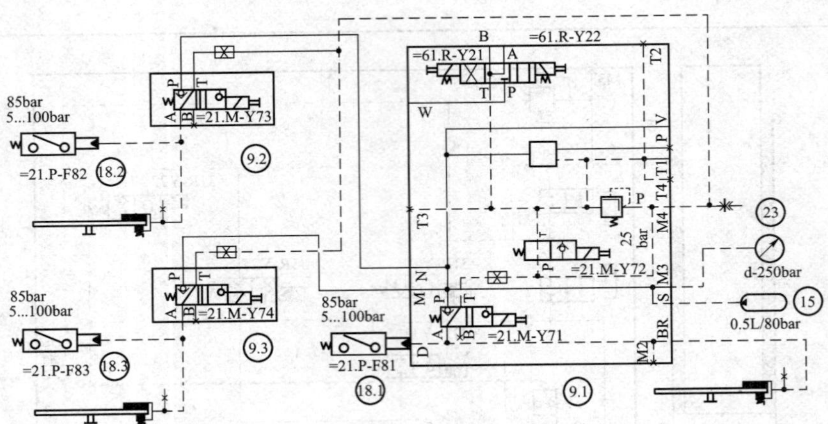

图 1-138　辅臂泵流量控制系统图

注：当司机送电后，04. U-Y24 导通，04. U-Y23 并不导通，管线上的压力由 04. U-Y10（做俯仰动作时由程序控制比例阀的输出调节主泵的流量使之获得 280Bar 的压力）。

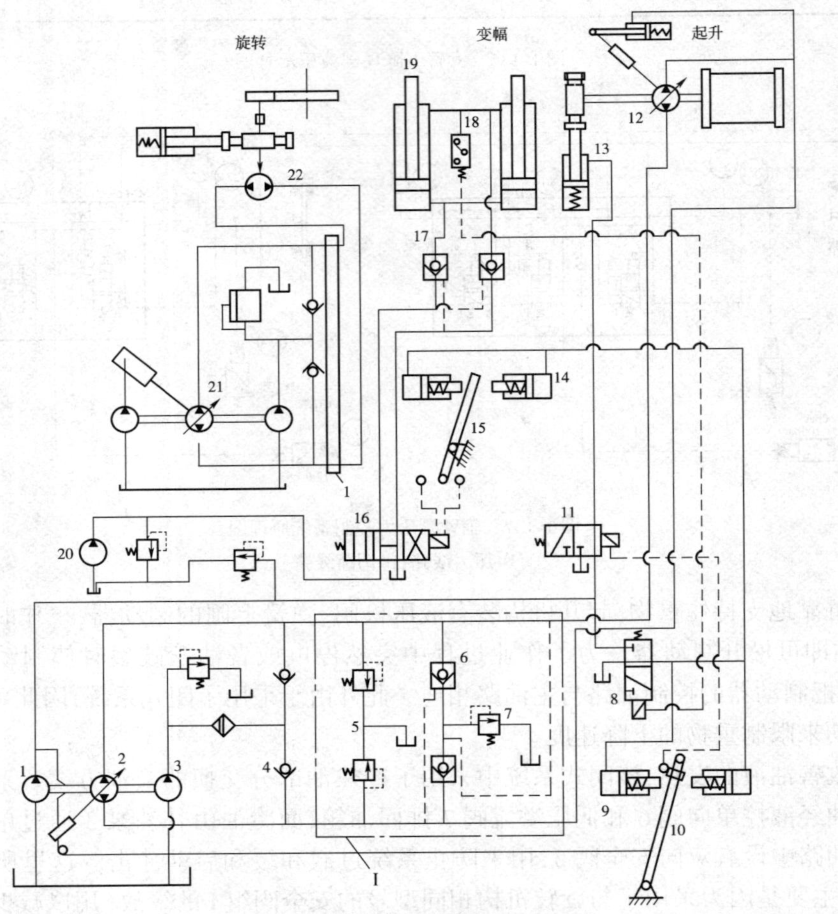

图 1-139　门座起重机的液压传动系统图

1-操纵杆；2-起升变量泵；3-补油泵；4-单向阀；5-双向安全阀；6-液控单向阀；7-低压溢流阀；8-电磁阀；9-闭锁缸；10-操作杆；11-电磁阀；12-起升变量马达；13-制动缸；14-闭锁缸；15-操作杆；16-变幅换向阀；17-液控单向阀；18-压力继电器；19-变幅缸；20-变幅液压泵；21-旋转变量泵；22-旋转马达

旋转机构则是采用变量泵 21 和定量马达 22 组成的闭式系统。系统也设有专用组合阀组Ⅰ,功用与起升机构相同。

变幅机构与上述两个机构不同的是采用了由定量泵 20 和变幅缸 19 组成的开式系统,借助电磁换向阀 16 进行换向操纵和实现泵的卸荷。为了可靠地把臂架锁紧在要求的任意位置上,变幅缸 19 和换向阀 16 之间装有液控单向阀 17。

当变幅机构超载时,压力继电器 18 动作,随之接通二位三通电磁阀 8,一对闭锁缸 9 的活塞杆在泵 1 压力油作用下相对伸出,操纵杆 10 返回中位,起升机构开始停车。在接通操纵杆 10 上的触点后,二位三通电磁阀 11 又可动作,起升制动缸 13 接通油箱,制动器上闸。与此同时,闭锁液压缸 14 也在泵 1 压力油作用下相对伸出,致使操纵杆 15 返回中位,断开电磁阀,换向阀复位,泵卸荷,变幅缸停止运动。变幅缸在液控单向阀 17 的作用下支持在确定的工作位置上。

由此可见,变幅机构一旦超载时,起升变幅机构便通过闭锁液压缸 9、14 以及电磁阀和电气联锁控制系统立即停车,确保了门机的安全。

七、岸边集装箱起重机液压系统

我国使用的岸边集装箱起重机型号较多,有国产的也有进口的。下边以住友岸边集装箱起重机为例,介绍液压系统工作原理。

1. 吊具液压系统

吊具液压系统工作原理如图 1-140 吊具液压系统原理图所示。该系统液压主泵为恒压轴向柱塞泵(额定工作压力为 5.5MPa,流量为 30L/min)。

1)吊具伸缩臂架回路

吊具伸缩液压缸 39、40 用以完成吊具伸缩臂架的伸缩调整,以满足 20ft、40ft 两种标准箱对吊具的要求。

(1)吊具外伸原理

当电磁换向阀 13 的 1*DT* 得电时,阀芯向右移动,压力油路按照左框图行走。泵 7 压力油—单向阀 10—电磁阀 13—单向节流阀 14 中的单向阀进入伸缩油缸 39、40 的大腔;39、40 的小腔内的油经过单向阀 14 中的节流阀、电磁阀 13,再经过回油管路流回油箱。在压力油的作用下,伸缩缸的活塞杆伸出。

(2)吊具回缩原理

当电磁换向阀 13 的 2*DT* 得电时,阀芯向左移动,压力油路按右框图行走。变量柱塞泵 7 压力油—单向阀 10—电磁阀 13—单向节流阀 14 中的单向阀(与 *A*1、*A*2 相同的油路)进入变量柱塞伸缩液压缸 39、40 的小腔;39、40 的大腔内的油经过单向阀 14(与 *B*1、*B*2 相通的一侧)中的节流阀、电磁阀 13 回油路,再经过回油管路流回油箱。在压力油的作用下,伸缩缸的活塞缩回,吊具的伸缩臂也随之缩回。单向节流阀 14 为吊具伸缩液压缸 39、40 的回油提供阻尼作用,以调节活塞杆的伸、缩动作平稳。溢流阀 15 与单向阀 16 起缓冲补油作用,减少伸缩油缸活塞杆运动停止时所产生的冲击。

2)导向板升降回路

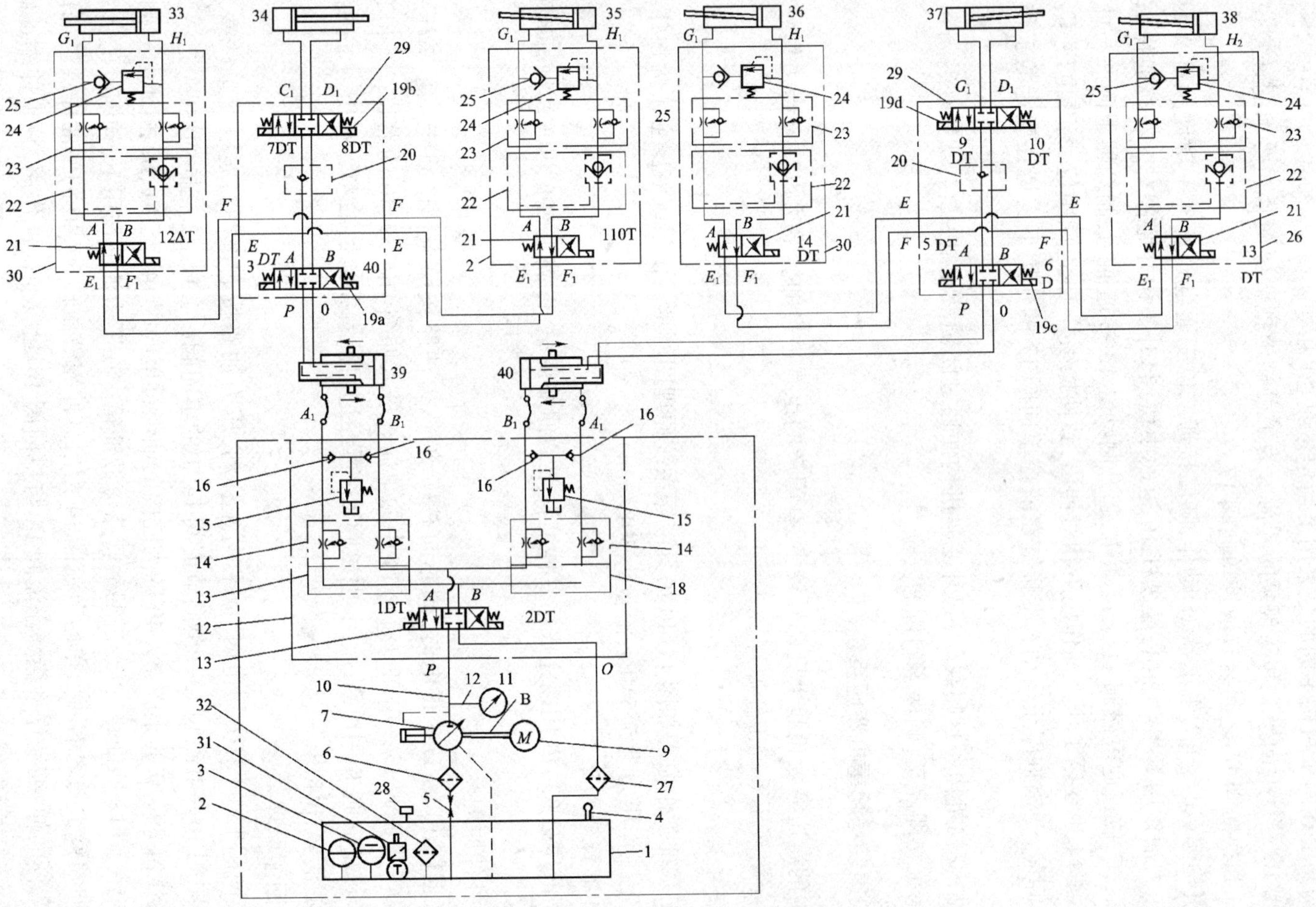

图 1-140　岸边集装箱起重机吊具液压系统原理图

1-油箱;2-油位计;3-温度计;4-通气孔;5-截止阀;6-吸油过滤器;7-变量柱塞泵;8-链式联轴节;9-电动机(3.7kW);10、16、25-单向阀;11-压力表;12-压力缓冲器;13、19、21-电磁阀;14-双向节流阀;15、24-溢流阀;17、26、29、30-集成块;20-P 口单向阀;22-B 口单向阀;23-双向节流阀块(A、B 口);27-回油过滤器;28-油箱加油过滤器;31-温控开关;32-加热器;33、35、36、38-导向板液压缸;39、40 吊具伸缩液压缸

导向板的作用是当吊具将靠上集装箱时，引导吊具与集装箱对正。其机械动作原理是：液压缸1活塞杆伸出带动减速齿轮2、3转动，带动导向板向下或向上转动（如图1-141所示）。

（1）导向板下降原理

2*DT*、3*DT*、11*DT*和12*DT*得电。压力油—单向阀10—电磁阀13—单向节流阀14—伸缩缸39小腔及活塞杆内部油路—电磁阀19*a*—电磁阀21—液控单向阀23导向板液压缸33、35的大腔；导向板液压缸小腔的回油经过阀23中的节流阀—液控单向阀22—电磁换向阀21、19*a*—伸缩缸39内部油路及大腔—单向节流阀14—电磁阀13—回油过滤器27返回油箱。此时，33、35的活塞杆伸出，导向板降落。

（2）导向板上升原理

2*DT*、3*DT*得电、11*DT*和12*DT*失电。压力油—单向阀10—电磁阀13—单向节流阀14的左边单向阀—伸缩缸39的小腔及其活塞杆内部油道—电磁阀19*a*左框图油路—电磁阀21（左右两个）左框图油路—单向阀23中的左边单向阀进入导向板液压缸33、35的小腔；导向板液压缸大腔的回油经过阀23中的右边单向阀—液控单向阀22—电磁换向阀12、19*a*—伸缩缸39内部油路及大腔—阀14的右边节流阀—电磁阀13—回油过滤器27返回油箱。导向液压缸两油口的油都流通，活塞杆回缩，导向板上升。其极限位置由限位开关5限定（导向装置可以参见图1-141）。

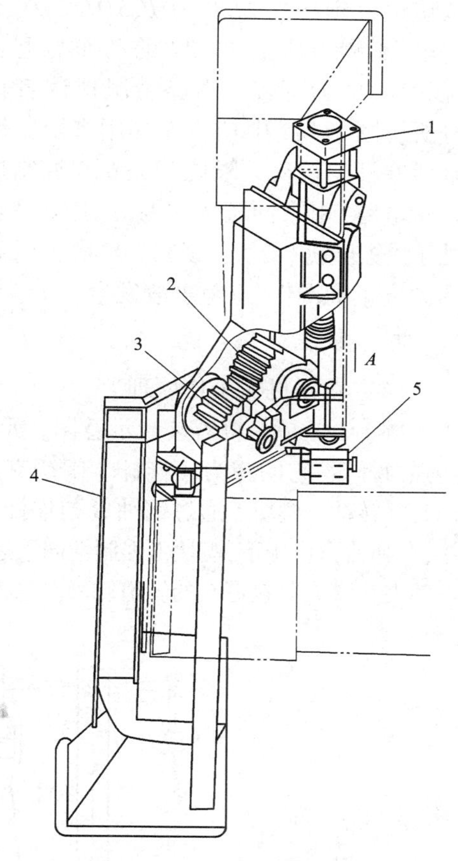

图1-141　导向板装置简图

1-液压缸；2、3-齿轮；4-导向板；5-限位开关

上边分析的是靠海一侧的导向板液压缸上升与下降原理。靠岸一侧的导向板液压缸36、38工作原理由读者自行分析，在此不叙述。

3）旋锁油路

在吊具伸缩臂架的四角与集装箱顶面四角配件孔相对应的位置上，设置了4个旋锁装置。其机械工作原理是：当锁头的长度方向与集装箱顶角配件孔长度方向一致时，旋锁销便可以插入配件孔，此时，旋锁销只要旋转90°角，便可以使吊具与集装箱成为一体，即“上锁”；反之，旋锁销相反方向转动90°，吊具与集装箱便可以脱开，即“开锁”。图1-142是旋锁装置示意图。

液压动作原理：2*DT*、3*DT*、5*DT*、8*DT*、10*DT*得电，泵7的压力油经过单向阀10—电磁阀13右框图油路—双单向节流阀14中的单向阀—吊具伸缩缸39、40的小腔及其活塞杆内部通道—电磁阀19*a*、19*c*左框图油路—单向阀块20—电磁阀19*b*、19*d*的右框图油路进入旋锁液压缸34、37小腔；旋锁液压缸的大腔的油经过电磁阀19*b*、19*d*右框图油路—阀块20阀19*a*、19*c*左框图油路—液压缸39、40活塞杆内部油道及大腔—阀块14中节流阀—阀13右框图油路返回油箱。于是，在压力油的作用下旋锁液压缸34、37的活塞杆缩回，带动旋锁旋转90°，即完

成旋锁上锁。当 2*DT*、3*DT*、5*DT*、7*DT*、9*DT* 得电,旋锁液压缸 34、37 的动作与上述情况相反,即为开锁。右路情况请读者自行分析。图 1-142 中挡块 5 是用来限制液压缸活塞杆的行程。限位开关 6、8 控制灯管显示电路,用来向驾驶员提示旋锁目前所处于“全开锁”或“全锁紧”的状态以利于驾驶员正确操作,避免事故发生。

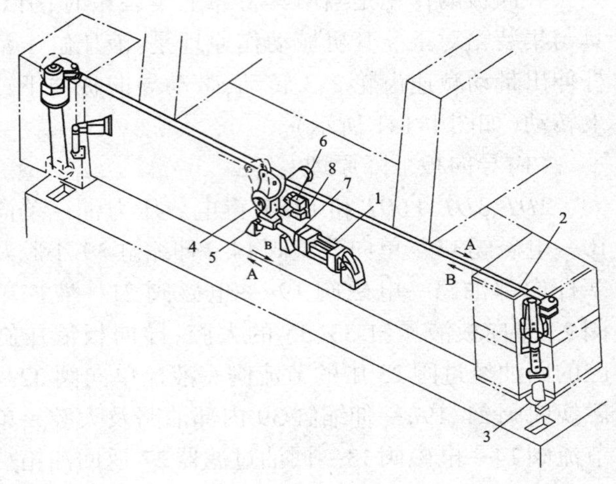

图 1-142　旋锁装置

1-液压缸;2-连杆;3-旋转销;4-杠杆;5、7-挡块;6、8-限位开关

2. 夹轨器液压系统

1)夹轨器机械工作原理

图 1-143 是夹轨器装置示意图。元件 7 是强力弹簧,它的弹力使连杆 3 围绕支点 *O* 逆时针转动。楔块 1 通过销轴 *B* 与连杆 3 联接,在弹簧力作用下,楔块 1 强制性向下运动,迫使夹轨臂夹紧轨道 5 的轨道侧面。当楔块上升后夹轨臂在回位弹簧 8 的作用下松开轨道。

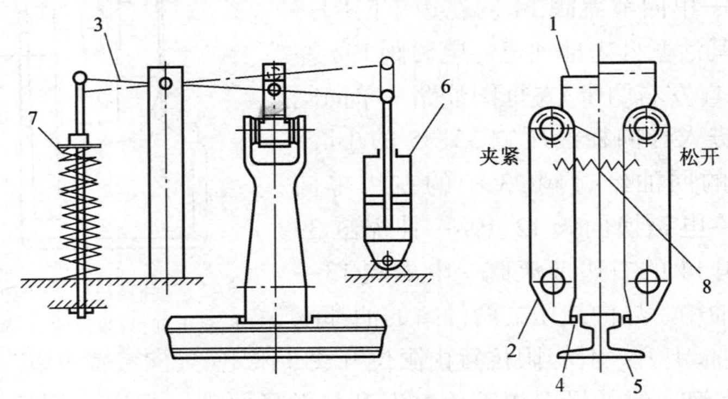

图 1-143　夹轨装置

1-楔块;2-夹轨臂;3-连杆;4-夹轨臂端部;5-轨道;6-液压缸;7、8-弹簧

2)夹轨器的液压工作原理

液压系统原理图如图 1-144 所示。

(1)夹紧原理

当图 1-144 中电磁线圈 1*DT*、2*DT* 都不通电时,液压泵 1 处于卸荷状态,其提供的油按图 1-144 电磁阀 3 的左边框图油路接通,经过图 1-144 单向节流阀 4 中的单向阀流进图 1-144 液压缸 6 的大腔;小腔的油直接回流油箱。于是,液压缸的活塞杆在压力的作用下外伸,并通过图 1-143 中的连杆 3 压缩弹簧 7,使得楔块 1 上升,夹臂在夹紧弹簧的作用下松开夹轨臂 2,这时集装箱起重机就可以在轨道上行走。

(2)松开原理

当图 1-144 电磁线圈 1*DT*、2*DT* 都通电时,液压泵 1 停止卸荷状态,其提供的油直接回流油箱。图1-143中夹轨弹簧 7 的弹力迫使连杆 3 转动,强制楔块 1 向下移动,夹轨臂 2 就紧紧夹住轨道。

3. 减压减摇系统工作原理

1）集装箱岸桥减摇机构要求及机械原理

由于集装箱岸桥从船到岸或从岸到船的作业过程中，集装箱处于一种三维运动，当小车运行速度大于3m/s、小车运行停止时的摆动幅度会达到2m，而且至少要经30s后方能停止摇摆，因此集装箱起重机岸桥或场桥都设有吊具减摇装置，并在制动停车后10s内摆动幅度减小到正负10cm内。

减摇的机械原理：将集装箱摆动的动能转变为其他形式的机械能。采用液压马达减摇的原理是将摆动的动能转变为液压能消耗掉。图1-145为液压减摇工作装置。

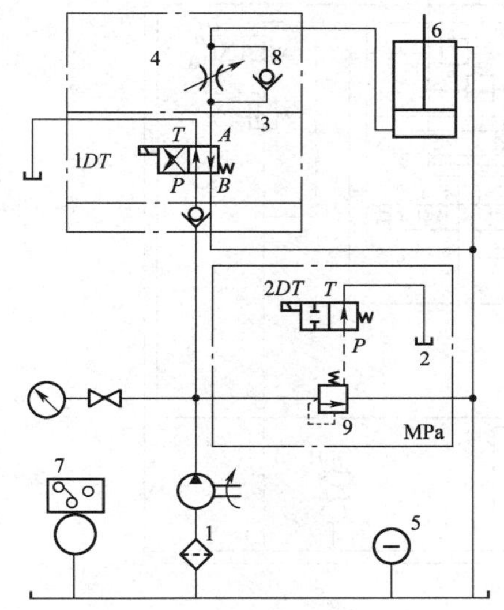

图1-144　夹轨器液压原理图

1-液压泵；2-电磁溢流阀；3-电磁阀；4-单向节流阀；5-油位计；6-液压缸；7-温度继电器；8-单向阀

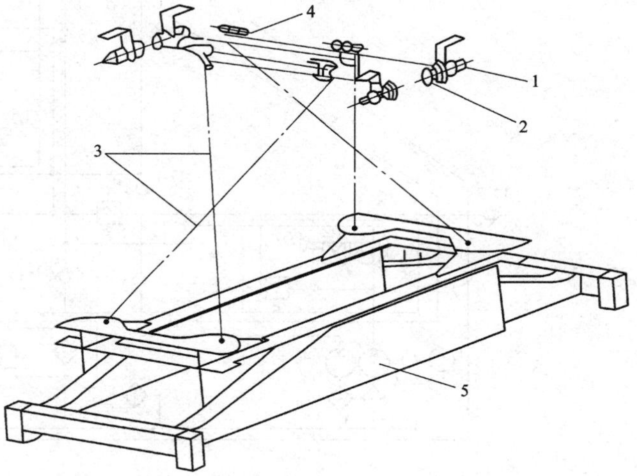

图1-145　液压减摇工作装置

1-液压马达（4个）；2-减摇卷筒（4个）；3-减摇钢丝绳；4-滑轮；5-起吊上架（与吊具相联接）

2）液压减摇系统工作原理

减摇及吊具水平回转液压系统见图1-146。减摇机构在集装箱作业时必须保证与集装箱上升、下降同步，在停止时开始起减摇作用。

（1）与吊具同步上升原理

当吊具上升时，电磁铁1*DT*、2*DT*得电。液压泵向系统供油（调定压力为3MPa）。压力油经过单向阀10-1，单向节流阀22（1-4）进入到液压马达；马达的另一腔所排出的油经过单向阀10-2，经过回油过滤器15返回油箱。这样4个液压马达就转动起来，带动减摇卷筒卷起因吊具上升而松弛了的减摇钢丝绳。

（2）与吊具同步下降原理

当吊具下降时，电磁铁2*DT*得电，1*DT*无电。此时，大泵（4左面）卸荷，小泵（4右面）供油经过单向阀10-1、单向节流阀22（1-4）到液压马达一侧（与吊具上升时相同）。由于吊具下降，4个液压马达被减摇钢丝绳通过卷筒倒拖反转，马达变成油泵工作状态，这样一来小泵供的油与马达排出的油一起经过溢流阀23（1-4）进入马达的进油口。溢流阀23的调定压力既是小泵的供油压力，又是马达被拖放减摇钢丝绳时排油路的背压（调定为3MPa），这样结果就出现

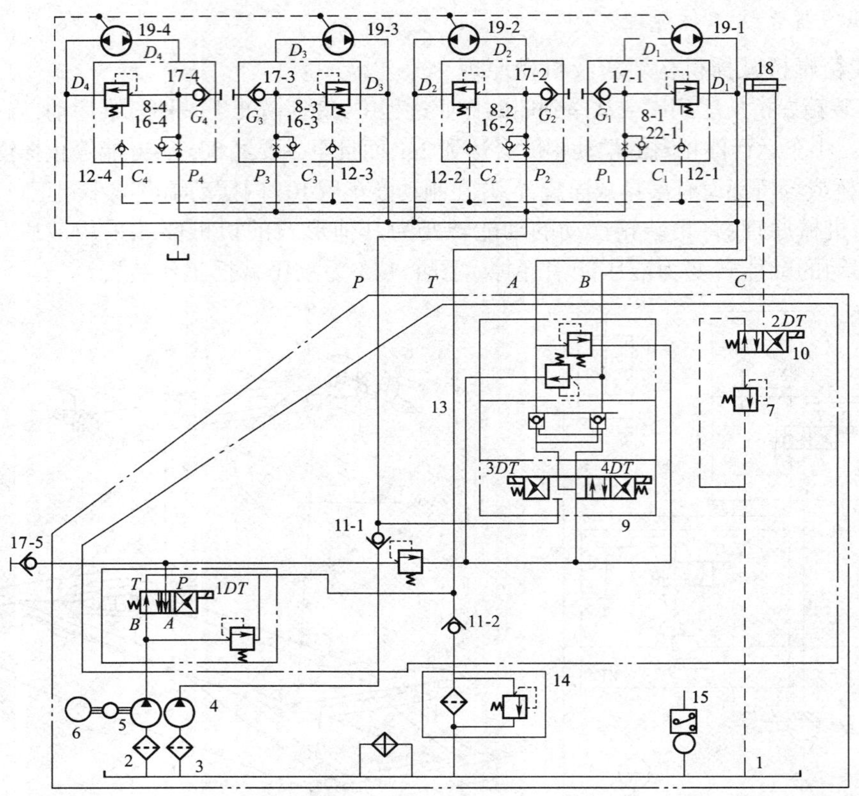

图 1-146　减摇及吊具水平回转液压系统

1-油箱；2、3-吸油过滤器；4-双联泵；5-链式联轴器；6-电动机；7、8-溢流阀；9、10-电磁阀；11、12-单向阀；13-双向液压锁；14-回油滤油器；15-温度继电器；16-单向节流阀；17-快速接头；18-吊具水平回转液压缸；19-减摇液压马达

吊具下降，减摇钢丝绳也协调一致下放，并且还具有一定的张紧力。当吊具下降的速度过快时，大泵的油可以自动补充进液压马达。

(3)减摇原理

吊具操作停止时，图 1-146 中的所有电磁阀线圈都不通电，此时大泵卸荷，小泵向系统供油。如果吊具在左右摇摆，则有两根钢丝绳张紧，另外两根放松，联接张紧钢丝绳的两个液压马达被倒拖成液压泵。由于有单向节流阀 22 和单向阀 10 的存在，这两个液压马达的排油只能经过溢流阀 23 流回油箱。由于 2*DT* 不通电，溢流阀 23 起作用(16MPa)，使起泵作用的两液压马达产生很大的阻力矩。此时，这两个液压马达倒拖不转动，因此就不会把钢丝绳放出来。由于小泵仍在供油，另两个与放松的减摇钢丝绳相连的液压马达旋转，并带动卷筒把放松的钢丝绳往回收。如此的往复几个左右摆动循环，在液压马达阻尼矩的作用下吊具的摇摆就迅速地衰减下来。

3)吊具的水平回转

为了便于吊具在起吊作业时与集装箱对正，一般将吊具架设计成可以做正负 5°的水平旋转。吊具的旋转靠旋转液压缸 25 动作来实现。当电磁铁 2*DT*、3*DT* 得电时，小泵供的油路进入旋转油缸 25 的小腔，活塞杆回缩，吊具顺时针转动；反之，电磁铁 2*DT*、4*DT* 有电，吊具就逆时针转动。具体的油路原理请读者自行分析。缓冲阀 14 调定的压力为 4MPa，它起防止液压冲击的作用。

第五节　液压系统常见故障的诊断及消除方法

一、液压系统常见故障的诊断及消除方法

1. 常见故障的诊断方法

液压设备是由机械、液压、电气等装置组合而成的，故出现的故障也是多种多样的。某一种故障现象可能由许多因素影响后造成的，因此分析液压故障必须能看懂液压系统原理图，对原理图中各个元件的作用有一个大体的了解，然后根据故障现象进行分析、判断，针对许多因素引起的故障原因需逐一分析，抓住主要矛盾，才能较好的解决和排除。液压系统中工作液在元件和管路中的流动情况，外界是很难了解到的，所以给分析、诊断带来了较多的困难，因此要求人们具备较强分析判断故障的能力。在机械、液压、电气诸多复杂的关系中找出故障原因和部位并及时、准确加以排除。

1）简易故障诊断法

简易故障诊断法是目前采用最普遍的方法，它是靠维修人员凭个人的经验，利用简单仪表根据液压系统出现的故障，客观的采用问、看、听、摸、闻等方法了解系统工作情况，进行分析、诊断、确定产生故障的原因和部位，具体做法如下：

①询问设备操作者，了解设备运行状况。其中包括：液压系统工作是否正常；液压泵有无异常现象；液压油检测清洁度的时间及结果；滤芯清洗和更换情况；发生故障前是否对液压元件进行了调节；是否更换过密封元件；故障前后液压系统出现过哪些不正常现象；过去该系统出现过什么故障，是如何排除的等，需逐一进行了解。

②看液压系统工作的实际状况，观察系统压力、速度、油液、泄漏、振动等是否存在问题。

③听液压系统的声音，如：冲击声；泵的噪声及异常声；判断液压系统工作是否正常。

④摸温升、振动、爬行及联结处的松紧程度判定运动部件工作状态是否正常。

总之，简易诊断法只是一个简易的定性分析，对快速判断和排除故障，具有较广泛的实用性。

2）液压系统原理图分析法

根据液压系统原理图分析液压传动系统出现的故障，找出故障产生的部位及原因，并提出排除故障的方法。液压系统图分析法是目前工程技术人员应用最为普遍的方法，它要求人们对液压知识具有一定基础并能看懂液压系统图掌握各图形符号所代表元件的名称、功能、对元件的原理、结构及性能也应有一定的了解，有这样的基础，结合动作循环表对照分析、判断故障就很容易了。所以认真学习液压基础知识掌握液压原理图是故障诊断与排除最有力的助手，也是其他故障分析法的基础。必须认真掌握。

3）其他分析法

液压系统发生故障时，往往不能立即找出故障发生的部位和根源，为了避免盲目性，人们必须根据液压系统原理进行逻辑分析或采用因果分析等方法逐一排除，最后找出发生故障的部位，这就是用逻辑分析的方法查找出故障。为了便于应用，故障诊断专家设计了逻辑流程图或其他图表对故障进行逻辑判断，为故障诊断提供了方便。

2. 系统噪声、振动大的消除方法

系统噪声、振动大的清除方法见表1-11。

系统噪声、振动大的消除方法　　表1-11

故障现象及原因	消除方法
1. 泵中噪声、振动,引起管路、油箱共振	(1)在泵的进、出油口用软管联接
	(2)泵不要装在油箱上,应将电动机和泵单独装在底座上,和油箱分开
	(3)加大液压泵,降低电动机转数
	(4)在泵的底座和油箱下面塞进防振材料
	(5)选择低噪声泵,采用立式电动机将液压泵浸在油液中
2. 阀弹簧所引起的系统共振	(1)改变弹簧的安装位置
	(2)改变弹簧的刚度
	(3)把溢流阀改成外部泄油形式
	(4)采用遥控的溢流阀
	(5)完全排出回路中的空气
	(6)改变管道的长短、粗细、材质、厚度等
	(7)增加管夹使管道不致振动
	(8)在管道的某一部位装上节流阀
3. 空气进入液压缸引起的振动	(1)很好地排出空气
	(2)可对液压缸活塞、密封衬垫涂上二硫化钼润滑脂
4. 管道内油流激烈流动的噪声	(1)加粗管道,使流速控制在允许范围内
	(2)少用弯头多采用曲率小的弯管
	(3)采用胶管
	(4)油流紊乱处不采用直角弯头或三通
	(5)采用消声器、蓄能器等
5. 油箱有共鸣声	(1)增厚箱板
	(2)在侧板、底板上增设筋板
	(3)改变回油管末端的形状或位置
6. 阀换向产生的冲击噪声	(1)降低电液阀换向的控制压力
	(2)在控制管路或回油管路上增设节流阀
	(3)选用带先导卸荷功能的元件
	(4)采用电气控制方法,使两个以上的阀不能同时换向
7. 溢流阀、卸荷阀、液控单向阀、平衡阀等工作不良,引起的管道振动和噪声	(1)适当处装上节流阀
	(2)改变外泄形式
	(3)对回路进行改造
	(4)增设管夹

3. 系统压力不正常的消除方法

系统压力不正常的消除方法见表1-12。

系统压力不正常的消除方法　　表 1-12

故障现象及原因		消除方法
1. 压力不足	(1)溢流阀旁通阀损坏	(1)修理或更换
	(2)减压阀设定值太低	(2)重新设定
	(3)集成通道块设计有误	(3)重新设计
	(4)减压阀损坏	(4)修理或更换
	(5)泵、马达或缸损坏、内泄大	(5)修理或更换
	(6)油中混有空气	(6)堵漏、加油、排气
2. 压力不稳定	(1)溢流阀磨损、弹簧刚性差	(1)修理或更换
	(2)油液污染、堵塞阀阻尼孔	(2)清洗、换油
	(3)蓄能器或充气阀失效	(3)修理或更换
	(4)泵、马达或缸磨损	(4)修理或更换
	(5)减压阀、溢流阀或卸荷阀设定值不对	(5)重新设定
3. 压力过高	(1)变量机构不工作	(1)修理或更换
	(2)减压阀、溢流阀或卸荷阀堵塞或损坏	(2)清洗或更换

4. 系统动作不正常的消除方法

系统动作不正常的消除方法见表 1-13。

系统动作不正常的消除方法　　表 1-13

故障现象及原因		消除方法
1. 系统压力正常执行元件无动作	(1)电磁阀中电磁铁有故障	(1)排除或更换
	(2)限位或顺序装置(机械式、电气式或液动式)不工作或调得不对	(2)调整、修复或更换
	(3)机械故障	(3)排除
	(4)没有指令信号	(4)查找、修复
	(5)放大器不工作或调得不对	(5)调整、修复或更换
	(6)阀不工作	(6)调整、修复或更换
	(7)缸或马达损坏	(7)修复或更换
	(8)泵输出流量不足或系统泄漏太大	(8)检查、修复或更换
	(9)油液黏度太高或太低	(9)检查、调整或更换
2. 执行元件动作太慢	(1)阀的控制压力不够或阀内阻尼孔堵塞	(1)清洗、调整
	(2)外负载过大	(2)检查、调整
	(3)放大器失灵或调得不对	(3)调整、修复或更换
	(4)阀芯卡涩	(4)清洗、过滤或换油
	(5)缸或马达磨损严重	(5)修理或更换
3. 动作不规则	(1)压力不正常	(1)参见表 1-12
	(2)油中混有空气	(2)加油、排气
	(3)指令信号不稳定	(3)查找、修复
	(4)放大器失灵或调得不对	(4)调整、修复或更换
	(5)传感器反馈失灵	(5)修理或更换
	(6)阀芯卡涩	(6)清洗、滤油
	(7)缸或马达磨损或损坏	(7)修理或更换

5. 系统液压冲击大的消除方法

系统液压冲击大的消除方法见表1-14。

系统液压冲击大的消除方法　　表1-14

<table>
<tr><th colspan="2">故障现象及原因</th><th>消 除 方 法</th></tr>
<tr><td rowspan="3">1. 换向时产生冲击</td><td rowspan="3">换向时瞬时关闭、开启，造成动能或势能相互转换时产生的液压冲击</td><td>(1)延长换向时间</td></tr>
<tr><td>(2)设计带缓冲的阀芯</td></tr>
<tr><td>(3)加粗管径、缩短管路</td></tr>
<tr><td rowspan="3">2. 液压缸在运动中突然被制动所产生的液压冲击</td><td rowspan="3">液压缸运动时，具有很大的动量和惯性，突然被制动，引起较大的压力增值故产生液压冲击</td><td>(1)液压缸进出油口处分别设置，反应快、灵敏度高的小型安全阀</td></tr>
<tr><td>(2)在满足驱动力时尽量减少系统工作压力，或适当提高系统背压</td></tr>
<tr><td>(3)液压缸附近安装囊式蓄能器</td></tr>
<tr><td rowspan="3">3. 液压缸到达终点时产生的液压冲击</td><td rowspan="3">液压缸运动时产生的动量和惯性与缸体发生碰撞，引起的冲击</td><td>(1)在液压缸两端设缓冲装置</td></tr>
<tr><td>(2)液压缸进出油口处分别设置反应快，灵敏度高的小型溢流阀</td></tr>
<tr><td>(3)设置行程(开关)阀</td></tr>
</table>

6. 系统油温过高的消除方法

系统油温过高的消除方法见表1-15。

系统油温过高的消除方法　　表1-15

故障现象及原因	消 除 方 法
1. 设定压力过高	1. 适当调整压力
2. 溢流阀、卸荷阀、压力继电器等卸荷回路的元件工作不良	2. 改正各元件工作不正常状况
3. 卸荷回路的元件调定值不适当，卸压时间短	3. 重新调定，延长卸压时间
4. 阀的漏损大，卸荷时间短	4. 修理漏损大的阀，考虑不采用大规格阀
5. 高压小流量、低压大流量时不要由溢流阀溢流	5. 变更回路，采用卸荷阀、变量泵
6. 因黏度低或泵有故障，增大了泵的内泄漏量，使泵壳温度升高	6. 换油、修理、更换液压泵
7. 油箱内油量不足	7. 加油，加大油箱
8. 油箱结构不合理	8. 改进结构，使油箱周围温升均匀
9. 蓄能器容量不足或有故障	9. 换大蓄能器，修理蓄能器
10. 需要安装冷却器，冷却器容量不足，冷却器有故障，进水阀门工作不良，水量不足，油温自动调节装置有故障	10. 安装冷却器，加大冷却器，修理冷却器的故障，修理阀门，增加水量，修理调温装置
11. 溢流阀遥控口节流过量，卸荷的剩余压力高	11. 进行适当调整
12. 管路的阻力大	12. 采用适当的管径
13. 附近热源影响，辐射热大	13. 采用隔热材料反射板或变更布置场所；设置通风、冷却装置等，选用合适的工作油液

二、液压件常见故障及处理

1. 液压泵常见故障及处理

液压泵常见故障及处理见表1-16。

液压泵常见故障及处理

表1-16

故障现象	原因分析		消除方法
1.泵不输油	1)泵不转	(1)电动机轴未转动 ①未接通电源; ②电气线路及元件故障	(1)检查电气并排除故障
		(2)电动机发热跳闸 ①溢流阀调压过高,超载荷后闷泵; ②溢流阀阀芯卡死阀芯中心油孔堵塞或溢流阀阻尼孔堵塞造成超压不溢流; ③泵出口单向阀装反或阀芯卡死而闷泵; ④电动机故障	(2) ①调节溢流阀压力值; ②检修阀闷; ③检修单向阀; ④检修或更换电动机
		(3)泵轴或电动机轴上无联接键 ①折断; ②漏装	(3) ①更换键; ②补装键
		(4)泵内部滑动副卡死 ①配合间隙太小; ②零件精度差,装配质量差,齿轮与轴同轴度偏差太大;柱塞头部卡死;叶片垂直度差;转子摆差太大,转子槽有伤口或叶片有伤痕受力后断裂而卡死; ③油液太脏; ④油温过高使零件热变形; ⑤泵的吸油腔进入脏物而卡死	(4) ①拆开检修,按要求选配间隙; ②更换零件,重新装配,使配合间隙达到要求; ③检查油质,过滤或更换油液; ④检查冷却器的冷却效果,检查油箱油量并加油至油位线; ⑤拆开清洗并在吸油口安装吸油过滤器
	2)泵反转	电动机转向不对 ①电气线路接错; ②泵体上旋向箭头错误	①纠正电气线路; ②纠正泵体上旋向箭头
	3)泵轴仍可转动	泵轴内部折断 ①轴质量差; ②泵内滑动副卡死	①检查原因,更换新轴; ②处理见本表(1.1)(4)

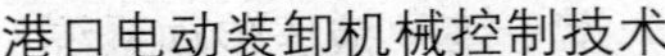

续上表

故障现象	原因分析		消除方法
1. 泵不输油	4)泵不吸油	(1)油箱油位过低	(1)加油至油位线
		(2)吸油过滤器堵塞	(2)清洗滤芯或更换
		(3)泵吸油管上阀门未打开	(3)检查打开阀门
		(4)泵或吸油管密封不严	(4)检查和紧固接头处,紧固泵盖螺钉,在泵盖结合处和接头联接处涂上油脂,或先向泵吸油口灌油
		(5)泵吸油高度超标准且吸油管细长并弯头太多	(5)降低吸油高度,更换管子,减少弯头
		(6)吸油过滤器过滤精度太高,或通油面积太小	(6)选择合适的过滤精度,加大滤油器规格
		(7)油的黏度太高	(7)检查油的黏度,更换适宜的油液,冬季要检查加热器的效果
		(8)叶片泵叶片未伸出,或卡死	(8)拆开清洗,合理选配间隙,检查油质,过滤或更换油液
		(9)叶片泵变量机构动作不灵,使偏心量为零	(9)更换或调整变量机构
		(10)柱塞泵变量机构失灵,如加工精度差,装配不良,配合间隙太小,泵内部摩擦阻力太大,伺服活塞、变量活塞及弹簧芯轴卡死,通向变量机构的个别油道有堵塞以及油液太脏,油温太高,使零件热变形等	(10)拆开检查,修配或更换零件,合理选配间隙;过滤或更换油液;检查冷却器效果;检查油箱内的油位并加至油位线
		(11)柱塞泵缸体与配油盘之间不密封(如柱塞泵中心弹簧折断)	(11)更换弹簧
		(12)叶片泵配油盘与泵体之间不密封	(12)拆开清洗重新装配
2. 泵噪声大	1)吸空现象严重	(1)吸油过滤器有部分堵塞,吸油阻力大	(1)清洗或更换过滤器
		(2)吸油管距油面较近	(2)适当加长调整吸油管长度或位置
		(3)吸油位置太高或油箱液位太低	(3)降低泵的安装高度或提高液位高度
		(4)泵和吸油管口密封不严	(4)检查联接处和结合面的密封,并紧固
		(5)油的黏度过高	(5)检查油质,按要求选用油的黏度
		(6)泵的转速太高(使用不当)	(6)控制在最高转速以下
		(7)吸油过滤器通过面积过小	(7)更换通油面积大的滤器
		(8)非自吸泵的辅助泵供油量不足或有故障	(8)修理或更换辅助泵
		(9)油箱上空气过滤器堵塞	(9)清洗或更换空气过滤器
		(10)泵轴油封失效	(10)更换

续上表

故障现象	原因分析		消除方法
2. 泵噪声大	2)吸入气泡	(1)油液中溶解一定量的空气,在工作过程中又生成的气泡	(1)在油箱内增设隔板,将回油经过隔板消泡后再吸入,油液中加消泡剂
		(2)回油涡流强烈生成泡沫	(2)吸油管与回油管要隔开一定距离,回油管口要插入油面以下
		(3)管道内或泵壳内存有空气	(3)进行空载运转,排除空气
		(4)吸油管浸入油面的深度不够	(4)加长吸油管,往油箱中注油使其液面升高
	3)液压泵运转不良	(1)泵内轴承磨损严重或破损	(1)更换轴承,并加润滑脂
		(2)泵内部零件破损或磨损 ①定子环内表面磨损严重; ②齿轮精度低,摆差大	(2)拆开清洗,更换 ①更换定子圈; ②研配修复或更换
	4)泵的结构因素	(1)困油严重产生较大的流量脉动和压力脉动 ①卸荷槽设计不佳; ②加工精度差	(1) ①改进设计,提高卸荷能力; ②提高加工精度
		(2)变量泵变量机构工作不良(间隙过小,加工精度差,油液太脏等)	(2)拆开清洗,修理,重新装配达到性能要求,过滤或更换油液
		(3)双级叶片泵的压力分配阀工作不正常(间隙过小,加工精度差,油液太脏等)	(3)拆开清洗,修理,重新装配达到性能要求,过滤或更换油液
	5)泵安装不良	(1)泵轴与电动机轴同轴度差	(1)重新安装达到技术要求,同轴度一般应达到0.1mm以内
		(2)联轴器安装不良,同轴度差并有松动	(2)重新安装达到技术要求,并用顶丝紧固联轴器
3. 泵出油量不足	1)容积效率低	(1)泵内部滑动零件磨损严重 ①叶片泵配油盘端面磨损严重; ②齿轮端面与测板磨损严重; ③齿轮泵因轴承损坏使泵体孔磨损严重; ④柱塞泵柱塞与缸体孔磨损严重; ⑤柱塞泵配油盘与缸体端面磨损严重	(1)拆开清洗,修理和更换 ①研磨配油盘端面; ②研磨修理工理或更换; ③更换轴承并修理; ④更换柱塞并配研到要求间隙,清洗后重新装配; ⑤研磨两端面达到要求,清洗后重新装配
		(2)泵装配不良 ①定子与转子、柱塞与缸体、齿轮与泵体、齿轮与侧板之间的间隙太大; ② 叶片泵、齿轮泵泵盖上螺钉拧紧力矩不匀或有松动; ③叶片和转子反装	(2) ①重新装配,按技术要求选配间隙; ②重新拧紧螺钉并达到受力均匀; ③纠正方向重新装配
		(3)油的黏度过低(如用错油或油温过高)	(3)更换油液,检查油温过高原因,提出降温措施

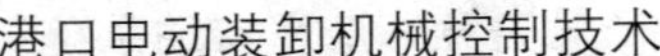

续上表

故障现象	原因分析		消除方法
3. 泵出油量不足	2)泵有吸气现象	参见本表2.1)、2)	参见本表2.1)、2)
	3)泵内部机构工作不良	参见本表2.4)	参见本表2.4)
	4)供油量不足	非自吸泵的辅助泵供油量不足或有故障	修理或更换辅助泵
4. 压力不足或压力升不高	1)漏油严重	参见本表3.1)	参见本表3.1)
	2)驱动机构功率过小	(1)电动机输出功率过小 ①设计不合理; ②电动机有故障	(1) ①核算电动机功率,若不足应更换; ②检查电动机并排除故障
		(2)机械驱动机构输出功率过小	(2)核算驱动功率并更换驱动机构
	3)泵排量选得过大或压力调得过高	造成驱动机构或电动机功率不足	重新计算匹配压力,流量和功率,使之合理
5. 压力不稳定,流量不稳定	1)泵有吸气现象	参见本表2.1)、2)	参见本表2.1)、2)
	2)油液过脏	个别叶片在转子槽内卡住或伸出困难	过滤或更换油液
	3)泵装配不良	(1)个别叶片在转子槽内间隙过大,造成高压油向低压腔流动	(1)拆开清洗,修配或更换叶片,合理选配间隙
		(2)个别叶片在转子槽内间隙过小,造成卡住或伸出困难	(2)修配,使叶片运动灵活
		(3)个别柱塞与缸体孔配合间隙过大,造成漏油量大	(3)修配后使间隙达到要求
	4)泵的结构因素	参见本表2.4)	参见本表2.4)
	5)供油量波动	非自吸泵的辅助泵有故障	修理或更换辅助泵
6. 异常发热	1)装配不良	(1)间隙选配不当(如柱塞与缸体、叶片与转子槽、定子与转子、齿轮与测板等配合间隙过小,造成滑动部件过热烧伤)	(1)拆开清洗,测量间隙,重新配研达到规定间隙
		(2)装配质量差,传动部分同轴度未达到技术要求,运转时有别劲现象	(2)拆开清洗,重新装配,达到技术要求
		(3)轴承质量差,或装配时被打坏,或安装时未清洗干净,造成运转时别劲	(3)拆开检查,更换轴承,重新装配 ①安装好回油管; ②清洗管道; ③换管子,减少管头
		(4)经过轴承的润滑油排油口不畅通 ①回油口螺塞未打开(未接管子); ②安装时油道未清洗干净,有脏物堵住; ③安装时回油管弯头太多或有压扁现象	(4)检查排油口 ①打开螺塞或接管子; ②清洗油道; ③减少回油管弯头或更换压扁的回油管

续上表

故障现象	原因分析		消除方法
6. 异常发热	2）油液质量差	(1)油液的粘—温特性差，黏度变化大	(1)按规定选用液压油
		(2)油中含有大量水分造成润滑不良	(2)更换合格的油液清洗油箱内部
		(3)油液污染严重	(3)更换油液
	3)管路故障	(1)泄油管压扁或堵死	(1)清洗更换
		(2)泄油管管径太细，不能满足排油要求	(2)更改设计，更换管子
		(3)吸油管径细，吸油阻力大	(3)加粗管径、减少弯头、降低吸油阻力
	4）受外界条件影响	外界热源高，散热条件差	清除外界影响，增设隔热措施
	5）内部泄漏大，容积效率过低而发热	参见本表3.1）	参见本表3.1）
7. 轴封漏油	1)安装不良	(1)密封件唇口装反	(1)拆下重新安装，拆装时不要损坏唇部若有变形或损伤应更换
		(2)骨架弹簧脱落 ①轴的倒角不适当，密封唇口翻开，使弹簧脱落； ②装轴时不小心，使弹簧脱落	(2) ①按加工图纸要求重新加工； ②重新安装
		(3)密封唇部粘有异物	(3)取下清洗，重新装配
		(4)密封唇口通过花键轴时被拉伤	(4)更换后重新安装
		(5)油封装斜了 ①沟槽内径尺寸太小； ②沟槽倒角过小	(5) ①检查沟槽尺寸，按规定重新加工； ②按规定重新加工
		(6)装配时造成油封严重变形	(6)检查沟槽尺寸及倒角
		(7)密封唇翻卷 ①轴倒角太小； ②轴倒角处太粗糙	(7)检查轴倒角尺寸和粗糙度，可用砂布打磨倒角处，装配时在轴倒角处涂上油脂
	2）轴和沟槽加工不良	(1)轴加工错误 ①轴颈不适宜，使油封唇口部位磨损，发热； ②轴倒角不合要求，使油封唇口拉伤，弹簧脱落； ③轴颈外表有车削或磨削痕迹； ④轴颈表面粗糙使油封唇边磨损加快	(1) ①检查尺寸，换轴。油封处的公差常用h8； ②重新加工轴的倒角； ③重新修磨，消除磨削痕迹； ④重新加工达到图纸要求
		(2)沟槽加工错误 ①沟槽尺寸过小，使油封装斜； ②沟槽尺寸过大，油从外周漏出； ③沟槽表面有划伤或其他缺陷，油从外周漏出	(2)更换泵盖，修配沟槽达到配合要求

续上表

故障现象	原因分析		消除方法
7. 轴封漏油	3）油封本身有缺陷	油封质量不好，不耐油或对液压油相容性差，变质、老化、失效造成漏油	更换相适应的油封橡胶件
	4）容积效率过低	参见本表3.1）	参见本表3.1）
	5）泄油孔被堵	泄油孔被堵后，泄油压力增加，造成密封唇口变形太大，接触面增加，摩擦产生热老化，使油封失效，引起漏油	清洗油孔，更换油封
	6）外接泄油管径过细或管道过长	泄油困难，泄油压力增加	适当增大管径或缩短泄油管长度
	7）未接泄油管	泄油管未打开或未接泄油管	打开螺塞接上泄油管

2. 液压马达常见故障及处理

液压马达常见故障及处理见表1-17。

液压马达常见故障及处理 表1-17

故障现象	原因分析		消除方法
1. 转速低转矩小	1）液压泵供油量不足	(1) 电动机转速不够	(1) 找出原因，进行调整
		(2)吸油过滤器滤网堵塞	(2)清洗或更换滤芯
		(3)油箱中油量不足或吸油管径过小造成吸油困难	(3)加足油量、适当加大管径，使吸油通畅
		(4)密封不严，不泄漏，空气侵入内部	(4)拧紧有关接头，防止泄漏或空气侵入
		(5)油的黏度过大	(5)选择黏度小的油液
		(6)液压泵轴向及径向间隙过大、内泄增大	(6)适当修复液压泵
	2）液压泵输出油压不足	(1)液压泵效率太低	(1)检查液压泵故障，并加以排除
		(2)溢流阀调整压力不足或发生故障	(2)检查溢流阀故障，排除后重新调高压力
		(3)油管阻力过大(管道过长或过细)	(3)更换孔径较大的管道或尽量减少长度
		(4)油的黏度较小，内部泄漏较大	(4)检查内泄漏部位的密封情况，更换油液或密封
	3）液压马达泄漏	(1)液压马达结合面没有拧紧或密封不好，有泄漏	(1)拧紧接合面检查密封情况或更换密封圈
		(2)液压马达内部零件磨损，泄漏严重	(2)检查其损伤部位，并修磨或更换零件
	4)失效	配油盘的支承弹簧疲劳，失去作用	检查、更换支承弹簧

续上表

故障现象	原因分析		消除方法
2. 泄漏	1)内部泄漏	(1) 配油盘磨损严重	(1)检查配油盘接触面,并加以修复
		(2)轴向间隙过大	(2)检查并将轴向间隙调至规定范围
		(3)配油盘与缸体端面磨损,轴向间隙过大	(3)修磨缸体及配油盘端面
		(4)弹簧疲劳	(4)更换弹簧
		(5)柱塞与缸体磨损严重	(5)研磨缸体孔、重配柱塞
	2)外部泄漏	(1)油端密封,磨损	(1) 更换密封圈并查明磨损原因
		(2)盖板处的密封圈损坏	(2)更换密封圈
		(3)结合面有污物或螺栓未拧紧	(3)检查、清除并拧紧螺栓
		(4)管接头密封不严	(4)拧紧管接头
3. 噪声		(1)密封不严,有空气侵入内部	(1)检查有关部位的密封,紧固各联接处
		(2)液压油被污染,有气泡混入	(2)更换清洁的液压油
		(3)联轴器不同心	(3)校正同心
		(4)液压油黏度过大	(4)更换黏度较小的油液
		(5)液压马达的径向尺寸严重磨损	(5)修磨缸孔,重配柱塞
		(6)叶片已磨损	(6)尽可能修复或更换
		(7)叶片与定子接触不良,有冲撞现象	(7)进行修整
		(8)定子磨损	(8)进行修复或更换。如因弹簧过硬造成磨损加剧,则应更换刚度较小的弹簧

3. 液压缸常见故障及处理

液压缸常见故障及处理见表1-18。

液压缸常见故障及处理　　表1-18

故障现象	原因分析		消除方法
1. 活塞杆不能动作	1)压力不足	(1)油液未进入液压缸 ①换向阀未换向; ②系统未供油	(1) ①检查换向阀未换向的原因并排除; ②检查液压泵和主要液压阀的故障原因并排除
		(2)虽有油,但没有压力 ①系统有故障,主要是泵或溢流阀有故障; ②内部泄漏严重,活塞与活塞杆松脱,密封件损坏严重	(2) ①检查泵或溢流阀的故障原因并排除; ③紧固活塞与活塞杆并更换密封件
		(3)压力达不到规定值 ①密封件老化、失效,密封圈唇口装反或有破损; ②活塞环损坏; ③系统调定压力过低; ④压力调节阀有故障; ⑤通过调整阀的流量过小,液压缸内泄漏量增大时,流量不足,造成压力不足	(3) ①更换密封件,并正确安装; ②更换活塞杆; ③重新调整压力,直至达到要求值; ④检查原因并排除; ⑤调整阀的通过流量必须大于液压缸内泄漏量

续上表

故障现象	原因分析		消除方法
1. 活塞杆不能动作	2)压力已达到要求但仍不动作	(1)液压缸结构上的问题 ①活塞端面与缸筒端面紧贴在一起,工作面积不足,故不能启动; ②具有缓冲装置的缸筒上单向阀回路被活塞堵住	(1) ①端面上要加一条通油槽,使工作液体迅速流进活塞的工作端面; ②缸筒的进出油口位置应与活塞端面错开
		(2)活塞杆移动"别劲" ①缸筒与活塞,导向套与活塞杆配合间隙过小; ②活塞杆与夹布胶木导向套之间的配合间隙过小; ③液压缸装配不良(如活塞杆、活塞和缸盖之间同轴度差,液压缸与工作台平行度差)	(2) ①检查配合间隙,并配研到规定值; ②检查配合间隙,修刮导向套孔,达到要求的配合间隙; ③重新装配和安装,不合格零件应更换
		(3)液压回路引起的原因,主要是液压缸背压腔油液未与油箱相通,回油路上的调速阀节流口调节过小或连通回油的换向阀未动作	(3)检查原因并消除
2. 速度达不到规定值	1)内泄漏严重	(1)密封件破损严重	(1)更换密封件
		(2)油的黏度太低	(2)更换适宜黏度的液压油
		(3)油温过高	(3)检查原因并排除
	2)外载荷过大	(1)设计错误,选用压力过低	(1)核算后更换元件,调大工作压力
		(2)工艺和使用错误,造成外载比预定值大	(2)按设备规定值使用
	3)活塞移动时"别劲"	(1)加工精度差,缸筒孔锥度和圆度超差	(1)检查零件尺寸,更换无法修复的零件
		(2)装配质量差 ①活塞、活塞杆与缸盖之间同轴度差; ②液压缸与工作台平行度差; ③活塞杆与导向套配合间隙过小	(2) ①按要求重新装配; ②按照要求重新装配; ③检查配合间隙,修刮导向套孔,达到要求的配合间隙
	4)脏物进入滑动部位	(1)油液过脏	(1)过滤或更换油液
		(2)防尘圈破损	(2)更换防尘圈
		(3)装配时未清洗干净或带入脏物	(3)拆开清洗,装配时要注意清洁
	5)活塞在端部行程时速度急剧下降	(1)缓冲调节阀的节流口调节过小,在进入缓冲行程时,活塞可能停止或速度急剧下降	(1)缓冲节流阀的开口度要调节适宜,并能起到缓冲作用
		(2)固定式缓冲装置中节流孔直径过小	(2)适当加大节流孔直径
		(3)缸盖上固定式缓冲节流环与缓冲柱塞之间间隙过小	(3)适当加大间隙

续上表

故障现象	原因分析		消除方法
2. 速度达不到规定值	6)活塞移动到中途发现速度变慢或停止	(1)缸筒内径加工精度差,表面粗糙,使内泄量增大	(1)修复或更换缸筒
		(2)缸壁胀大,当活塞通过增大部位时,内泄漏量增大	(2)更换缸筒
3. 液压缸产生爬行	1)液压缸活塞杆运动"别劲"	参见本表2.3)	参见本表2.3)
	2)缸内进入空气	(1)新液压缸,修理后的液压缸或设备停机时间过长的缸,缸内有气或液压缸管道中排气未排净	(1)空载大行程往复运动,直到把空气排完
		(2)缸内部形成负压,从外部吸入空气	(2)先用油脂封住结合面和接头处,若吸空情况有好转,则把紧固螺钉和接头拧紧
		(3)从缸到换向阀之间管道的容积比液压缸内容积大得多,液压缸工作时,这段管道上油液未排完,所以空气也很难排净	(3)可在靠近液压缸的管道中取高处加排气阀。拧开排气阀,活塞在全行程情况下运动多次,把气排完后再把排气阀关闭
		(4)泵吸入空气(参见液压泵故障)	(4)参见液压泵故障的消除对策
		(5)油液中混入空气(参见液压泵故障)	(5)参见液压泵故障的消除对策
4. 缓冲装置故障	1)缓冲作用过度	(1)缓冲调节阀的节流口开口过小	(1)将节流口调节到合适位置并紧固
		(2)缓冲柱塞"别劲"(如柱塞头与缓冲环间隙太小,活塞倾斜或偏心)	(2)拆开清洗适当加大间隙,不合格的零件应更换
		(3)在柱塞头与缓冲环之间有脏物	(3)修去毛刺和清洗干净
		(4)固定式缓冲装置柱塞头与衬套之间间隙太小	(4)适当加大间隙
	2)缓冲作用失灵	(1)缓冲调节阀处于全开状态	(1)调节到合适位置并紧固
		(2)惯性能量过大	(2)应设计合适的缓冲机构
		(3)缓冲调节阀不能调节	(3)修复或更换
		(4)单向阀处于全开状态或单向阀阀座封闭不严	(4)检查尺寸,更换锥阀芯或钢球,更换弹簧,并配研修复
		(5)活塞上密封件破损,当缓冲腔压力升高时,工作液体从此腔向工作压力一侧倒流,故活塞不减速	(5)更换密封件
		(6)柱塞头或衬套内表面上有伤痕	(6)修复或更换
		(7)镶在缸盖上的缓冲环脱落	(7)更换新缓冲环
		(8)缓冲柱塞锥面长度和角度不适宜	(8)修正

续上表

故障现象	原因分析		消除方法
4. 缓冲装置故障	3）缓冲行程段出现“爬行”	（1）加工不良，如缸盖，活塞端面的垂直度不合要求，在全长上活塞与缸筒间隙不匀，缸盖与缸筒不同心；缸筒内径与缸盖中心线偏差大，活塞与螺帽端面垂直度不合要求造成活塞杆挠曲等	（1）对每个零件均仔细检查，不合格的零件不准使用
		（2）装配不良，如缓冲柱塞与缓冲环相配合的孔有偏心或倾斜等	（2）重新装配确保质量
5. 有外泄漏	1）装配不良	（1）液压缸装配时端盖装偏，活塞杆与缸筒不同心，使活塞杆伸出困难，加速密封件磨损	（1）拆开检查，重新装配
		（2）液压缸与工作台导轨面平行度差，使活塞伸出困难，加速密封件磨损	（2）拆开检查，重新安装，并更换密封件
		（3）密封件安装差错，如密封件划伤、切断，密封唇装反，唇口破损或轴倒角尺寸不对，密封件装错或漏装	（3）更换并重新安装密封件
		（4）密封压盖未装好 ①压盖安装有偏差； ②紧固螺钉受力不匀； ③紧固螺钉过长，使压盖不能压紧	（4） ①重新安装； ②重新安装，拧紧螺钉，使其受力均匀； ③按螺孔深度合理选配螺钉长度
	2）密封件质量问题	（1）保管期太长，密封件自然老化失效 （2）保管不良，变形或损坏 （3）胶料性能差，不耐油或胶料与油液相容性差 （4）制品质量差，尺寸不对，公差不符合要求	更换
	3）活塞杆和沟槽加工质量差	（1）活塞杆表面粗糙，活塞杆头部倒角不符合要求或未倒角	（1）表面粗糙度应为Ra0.2μm，并按要求倒角
		（2）沟槽尺寸及精度不符合要求 ① 设计图纸有错误； ②沟槽尺寸加工不符合标准； ③沟槽精度差，毛刺多	（2） ①按有关标准设计沟槽； ②检查尺寸，并修正到要求尺寸； ③修正并去毛刺
	4）油的黏度过低	（1）用错了油品 （2）油液中渗有其他牌号的油液	更换适宜的油液

续上表

故障现象	原因分析		消除方法
5. 有外泄漏	5)油温过高	(1)液压缸进油口阻力太大	(1)检查进油口是否畅通
		(2)周围环境温度太高	(2)采取隔热措施
		(3)泵或冷却器等有故障	(3)检查原因并排除
	6)高频振动	(1)紧固螺钉松动	(1)应定期紧固螺钉
		(2)管接头松动	(2)应定期紧固接头
		(3)安装位置产生移动	(3)应定期紧固安装螺钉
	7)活塞杆拉伤	(1)防尘圈老化、失效侵入砂粒切屑等脏物	(1)清洗更换防尘圈,修复活塞杆表面拉伤处
		(2)导向套与活塞杆之间的配合太紧,使活动表面产生过热,造成活塞杆表面铬层脱落而拉伤	(2)检查清洗,用刮刀修刮导向套内径,达到配合间隙

4. 压力阀常见故障及处理

1)溢流阀常见故障及处理

溢流阀常见故障及处理见表1-19。

溢流阀常见故障及处理 表1-19

故障现象	原因分析		消除方法
1. 调不上压力	1)主阀故障	(1)主阀芯阻尼孔堵塞(装配时主阀芯未清洗干净,油液过脏)	(1)清洗阻尼孔使之畅通;过滤或更换油液
		(2)主阀芯在开启位置卡死(如零件精度低,装配质量差,油液过脏)	(2)拆开检修,重新装配;阀盖紧固螺钉拧紧力要均匀;过滤或更换油液
		(3)主阀芯复位弹簧折断或弯曲,使主阀芯不能复位	(3)更换弹簧
	2)先导阀故障	(1)调压弹簧折断	(1)更换弹簧
		(2)调压弹簧未装	(2)补装
		(3)锥阀或钢球未装	(3)补装
		(4)锥阀损坏	(4)更换
	3)远腔口电磁阀故障或远控口未加丝堵而直通油箱	(1)电磁阀未通电(常开)	(1)检查电气线路接通电源
		(2)滑阀卡死	(2)检修、更换
		(3)电磁铁线圈烧毁或铁芯卡死	(3)更换
		(4)电气线路故障	(4)检修
	4)装错	进出油口安装错误	纠正
	5)液压泵故障	(1)滑动副之间间隙过大(如齿轮泵、柱塞泵)	(1)修配间隙到适宜值
		(2)叶片泵的多数叶片在转子槽内卡死	(2)清洗,修配间隙达到适宜值
		(3)叶片和转子方向装反	(3)纠正方向

续上表

故障现象	原因分析		消除方法
2. 压力调不高	1)主阀故障(若主阀为锥阀)	(1)主阀芯锥面封闭性差 ①主阀芯锥面磨损或不圆; ②阀座锥面磨损或不圆; ③锥面处有脏物粘住; ④主阀芯锥面与阀座锥面不同心; ⑤主阀芯工作有卡滞现象,阀芯不能与阀座严密结合	(1) ①更换并配研; ②更换并配研; ③清洗并配研; ④修配使之结合良好; ⑤修配使之结合良好
		(2)主阀压盖处有泄漏(如密封垫损坏,装配不良,压盖螺钉有松动等)	(2)拆开检修,更换密封垫,重新装配,并确保螺钉拧紧力均匀
	2)先导阀故障	(1)调压弹簧弯曲,或太弱,或长度过短	(1)更换弹簧
		(2)锥阀与阀座结合处封闭性差(如锥阀与阀座磨损,锥阀接触面不圆,接触面太宽进入脏物或被胶质粘住)	(2)检修更换清洗,使之达到要求
3. 压力突然升高	1)主阀故障	主阀芯工作不灵敏,在关闭状态突然卡死(如零件加工精度低,装配质量差,油液过脏等)	检修,更换零件,过滤或更换油液
	2)先导阀故障	(1)先导阀阀芯与阀座结合面突然粘住,脱不开	(1)清洗修配或更换油液
		(2)调压弹簧弯曲造成卡滞	(2)更换弹簧
4. 压力突然下降	1)主阀故障	(1)主阀芯阻尼孔突然被堵死	(1)清洗,过滤或更换油液
		(2)主阀芯工作不灵敏,在关闭状态突然卡死(如零件加工精度低,装配质量差,油液过脏等)	(2)检修更换零件,过滤或更换油液
		(3)主阀盖处密封垫突然破损	(3)更换密封件
	2)先导阀故障	(1)先导阀阀芯突然破裂	(1)更换阀芯
		(2)调压弹簧突然折断	(2)更换弹簧
	3)远腔口电磁阀故障	电磁铁突然断电,使溢流阀卸荷	检查电气故障并消除
5. 压力波动(不稳定)	1)主阀故障	(1)主阀芯动作不灵活,有时有卡住现象	(1)检修更换零件,压盖螺钉拧紧力应均匀
		(2)主阀芯阻尼孔有时堵有时通	(2)拆开清洗,检查油质,更换油液
		(3)主阀芯锥面与阀座锥面接触不良,磨损不均匀	(3)修配或更换零件
		(4)阻尼孔径太大,造成阻尼作用差	(4)适当缩小阻尼孔径

续上表

故障现象	原因分析		消除方法
5. 压力波动(不稳定)	2)先导阀故障	(1)调压弹簧弯曲	(1)更换弹簧
		(2)锥阀与锥阀座接触不良,磨损不均匀	(2)修配或更换零件
		(3)调节压力的螺钉由于锁紧螺母松动而使压力变动	(3)调压后应把锁紧螺母锁紧
6. 振动与噪声	1)主阀故障	主阀芯在工作时径向力不平衡,导致性能不稳定	
		①阀体与主阀芯几何精度差,棱边有毛刺;	①检查零件精度,对不符合要求的零件应更换,并把棱边毛刺去掉;
		②阀体内粘附有污物,使配合间隙增大或不均匀	②检修更换零件
	2)先导阀故障	(1)锥阀与阀座接触不良,圆周面的圆度不好,粗糙度数值大,造成调压弹簧受力不平衡,使锥阀振荡加剧,产生尖叫声	(1)把封油面圆度误差控制在0.005~0.01mm以内
		(2)调压弹簧轴心线与端面不够垂直,这样针阀会倾斜,造成接触不均匀	(2)提高锥阀精度,粗糙度应达Ra0.4μm
		(3)调压弹簧在定位杆上偏向一侧	(3)更换弹簧
		(4)装配时阀座装偏	(4)提高装配质量
		(5)调压弹簧侧向弯曲	(5)更换弹簧
	3)系统存在空气	泵吸入空气或系统存在空气	排除空气
	4)阀使用不当	通过流量超过允许值	在额定流量范围内使用
	5)回油不畅	回油管路阻力过高或回油过滤器堵塞或回油管贴近油箱底面	适当增大管径,减少弯头,回油管口应离油箱底面二倍管径以上,更换滤芯
	6)远控口管径选择不当	溢流阀远控口至电磁阀之间的管子通径不宜过大,过大会引起振动	一般管径取6mm较适宜

2)减压阀常见故障及处理

减压阀常见故障及处理见表1-20。

减压阀常见故障及处理 表1-20

故障现象	原因分析		消除方法
1. 无二次压力	1)主阀故障	主阀芯在全闭位置卡死(如零件精度低);主阀弹簧折断,弯曲变形;阻尼孔堵塞	修理、更换零件和弹簧,过滤或更换油液
	2)无油源	未向减压阀供油	检查油路消除故障

续上表

<table>
<tr><th>故障现象</th><th colspan="2">原因分析</th><th>消除方法</th></tr>
<tr><td rowspan="3">2. 不起减压作用</td><td>1)使用错误</td><td>泄油口不通
①螺塞未拧开;
②泄油管细长,弯头多,阻力太大;
③泄油管与主回油管道相连,回油背压太大;
④泄油通道堵塞、不通</td><td>①将螺塞拧开;
②更换符合要求的管子;
③泄油管必须与回油管道分开,单独流回油箱;
④清洗泄油通道</td></tr>
<tr><td>2)主阀故障</td><td>主阀芯在全开位置时卡死(如零件精度低,油液过脏等)</td><td>修理、更换零件,检查油质,更换油液</td></tr>
<tr><td>3)锥阀故障</td><td>调压弹簧太硬,弯曲并卡住不动</td><td>更换弹簧</td></tr>
<tr><td rowspan="3">3. 二次压力不稳定</td><td rowspan="3">主阀故障</td><td>(1)主阀芯与阀体几何精度差,工作时不灵敏</td><td>(1)检修,使其动作灵活</td></tr>
<tr><td>(2)主阀弹簧太弱,变形或将主阀芯卡住,使阀芯移动困难</td><td>(2)更换弹簧</td></tr>
<tr><td>(3)阻尼小孔时堵时通</td><td>(3)清洗阻尼小孔</td></tr>
<tr><td rowspan="4">4. 二次压力升不高</td><td rowspan="2">1)外泄漏</td><td>(1)顶盖结合面漏油,其原因如:密封件老化失效,螺钉松动或拧紧力矩不均</td><td>(1)更换密封件,紧固螺钉,并保证力矩均匀</td></tr>
<tr><td>(2)各丝堵处有漏油</td><td>(2)紧固并消除外漏</td></tr>
<tr><td rowspan="2">2)锥阀故障</td><td>(1)锥阀与阀座接触不良</td><td>(1)修理或更换</td></tr>
<tr><td>(2)调压弹簧太弱</td><td>(2)更换</td></tr>
</table>

3)顺序阀常见故障及处理

顺序阀常见故障及处理见表1-21。

顺序阀常见故障及处理 表1-21

<table>
<tr><th>故障现象</th><th>原因分析</th><th>消除方法</th></tr>
<tr><td rowspan="6">1. 始终出油,不起顺序阀作用</td><td>(1)阀芯在打开位置上卡死(如几何精度差,间隙太小;弹簧弯曲,断裂;油液太脏)</td><td>(1)修理,使配合间隙达到要求,并使阀芯移动灵活;检查油质,若不符合要求应过滤或更换;更换弹簧</td></tr>
<tr><td>(2)单向阀在打开位置上卡死(如几何精度差,间隙太小;弹簧弯曲、断裂;油液太脏)</td><td>(2)修理,使配合间隙达到要求,并使单向阀芯移动灵活;检查油质,若不符合要求应过滤或更换;更换弹簧</td></tr>
<tr><td>(3)单向阀密封不良(如几何精度差)</td><td>(3)修理,使单向阀的密封良好</td></tr>
<tr><td>(4)调压弹簧断裂</td><td>(4)更换弹簧</td></tr>
<tr><td>(5)调压弹簧漏装</td><td>(5)补装弹簧</td></tr>
<tr><td>(6)未装锥阀或钢球</td><td>(6)补装</td></tr>
</table>

续上表

故障现象	原因分析	消除方法
2. 始终不出油，不起顺序阀作用	(1)阀芯在关闭位置上卡死（如几何精度差；弹簧弯曲；油脏）	(1)修理，使滑阀移动灵活，更换弹簧；过滤或更换油液
	(2)控制油液流动不畅通（如阻尼小孔堵死，或远控管道被压扁堵死）	(2)清洗或更换管道，过滤或更换油液
	(3)远控压力不足，或下端盖结合处漏油严重	(3)提高控制压力，拧紧端盖螺钉并使之受力均匀
	(4)通向调压阀油路上的阻尼孔被堵死	(4)清洗
	(5)泄油管道中背压太高，使滑阀不能移动	(5)泄油管道不能接在回油管道上，应单独接回油箱
	(6)调节弹簧太硬，或压力调得太高	(6)更换弹簧，适当调整压力
3. 调定压力值不符合要求	(1)调压弹簧调整不当	(1)重新调整所需要的压力
	(2)调压弹簧侧向变形，最高压力调不上去	(2)更换弹簧
	(3)滑阀卡死，移动困难	(3)检查滑阀的配合间隙，修配，使滑阀移动灵活；过滤或更换油液
4. 振动与噪声	(1)回油阻力（背压）太高	(1)降低回油阻力
	(2)油温过高	(2)控制油温在规定范围内
5. 单向顺序阀反向不能回油	单向阀卡死打不开	检修单向阀

4）流量阀常见故障及处理

流量阀常见故障及处理见表1-22。

流量阀常见故障及处理　　表1-22

故障现象		原因分析	消除方法
1. 调整节流阀手柄无流量变化	1）压力补偿阀不动作	压力补偿阀芯在关闭位置上卡死 ①阀芯与阀套几何精度差，间隙太小； ②弹簧侧向弯曲、变形而使阀芯卡住； ③弹簧太弱	①检查精度，修配间隙达到要求，移动灵活； ②更换弹簧； ③更换弹簧
	2）节流阀故障	(1)油液过脏，使节流口堵死	(1)检查油质，过滤油液
		(2)手柄与节流阀芯装配位置不合适	(2)检查原因，重新装配
		(3)节流阀阀芯上联接失落或未装键	(3)更换键或补装键
		(4)节流阀阀芯因配合间隙过小或变形而卡死	(4)清洗，修配间隙或更换零件
		(5)调节杆螺纹被脏物堵住，造成调节不良	(5)拆开清洗
	3）系统未供油	换向阀阀芯未换向	检查原因并消除

续上表

<table>
<tr><th colspan="2">故障现象</th><th>原因分析</th><th>消除方法</th></tr>
<tr><td rowspan="12">2. 执行元件运动速度不稳定(流量不稳定)</td><td rowspan="2">1)压力补偿阀故障</td><td>(1)压力补偿阀阀芯工作不灵敏
①阀芯有卡死现象;
②补偿阀的阻尼小孔时堵时通;
③弹簧侧向弯曲、变形,或弹簧端面与弹簧轴线不垂直</td><td>(1)
①修配,达到移动灵活;
②清洗阻尼孔,若油液过脏应更换;
③更换弹簧</td></tr>
<tr><td>(2)压力补偿阀阀芯在全开位置上卡死
①补偿阀阻尼小孔堵死;
②阀芯与阀套几何精度差,配合间隙过小;
③弹簧侧向弯曲、变形而使阀芯卡住</td><td>(2)
①清洗阻尼孔,若油液过脏,应更换;
②修理达到移动灵活;
③更换弹簧</td></tr>
<tr><td rowspan="2">2)节流阀故障</td><td>(1)节流口处积有污物,造成时堵时通</td><td>(1)拆开清洗,检查油质,若油质不合格应更换</td></tr>
<tr><td>(2)简式节流阀外载荷变化会引起流量变化</td><td>(2)对外载荷变化大的或要求执行元件运动速度非常平稳的系统,应改用调速阀</td></tr>
<tr><td rowspan="3">3)油液品质劣化</td><td>(1)油温过高,造成通过节流口流量变化</td><td>(1)检查温升原因,降低油温,并控制在要求范围内</td></tr>
<tr><td>(2)带有温度补偿的流量控制阀的补偿杆敏感性差,已损坏</td><td>(2)选用对温度敏感性强的材料做补偿杆,坏的应更换</td></tr>
<tr><td>(3)油液过脏,堵死节流口或阻尼孔</td><td>(3)清洗,检查油质,不合格的应更换</td></tr>
<tr><td>4)单向阀故障</td><td>在带单向阀的流量控制阀中,单向阀的密封性不好</td><td>研磨单向阀,提高密封性</td></tr>
<tr><td rowspan="2">5)管路振动</td><td>(1)系统中有空气</td><td>(1)应将空气排净</td></tr>
<tr><td>(2)由于管路振动使调定的位置发生变化</td><td>(2)调整后用锁紧装置锁住</td></tr>
<tr><td>6)泄漏</td><td>内泄和外泄使流量不稳定,造成执行元件工作速度不均匀</td><td>消除泄漏,或更换元件</td></tr>
</table>

5)方向阀常见故障及处理

(1)电(液、磁)换向阀常见故障及处理

电(液、磁)换向阀常见故障及处理见表1-23。

电(液、磁)换向阀常见故障及处理 表1-23

<table>
<tr><th colspan="2">故障现象</th><th>原因分析</th><th>消除方法</th></tr>
<tr><td rowspan="5">1. 主阀芯不运动</td><td rowspan="5">1)电磁铁故障</td><td>(1)电磁铁线圈烧坏</td><td>(1)检查原因,进行修理或更换</td></tr>
<tr><td>(2)电磁铁推动力不足或漏磁</td><td>(2)检查原因,进行修理或更换</td></tr>
<tr><td>(3)电气线路出故障</td><td>(3)消除故障</td></tr>
<tr><td>(4)电磁铁未加上控制信号</td><td>(4)检查后加上控制信号</td></tr>
<tr><td>(5)电磁铁铁芯卡死</td><td>(5)检查或更换</td></tr>
</table>

续上表

故障现象		原因分析	消除方法
1. 主阀芯不运动	2）先导电磁阀故障	（1）阀芯与阀体孔卡死（如零件几何精度差；阀芯与阀孔配合过紧；油液过脏）	（1）修理配合间隙达到要求，使阀芯移动灵活；过滤或更换油液
		（2）弹簧侧弯，使滑阀卡死	（2）更换弹簧
	3）主阀芯卡死	（1）阀芯与阀体几何精度差	（1）修理配研间隙达到要求
		（2）阀芯与阀孔配合太紧	（2）修理配研间隙达到要求
		（3）阀芯表面有毛刺	（3）去毛刺，冲洗干净
	4）液控油路故障	（1）控制油路无油 ①控制油路电磁阀未换向； ②控制油路被堵塞	（1） ①检查原因并消除； ②检查清洗，并使控制油路畅通
		（2）控制油路压力不足 ①阀端盖处漏油； ②滑阀排油腔一侧节流阀调节得过小或被堵死	（2） ①拧紧端盖螺钉； ②清洗节流阀并调整适宜
	5）油液变质或油温过高	（1）油液过脏使阀芯卡死	（1）过滤或更换
		（2）油温过高，使零件产生热变形，而产生卡死现象	（2）检查油温过高原因并消除
		（3）油温过高，油液中产生胶质，粘住阀芯而卡死	（3）清洗、消除油温过高
		（4）油液黏度太高，使阀芯移动困难而卡住	（4）更换适宜的油液
	6）安装不良	阀体变形 ①安装螺钉拧紧力矩不均匀； ②阀体上联接的管子"别劲"	① 重新紧固螺钉，并使之受力均匀； ②重新安装
	7）复位弹簧不符合要求	（1）弹簧力过大 （2）弹簧侧弯变形，致使阀芯卡死 （3）弹簧断裂不能复位	更换适宜的弹簧
2. 阀芯换向后通过的流量不足	阀开口量不足	（1）电磁阀中推杆过短	（1）更换适宜长度的推杆
		（2）阀芯与阀体几何精度差，间隙过小，移动时有卡死现象，故不到位	（2）配研达到要求
		（3）弹簧太弱，推力不足，使阀芯行程不到位	（3）更换适宜的弹簧
3. 压力降过大	阀参数选择不当	实际通过流量大于额定流量	应在额定范围内使用

续上表

故障现象		原因分析	消除方法
4. 液控换向阀阀芯换向速度不易调节	可调装置故障	(1)单向阀封闭性差	(1)修理或更换
		(2)节流阀加工精度差，不能调节最小流量	(2)修理或更换
		(3)排油腔阀盖处漏油	(3)更换密封件，拧紧螺钉
		(4)针形节流阀调节性能差	(4)改用三角槽节流阀
5. 电磁铁过热或线圈烧坏	1)电磁铁故障	(1)线圈绝缘不好	(1)更换
		(2)电磁铁铁芯不合适，吸不住	(2)更换
		(3)电压太低或不稳定	(3)电压的变化值应在额定电压的10%以内
	2)负荷变化	(1)换向压力超过规定	(1)降低压力
		(2)换向流量超过规定	(2)更换规格合适的电液换向阀
		(3)回油口背压过高	(3)调整背压使其在规定值内
	3)装配不良	电磁铁铁芯与阀芯轴线同轴度不良	重新装配，保证有良好的同轴度
6. 电磁铁吸力不够	装配不良	(1)推杆过长	(1)修磨推杆到适宜长度
		(2)电磁铁铁芯接触面不平或接触不良	(2)消除故障，重新装配达到要求
7. 冲击与振动	1)换向冲击	(1)大通径电磁换向阀，因电磁铁规格大，吸合速度快而产生冲击	(1)需要采用大通径换向阀时，应优先选用电液动换向阀
		(2)液动换向阀，因控制流量过大，阀芯移动速度太快而产生冲击	(2)调小节流阀节流口减慢阀芯移动速度
		(3)单向节流阀中的单向阀钢球漏装或钢球破碎，不起阻尼作用	(3)检修单向节流阀
	2)振动	固定电磁铁的螺钉松动	紧固螺钉，并加防松垫圈

(2)多路换向阀常见故障及处理

多路换向阀常见故障及处理见表1-24。

多路换向阀常见故障及处理 表1-24

故障现象	原因分析	消除方法
1. 压力波动及噪声	(1)溢流阀弹簧侧弯或太软	(1)更换弹簧
	(2)溢流阀阻尼孔堵塞	(2)清洗，使通道畅通
	(3)单向阀关闭不严	(3)修复或更换
	(4)锥阀与阀座接触不良	(4)调整或更换
2. 阀杆动作不灵活	(1)复位弹簧和限位弹簧损坏	(1)更换损坏的弹簧
	(2)轴用弹性挡圈损坏	(2)更换弹性挡圈
	(3)防尘密封圈过紧	(3)更换防尘密封圈
3. 泄漏	(1)锥阀与阀座接触不良	(1)调整或更换
	(2)双头螺钉未紧固	(2)按规定紧固

(3)液控单向阀常见故障及处理

液控单向阀常见故障及处理见表1-25。

液控单向阀常见故障及处理　表1-25

故障现象		原因分析	消除方法
1.反方向不密封有泄漏	单向阀不密封	(1)单向阀在全开位置上卡死 ①阀芯与阀孔配合过紧; ②弹簧侧弯、变形、太弱	(1) ①修配,使阀芯移动灵活; ②更换弹簧
		(2)单向阀锥面与阀座锥面接触不均匀 ①阀芯锥面与阀座同轴度差; ②阀芯外径与锥面不同心; ③阀座外径与锥面不同心; ④油液过脏	(2) ①检修或更换; ②检修或更换; ③检修或更换; ④过滤油液或更换
2.反向打不开	单向阀打不开	(1)控制压力过低	(1)提高控制压力,使之达到要求值
		(2)控制管路接头漏油严重或管路弯曲,被压扁使油不畅通	(2)紧固接头,消除漏油或更换管子
		(3)控制阀芯卡死(如加工精度低,油液过脏)	(3)清洗,修配,使阀芯移动灵活
		(4)控制阀端盖处漏油	(4)紧固端盖螺钉,并保证拧紧力矩均匀
		(5)单向阀卡死(如弹簧弯曲;单向阀加工精度低;油液过脏)	(5)清洗,修配,使阀芯移动灵活;更换弹簧;过滤或更换油液

(4)压力继电器(压力开关)常见故障及处理

压力继电器(压力开关)常见故障及处理见表1-26。

压力继电器(压力开关)常见故障及处理　表1-26

故障现象	原因分析	消除方法
1.无输出信号	(1)微动开关损坏	(1)更换微动开关
	(2)电气线路故障	(2)检查原因,排除故障
	(3)阀芯卡死或阻尼孔堵死	(3)清洗,修配,达到要求
	(4)进油管路弯曲、变形,使油液流动不畅通	(4)更换管子,使油液流动畅通
	(5)调节弹簧太硬或压力调得过高	(5)更换适宜的弹簧或按要求调节压力值
	(6)与微动开关相接的触头未调整好	(6)精心调整,使触头接触良好
	(7)弹簧和顶杆装配不良,有卡滞现象	(7)重新装配,使动作灵敏

续上表

故障现象	原因分析	消除方法
2.灵敏度太差	(1)顶杆柱销处摩擦力过大,或钢球与柱塞接触处摩擦力过大	(1)重新装配,使动作灵敏
	(2)装配不良,动作不灵活或"别劲"	(2)重新装配,使动作灵敏
	(3)微动开关接触行程太长	(3)合理调整位置
	(4)调整螺钉、顶杆等调节不当	(4)合理调整螺钉和顶杆位置
	(5)钢球不圆	(5)更换钢球
	(6)阀芯移动不灵活	(6)清洗、修理,达到灵活
	(7)安装不当,如不平和倾斜安装	(7)改为垂直或水平安装
3.发信号太快	(1)进油口阻尼孔大	(1)阻尼孔适当改小,或在控制管路上增设阻尼管(蛇形管)
	(2)膜片碎裂	(2)更换膜片
	(3)系统冲击压力太大	(3)在控制管路上增设阻尼管,以减弱冲击压力
	(4)电气系统设计有误	(4)按工艺要求设计电气系统

三、液压控制系统的安装、调试和故障处理要点

1. 液压控制系统的安装、调试

液压控制系统与液压传动系统的区别在于前者要求其液压执行机构的运动能够高精度地跟踪随机的控制信号的变化。液压控制系统多为闭环控制系统,因而就有系统稳定性、响应和精度的需要。为此,需要有机械—液压—电气一体化的电液伺服阀、伺服放大器、传感器,高清洁度的油源和相应的管路布置。液压控制系统的安装、调试要点如下:

①油箱内壁材料或涂料不应成为油液的污染源,液压控制系统的油箱材料最好采用不锈钢。

②采用高精度的过滤器,根据电液伺服阀对过滤精度的要求,一般为5~10μm。

③油箱及管路系统经过一般性的酸洗等处理过程后,注入低黏度的液压油或透平油,进行无负荷循环冲洗。循环冲洗须注意以下几点:

A. 冲洗前安装伺服阀的位置应用短路通道板代替;

B. 冲洗过程中过滤器阻塞较快,应及时检查和更换;

C. 冲洗过程中定时提取油样,用污染测定仪器进行污染测定并记录,直至冲洗合格为止;

D. 冲洗合格后放出全部清洗油,通过精密过滤器向油箱注入合格的液压油。

④为了保证液压控制系统在运行过程中有更好的净化功能,最好增设低压自循环清洗回路。

⑤电液伺服阀的安装位置尽可能靠近液压执行元件,伺服阀与执行元件之间尽可能少用软管,这些都是为了提高系统的频率响应。

⑥电液伺服阀是机械、液压和电气一体化的精密产品,安装、调试前必须具备有关的基本

知识,特别是要详细阅读、理解产品样本和说明书。注意以下几点:

A. 安装的伺服阀的型号与设计要求是否相符,出厂时的伺服阀动、静态性能测试资料是否完整;

B. 伺服放大器的型号和技术数据是否符合设计要求,其可调节的参数要与所使用的伺服阀匹配;

C. 检查电液伺服阀的控制线圈联接方式,串联、并联或差动联接方式,哪一种符合设计要求;

D. 反馈传感器(如位移,力,速度等传感器)的型号和联接方式是否符合设计需要,特别要注意传感器的精度,它直接影响系统的控制精度;

E. 检查油源压力和稳定性是否符合设计要求,如果系统有蓄能器,需检查充气压力。

⑦液压控制系统采用的液压缸应是低摩擦力液压缸,安装前应测定其最低启动压力,作为日后检查液压缸的根据。

⑧液压控制系统正式运行前应仔细排除气体,否则对系统的稳定性和刚度都有较大的影响。

⑨液压控制系统正式使用前应进行系统调试,可按以下几点进行:

A. 零位调整,包括伺服阀的调零及伺服放大器的调零,为了调整系统零位,有时加入偏置电压;

B. 系统静态测试,测定被控参数与指令信号的静态关系,调整合理的放大倍数,通常放大倍数愈大静态误差愈小,控制精度愈高,但容易造成系统不稳定;

C. 系统的动态测试,采用动态测试仪器,通常需测出系统稳定性,频率响应及误差,确定是否能满足设计要求。系统动、静态测试记录可作为日后系统运行状况评估的根据。

⑩液压控制系统投入运行后应定期检查以下记录数据:油温,油压,油液污染程度;运行稳定情况,执行机构的零偏情况,执行元件对信号的跟踪情况。

2. 液压控制系统的故障处理

液压控制系统的故障处理见表1-27。

液压控制系统的故障处理　　表1-27

液压控制系统的故障现象	故障排除方法
1. 控制信号输入系统后执行元件不动作	(1)检查系统油压是否正常,判断液压泵、溢流阀工作情况
	(2)检查执行元件是否有卡锁现象
	(3)检查伺服放大器的输入、输出电信号是否正常,判断其工作情况
	(4)检查电液伺服阀的电信号有输入和有变化时,液压输出是否正常,用以判断电液伺服阀是否正常。伺服阀故障一般应由生产厂家处理
2. 控制信号输入系统后执行元件向某一方向运动到底	(1)检查传感器是否接入系统
	(2)检查传感器的输出信号与伺服放大器是否误接成正反馈
	(3)检查伺服阀可能出现的内部反馈故障
3. 执行元件零位不准确	(1)检查伺服阀的调零偏置信号是否调节正常
	(2)检查伺服阀调零是否正常
	(3)检查伺服阀的颤振信号是否调节正常

续上表

液压控制系统的故障现象	故障排除方法
4. 执行元件出现振荡	(1)检查伺服放大器的放大倍数是否调得过高
	(2)检查传感器的输出信号是否正常
	(3)检查系统油压是否太高
5. 执行元件跟不上输入信号的变化	(1)检查伺服放大器的放大倍数是否调得过低
	(2)检查系统油压是否太低
	(3)检查执行元件和运动机构之间游隙太大
6. 执行机构出现爬行现象	(1)油路中气体没有排尽
	(2)运动部件的摩擦力过大
	(3)油源压力不够

第二章　液力传动系统

第一节　液力传动系统概述

一、液力传动定义

液力传动是以液体流动时所产生的动能为能量传递的主要方式,即先由机械能转换成液体的动能,再由液体的动能转换成机械能。装卸机械中常用的液力元件有液力耦合器、液力变矩器和液力制动器。

二、液力传动的优点

1. 使发动机有良好的适应性

变矩器它可自动随外负荷变化而调节输出的力矩和牵引力,使机械的转速也发生相应变化,充分发挥发动机的作用。

2. 安全性能好,提高装卸机械的使用寿命

在工作过程中,当外载荷超过额定负荷时涡轮会自动停止转动,而动力机仍可继续转动而不被损坏。

3. 调速和缓冲性能好

可在较大的范围内进行无级调速。由于液力机械工作轮中的工作介质是液体,吸振能力强,因而能吸收或减少来自发动机和外负荷的振动与冲击,可有效提高设备的运转平稳性和使用寿命。

三、液力传动的缺点

与机械传动相比其机械效率较低,设备的成本高,有故障不易诊断和修理,对维修人员的素质要求高。

第二节　液力耦合器的结构及工作原理

一、液力耦合器的结构与工作原理

常见的普通液力耦合器的主要零件是两个径向多叶片工作轮,通常称为泵轮和涡轮。习惯上用 B 和 T 两英文字母代表泵轮和涡轮。

图2-1是国产的液力耦合器结构图。它的泵轮3与涡轮2之间没有直接的机械联接，且保持有3~5mm的间隙，因此泵轮不会直接带动涡轮转动，也不会随涡轮轴转动。泵轮3的左边通过螺栓与壳体相固定，壳体又固定于输入轴上，因而泵轮与输入轴一起转动。涡轮2是固定安装于输出轴上。输出轴通过弹性柱销联轴器与分动箱的输入轴相联接。

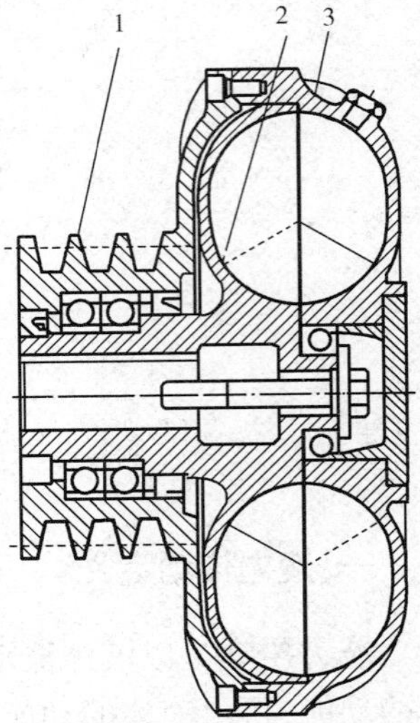

工作时，泵轮3的叶片在转动时就把充满在泵轮叶片之间的工作液带动起来高速旋转，工作液在泵轮旋转时产生的离心力作用下由泵轮轴心部位向泵轮边缘流动，此时工作液吸收了泵轮传递给它的机械能，并变为自己的以动能为主的液力能。从泵轮边缘流出的工作液继而又进入涡轮的外缘，再往涡轮的内缘流动，同时将液力能转换给涡轮，涡轮将此机械能通过输出轴传递出去。

图2-1　普通型液力耦合器
1-输入轴；2-涡轮；3-泵轮

二、几种常见的液力耦合器

液力耦合器有3种基本类型：普通型、限矩型和调速型。其还派生出液力制动器和液力耦合器传动装置。

1. 普通型液力耦合器

普通型液力耦合器如图2-1所示，它的结构最简单，只有泵轮3、涡轮2、外壳1和主轴等基本构件。它的特点是：制动扭矩大，可达额定扭矩的6~7倍，甚至更大；它的有效容积大，效率高；过载系数大，过载保护能力差。多用于不需要过载保护和调速的传动系统上，能起到隔离扭振和减少冲击的作用。

2. 限矩型液力耦合器

限矩型液力耦合器是一种能在低转速比的条件下自动有效地限制传递扭矩的升高，从而防止动力机和工作机的过载。限矩型耦合器的原理是在耦合器超载时能自动减少耦合器工作腔内参加循环流动的工作液，从而限制扭矩的增大。常见的限矩型耦合器有两大类，一是静压泄液式，二是动压泄液式。

1)静压泄液式限矩型耦合器

此种耦合器与普通型耦合器的结构很相近，但在它的涡轮和外壳之间有一个大的侧辅助腔，泵轮内缘上有一小段挡板。它的工作原理是：当超载使涡轮转速降低时，侧辅助腔内的液体转速也随之降低，使离心静压力降低，低于两工作轮中的液体静压力；由于工作轮间的液压力高于侧辅助腔内液体压力，因而工作轮间的多数油液流入侧辅助腔，减少了参加工作油液的流量，限制了扭矩的升高，起到了保护作用。

此种耦合器适用于过载不频繁的汽车、叉车、起重机行走机构和一些破碎机的传动系统之中。

2)动压泄液式限矩型耦合器

此种耦合器的典型结构是有前后辅助腔(图2-2中2、3两处)，两腔之间有小孔道相联接。

在低转速时它们像储油腔一样储存油液，以减少工作轮间的充液量，限制扭矩。在高转速比工况下（包括额定工况），它们又几乎不存油液而不起限矩作用，使耦合器充分发挥其传递扭矩的作用。此种耦合器用于工作机需要可靠过载保护之处，如带式输送机和埋刮板输送机。

3）调速型液力耦合器

调速型液力耦合器简称调速型耦合器（YOTC）。其结构如图2-3所示，主要零件有泵轮、输入轴、涡轮、输出轴、导管组件、冷却系统及外壳。它的主要优点是在输入转速不变的情况下，通过调节工作腔内的工作液容量的多少改变输出的转速和力矩。

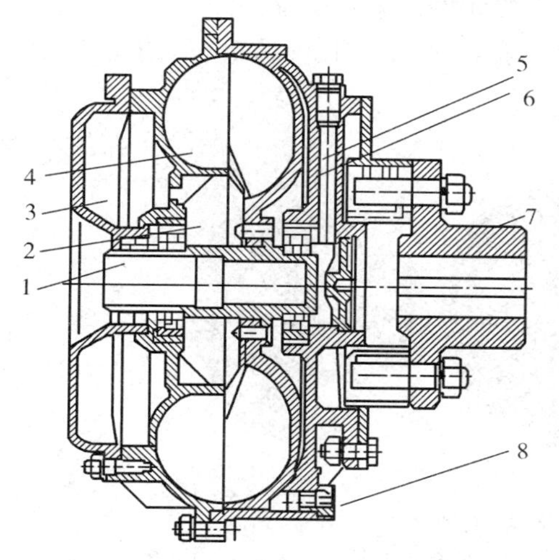

图2-2　动压泄液式限矩型耦合器

1-输出轴；2-前辅助腔；3-后辅助腔；4-泵轮；5-涡轮；6-壳体；7-输入轴；8-易熔塞

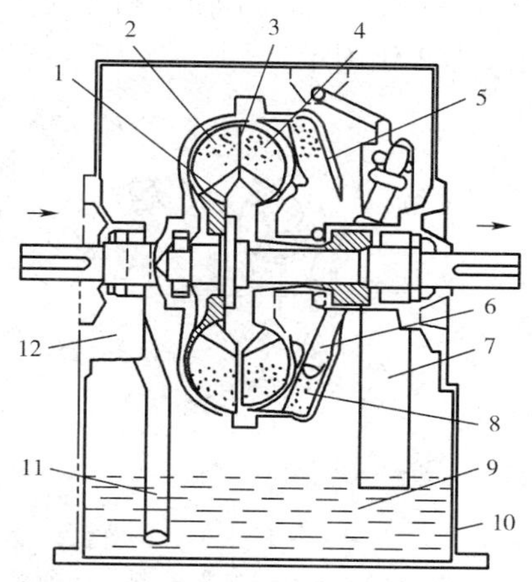

图2-3　调速型耦合器结构示意图

1-挡板；2-涡轮；3-工作腔；4-泵轮；5-外壳；6-导管；7-排油器；8-导管腔；9-油箱；10-箱体；11-吸油管；12-供油管

调速型耦合器按其调节的方式可分为进口调节、出口调节及复合调节3种。图2-3所示的调速型耦合器为出口调节式，其特点是耦合器的工作腔进油量不变（定量泵供油），调节导管开度大小就可以改变工作腔内工作液量的多少，从而引起耦合器输出转速、力矩的变化。其工作原理是：当电动机带动泵轮转动，供油泵便向工作腔内提供定量的工作油，与工作腔油位相适应的排油腔内形成旋转的油环，导管伸入旋转油环内吸油并排出耦合器，流入油箱。由于导管伸入量——开口度决定排油量的大小，因此在耦合器工作时控制导管的开度就可以改变输出转速、功率，实现无级调速。

三、液力耦合器的安全装置

在液力耦合器的外壳上装有一个由低熔点合金制成的易熔塞，又叫安全塞，它在耦合器超载过热时熔化，在很短的时间内将耦合器内的油液排放掉，使涡轮与发动机失去能量转换关系而在负载的作用下自行停止转动。这样就避免了动力机的过载，保护了动力机。

在外负载超载的原因查出并排除后，可打开耦合器的加油口螺塞重新灌注工作油，更换新易熔塞片，便可重新投入生产。

第三节　液力变矩器的结构及工作原理

一、液力变矩器的结构

最常见的液力变矩器是一种由泵轮、涡轮和导轮组成的能根据输出轴负载变化而自动无级地改变输出扭矩和转速来实现能量转换的液力传动元件。与耦合器相比较，液力变矩器比耦合器多一个导向工作轮——导轮（有些地方称之为反应器）。

图 2-4 是液力变矩器的结构示意图。变矩器的主要元件是泵轮 4、涡轮 3、导轮 5（用英语字母 D 表示）输入轴 1、输出轴 7 和外壳 2 等。泵轮与输入轴 1 相固定，涡轮与输出轴 7 相连，导轮则与外壳 2 相固定。

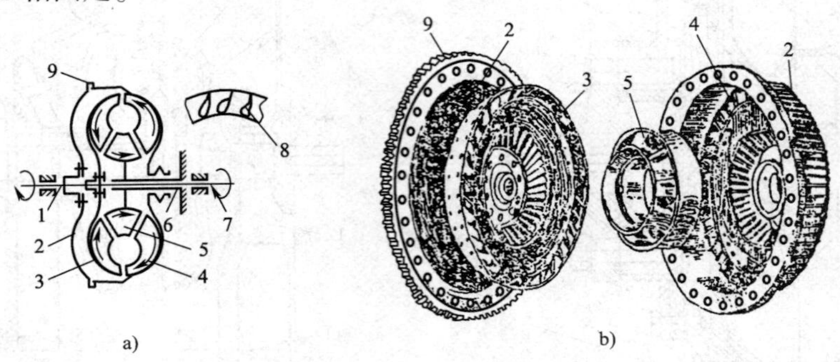

图 2-4　液力变矩器的结构示意图

1-输入轴；2-变矩器外壳；3-涡轮；4-泵轮；5-导轮；6-固定导轮的套筒；7-输出轴；8-叶片；9-齿圈

二、液力变矩器的工作原理

1. 液力变矩器的能量转换

发动机通过输入轴 1 带动泵轮 4 以某一相对稳定的转速旋转，泵轮就将发动机的机械能转换成液体的动能和压能。充满在泵轮叶片通道间的工作液体在离心力的作用下以很高的速度从泵轮的外缘流出，冲击涡轮的叶片使涡轮旋转起来，于是就把液体的能量转换成输出轴上的机械能。工作液降低速度后沿涡轮叶片间通道流动，流出涡轮后的液体再流到导轮 D 处。由于导轮与泵壳体固定不能旋转，因此流动的液体在导轮叶片的作用下改变速度方向，并将液体中的压力能转换成动能重新回到泵轮，从而完成了在工作轮间的不断循环和扭矩的传递，参见图 2-5。

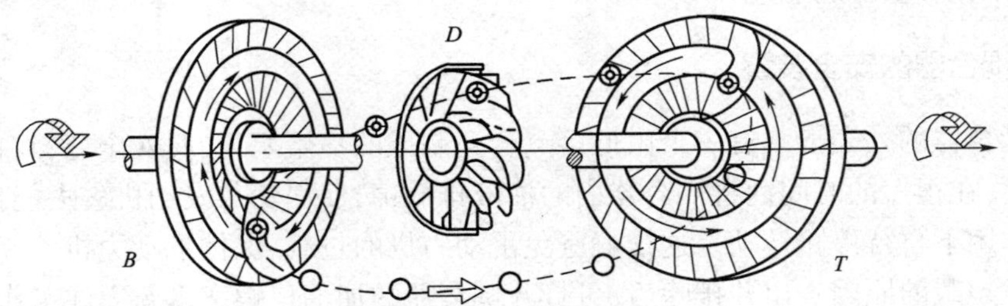

图 2-5　工作液在变矩器内的流动

2. 液力变矩器的变矩原理

经过大量的实验和理论计算可以知道：液力变矩器的泵轮吸收发动机的扭矩 M_B，涡轮传递的输出扭矩 M_T，而导轮不产生扭矩，但可反作用给液体一个与液体冲击导轮作用在导轮上的扭矩大小相等、方向相反的扭矩 M_D，三个扭矩之间的关系代数式可表示如下

$$M_T = M_B + M_D \tag{2-1}$$

由于导轮反作用与液体的扭矩的方向与液体冲击导轮的速度有关，也就是与涡轮的转速 N_T 有关，当涡轮转速最低时，从涡轮流出的液体冲击导轮的凹面，导轮反作用液体的扭矩为正值，流回泵轮后与泵轮上所获得的扭矩叠加在一起传送给涡轮，于是涡轮的扭矩增大；当涡轮转速增大到一定值时，从涡轮流出的液体冲击导轮的凸面，导轮的扭矩逐步减小到零，再从泵轮流出时所具有的扭矩也逐步减小，于是涡轮的输出扭矩也减小；当 M_D 等于零时，涡轮扭矩与泵轮扭矩相等（相当于耦合器状态）。

由于涡轮的转速随外负载变化而变化，因此导轮反作用与液体的扭矩也随负载变化而变化，涡轮输出的扭矩也就自动随外负载变化而变化。

三、液力变矩器的分类和基本特性

1. 液力变矩器分类

1）正转变矩器和反转变矩器

液力变矩器的泵轮、涡轮和导轮的流道相互联接，构成一个封闭的环形空间，叫做变矩器的循环腔（或工作腔），液力变矩器的工作液体就在其中间流动。循环腔的轴载面称为循环圆，它是工作轮的内外旋转曲面与轴面的交线，参见图 2-6d）。

变矩器的循环圆的直径称为变矩器的有效直径，用符号 D 来表示。它是变矩器的一个重要特性尺寸。

工作液在循环圆内流动的顺序为泵轮→涡轮→导轮→泵轮，称之为正转变矩器；而工作液在循环圆内流动的顺序为泵轮→导轮→涡轮→泵轮，称之为反转变矩器，参见图 2-6b）、c）。

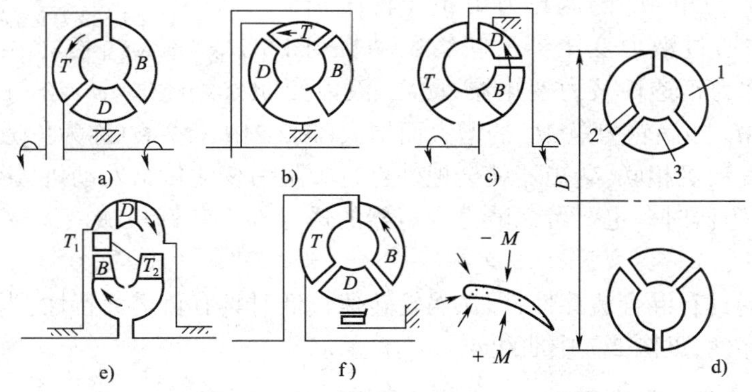

图 2-6　变矩器分类图

1-泵轮；2-涡轮；3-导轮

2）单级和多级变矩器

液力变矩器按照插在泵轮与导轮、导轮与导轮之间的涡轮叶栅的列数（叶栅是指按照一定规律排列在一起的一组叶片），分为只有一列叶栅的单级变矩器和有两个以上叶栅串联组

成的二级、三级液力变矩器,参见图2-6e)。

3)单相和多相变矩器

液力变矩器按照其工作状况可分为单相和多相变矩器。只有一个工作状况即一个变矩工作状况的变矩器称为单相变矩器。有一个变矩工况和一个耦合工况的变矩器叫两相变矩器或叫综合式变矩器。具有两个变矩工况和一个耦合工况的变矩器叫三相变矩器。

2. 变矩器的基本特性

液力变矩器涡轮转速与变矩器的泵轮转速之比称为传动比,用字母 i_{TB} 表示。

1)变矩器的变矩特性

变矩器的输出扭矩与输入扭矩的比值称为变矩系数,用字 k 表示。λ_{TB} 表示输入比,反映变矩器的变矩性能,一般用两个工况表示。

①零速工况($i_{TB}=0$)下的变矩系数 k_0,也称为起步变矩系数。从中反映出变矩器起步时发出的最大牵引力。

②耦合工况(即 $k=1$)下的传动比 i_{TB} 的值,即泵轮力矩等于涡轮力矩相等点时的传动比。k_0 值与 i_{TB} 值越大,变矩器的变矩性能就越好。

2)经济性

经济性主要是指变矩器在不同传动比下 i_{TB} 工作时效率值的大小。它是通过效率曲线 $\eta=f(i_{TB})$ 来表示的。

3)透穿性

变矩器的透穿性能是泵轮力矩随涡轮力矩变化而变化的,并反馈给发动机的性能称变矩器的透穿性。液力变矩器的透穿性分为不透性、正透性和负透性等几种。变矩器的泵轮力矩 M_B 不随涡轮力矩 M_T(转速 η_T)的改变而改变(见图2-7中实线2)的液力变矩器称谓不透性液力变矩器。

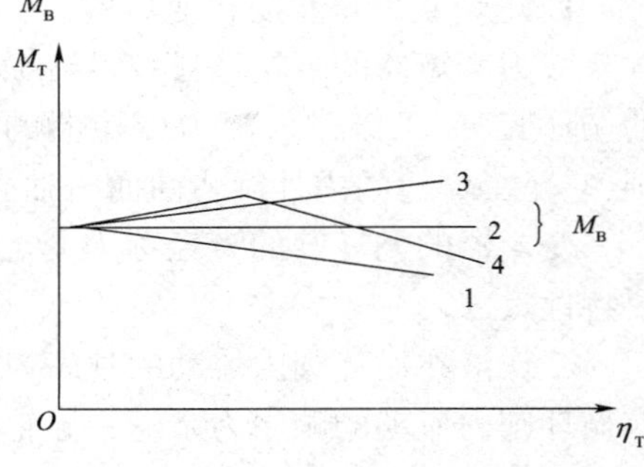

图2-7 液力变矩器的透穿性

1-正透性液力变矩器;2-不透性液力变矩器;3-负透性液力变矩器;4-混合透性液力变矩器

变矩器的泵轮力矩 M_B 随涡轮力矩 M_T(转速 n_T)的增大而减小,并通过液力变矩器反映给发动机(图2-7中1线条)就称为正透性液力变矩器;反之,液力变矩器的泵轮力矩 M_B 随涡轮力矩 M_T 的增大而增大(图2-7中3线条)称为负透性液力变矩器。

由于泵轮与发动机相联,变矩器就会把外界行驶阻力变化传给发动机,影响发动机工作状况,因而在选用变矩器时一定要考虑液力变矩器的透穿性。装卸机械液力变矩器通常选用正透性变矩器。

还有的变矩器具有混合透穿性,即在涡轮转速较低时具有负透穿特性,当转速增大到某一值后又具有正透穿性,见图2-7中曲线4。

四、变矩器的冷却与补偿压力

1. 液力变矩器的冷却

液力变矩器在工作时存在3种形式的能量损失:油液在循环圆内流动引起液力损失;由于间隙和密封处泄漏所引起的容积损失;在轴承、密封和圆盘摩擦等处所造成的机械损失。这些

能量损失会引起油液发热，其发热量与它的传动功率和效率有关。在低速传动时，效率尤其低，发热量大，其后果会引起变矩器工作油变坏，密封元件的密封性能变坏，严重影响变矩器的正常工作。为保证液力变矩器能正常工作，需要对变矩器的工作油进行强制性的冷却处理。当变矩器出口油温高于115～120℃时要进行冷却，将冷油从变矩器进口处压人循环圆内，将热油从变矩器循环圆内排出。

2. 液力变矩器的补偿压力

为了防止液力变矩器内部发生空穴和汽蚀现象并为了提高传动效率，要求送往变矩器工作循环圆内的工作油液具有一定压力即补偿压力。补偿压力的值因变矩器不同而不同，其值由试验求得，在厂家的产品说明书中给出。

图2-8为某型液力矩器的冷却和压力补偿原理图。由图中可见，该系统由补偿泵3、过滤器2、冷却器5和3个压力补偿阀F_1、F_2、F_3组成。3个压力阀一般都安装在变矩器的外壳上，由厂家出厂前于试验台上调试完毕，使用单位不应随意调整。

3个压力阀的功能是不一样的。压力阀F_2是用于控制工作油液进入泵轮时的压力，一般调定压力为0.36～0.41MPa。它起溢流定压、控制进入变矩器循环圆内冷却油量作用。在液力变矩器转速较低时（如起步状况）变矩器效率低，油温升高较快，需要较多的冷却油液进入变矩器的循环圆内。此时油路中的压力恰好较低，压力阀F_2关闭，冷却油全部进入变矩器内；反之，当转速高时，传动效率较高，功率损失较小，油温升高慢，因而无需过多的冷却工作油。此时，油路的压力较高，压力阀F_2开启溢流，只有小部分冷却油进入变矩器。这样压力阀F_2可自动根据油温的变化调节冷却油量的作用。

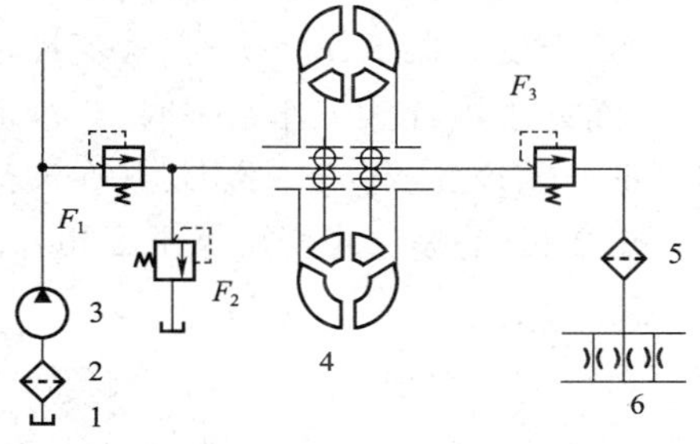

图2-8 液力变矩器冷却和压力补偿

1-油箱；2-过滤器；3-补偿泵；4-变矩器；5-冷却器；6-变速离合器；F_1-定压阀；F_2-溢流阀；F_3-背压阀

压力阀F_1用来调定变速箱离合器操纵阀的油液压力大小通常压力为1.12～1.43MPa。当油压力低于该值时，压力阀F_1关闭，补偿泵3的油经离合操纵阀进入变速箱，优先保证换挡变速用。

压力阀F_3是个背压阀，起防止变矩器内的油压力过低而产生气蚀现象。其压力调定值为0.26～0.29MPa。

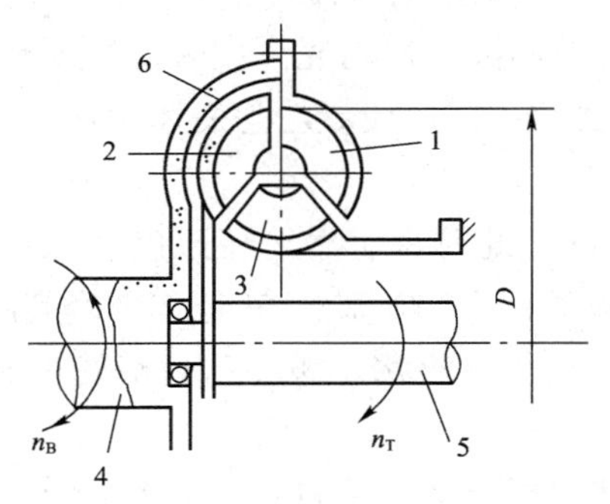

图2-9 单级单相液力变矩器结构示意图

1-泵轮；2-涡轮；3-导轮；4-输入轴；5-输出轴；6-罩轮

五、常见变矩器的工作原理

常见的变矩器有单级单相变矩器和综合式变矩器。常见综合式变矩器又分有单级两相和单级三相两种。

1. 单级单相变矩器

图2-9是单级单相液力变矩器，由泵轮1、涡轮2、导轮3、罩轮6、输入轴4和输出轴5等主要零件组成。导轮3是一个固定不动的工作轮，通过平键与

导轮固定座相连。变矩器工作时,液流冲击导轮后只改变力矩的大小,不能改变工作状况,即只有一种变矩工况,因而称为单级单相变矩器。

2. 综合式变矩器

综合式变矩器在特性上它综合了变矩器和祸合器的性能,整个变矩器可在较高的效率范围内工作。常见的综合式变矩器有单级两相变矩器和单级三相变矩器。

1)单级两相变矩器

图 2-10 是液力耦合器和液力变矩器的效率曲线。从图中不难看出,液力耦合器和液力变矩器两曲线在 n_T' 相交其有相同的效率值。过交点后,耦合器的效率 η_M 大于变矩器的效率 η。如果让变矩器在 n_T' 点后呈现耦合器工况,那么该液力变矩器在整个工作范围内都处于较高的效率范围内工作,称为综合式变矩器,又叫单级两相变矩器。

如何能使变矩器在涡轮转速大于 n_T' 点后自动起到耦合器作用呢?这是把一般变矩器中的导轮直接固定于变矩器壳体的结构,改为把导轮借助于单向离合器固定于壳体上来实现的。这样,处于变矩器工作状况时,液流冲击导轮的凹面,单向离合器就把导轮锁紧在变矩器的壳体上;而处于耦合器工作状况时,当液流冲击导轮背面时(转速过图 2-10 中 n_T' 点),单向离合器则把导轮释放,与壳体脱离,并在液流的作用下自由转动而失去导向功能。

图 2-11 是综合式变矩器由变矩器到耦合器的转换示意图。导轮 2 与壳体 3 之间用单向离合器相连。

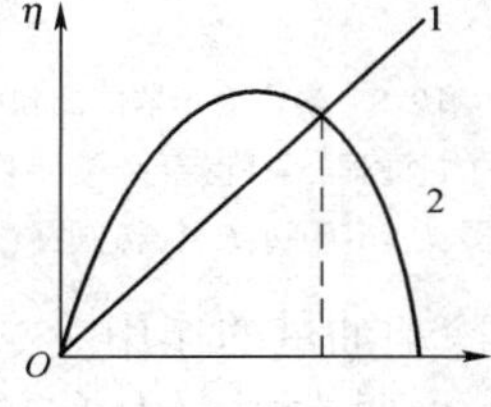

图 2-10 液力耦合器和液力变矩器效率曲线

1-耦合器效率曲线;2-变矩器效率曲线

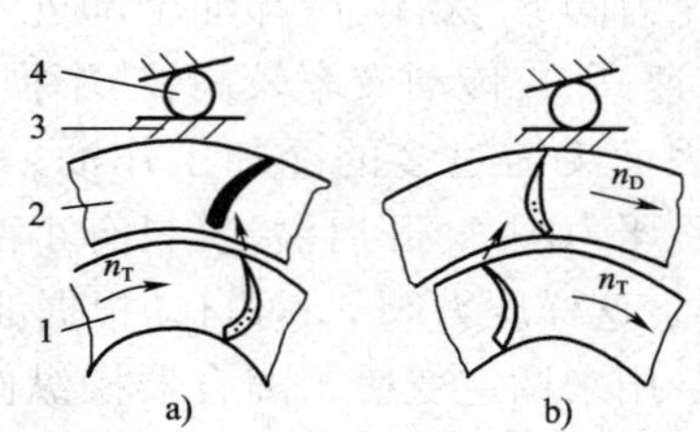

图 2-11 综合式变矩器由变矩器到耦合器的转换示意图

1-涡轮;2-导轮;3-壳体;4-单向离合器滚柱

图中 a)是表示变矩器涡轮转速较低时的工作状况。涡轮流出的液流冲击导轮的凹面,在液流的作用下,导轮欲逆时针方向转动。因为导轮是通过单向离合器与壳体相联接的,所以当导轮欲逆时针转动时,滚柱即被压紧在单向离合器楔面的狭窄部分,使导轮与壳体紧连在一起而不能转动。此时它就与普通变矩器的导轮一样起到变矩作用。

图中 b)所示是表示涡轮转速 n_T 大于 n_T' 时的工作状况。此时由于涡轮转速提高,涡轮出口的液流冲击导轮叶片的凸面,导轮在液流的作用下按顺时针方向旋转。单向离合器的滚柱 4 被推向楔面的宽部,导轮与壳体之间的联接变成脱离,于是,导轮就在涡轮出口液流的推动下空转,不再起变矩作用,变矩器就变成为耦合器工作。

图 2-12 是单级两相变矩器的效率曲线图。实线是理论推导的效率曲线。由于有一定的能量损失存在,单级两相变矩器在耦合器工况下的效率要低于一般耦合器在相同工况下的效率,如图中虚线所示。

2)单级三相变矩器

图 2-13 所示的变矩器是单级三相变矩器结构图。由于它具有泵轮、涡轮和两个导轮四件液力元件,故又称为四元件综合式变矩器。

单级三相变矩器的两个导轮叶片组成的弯度比一个导轮的叶片弯度大得多,因此在涡轮低转速时所能获得更大的扭矩。

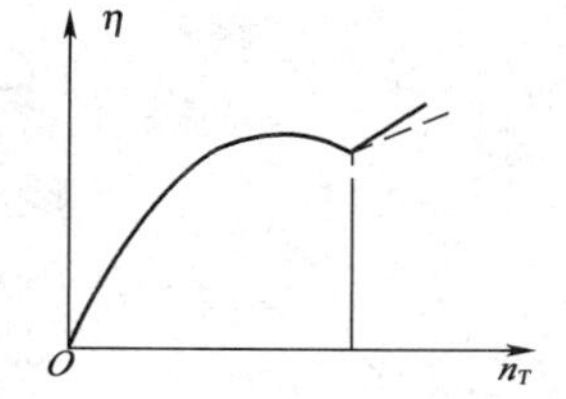

图 2-12　单级两相变矩器的效率曲线图

按液流在循环圆内的流动方向,工作轮的顺序为泵轮涡轮→第一导轮→第二导轮→泵轮。当外负荷增大时,涡轮的转速较小,从涡轮流出的液流作用于导轮的力使导轮力图按逆时针方向转动,但导轮在两个单向离合器的作用下,固定在壳体上无法转动,变矩器的工作状况就与简单的液力变矩器相同。

当外负荷降低时,涡轮的转速也随之增高。增高到 n_{t1} 时(见图 2-13b),涡轮出口液流的方向改变,液流冲向第一导轮 3-1 的背面,导轮 3-1 脱离单向离合器的控制开始与涡轮一起旋转,而第二导轮 3-2 因入口倾角不同,液流冲向导轮叶片的凹面,因而仍然固定不动,变矩器出现第二个变矩工作状况,效率曲线又开始上升。

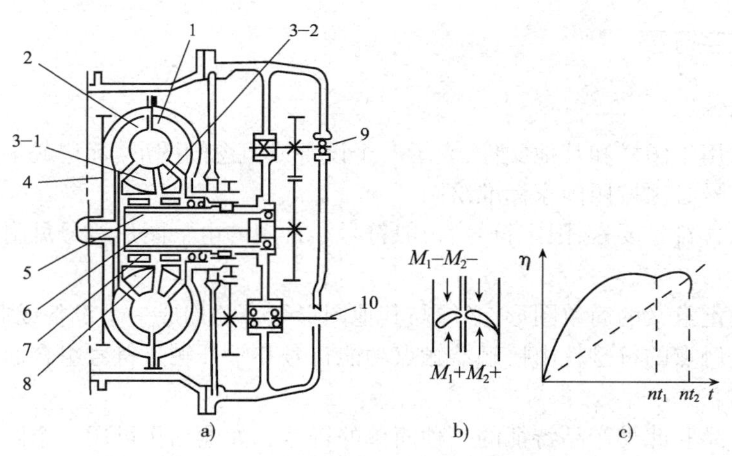

图 2-13　单级三相液力变矩器结构图

1-泵轮;2-涡轮;3-1-第一导轮;3-2-第二导轮;4-罩轮;5、6-涡轮轴;7、8-单向离合器;9、10-输出轴

当外负荷继续减小时,涡轮转速升高到 n_{t2} 时,涡轮流出的液流作用在第二导轮 3-2 上的方向也发生变化,迫使第二导轮 3-2 也按顺时针方向转动。这样,两个导轮在液流的作用下与涡轮 2 一起转动。液力变矩器不再存在导轮的作用而转入耦合器工作状况,致使有下降趋势的效率曲线重新开始上升。

由以上分析可见,该变矩器具有两个变矩工作状况和一个耦合器工作状况,因此,称之为单级三相变矩器。它与单级两相变矩器相比,提高了变矩能力和扩大了高效率范围。

第三章 电气控制系统

第一节 电气控制系统图绘制与识别

电气控制系统由电气设备和各种电气元件按照一定的控制要求联接而成。为了表达设备电气控制系统的组成结构、设计意图,方便分析系统工作原理及安装、调试和检修控制系统等技术要求,需要采用统一的工程语言(图形符号和文字符号)即工程图的形式来表达,这种工程图是一种电气图,叫做电气控制系统图。

电气控制系统图一般有3种:电气原理图、电器元件布置图与电气安装接线图。电气控制系统图是根据国家电气制图标准,用规定的图形符号、文字符号以及规定的画法绘制的。

一、图形、文字符号

1. 图形符号

图形符号常用于图样和其他文件,表示一个设备或概念的图形、标记或字符。电气控制系统图中的图形符号必须按照国家标准绘制。

图形符号包含符号要素、限定符号、一般符号。常用的电气图形符号见附录二。

1)符号要素

一种具有确定意义的简单图形,必须与其他图形组合才构成一个设备或概念的完整符号。如接触器常开主触点的符号就由接触器触点功能符号和常开触点符号组合而成。

2)一般符号

表示一类产品和此类产品特征的一种简单的符号。如电动机可用一个圆圈表示。

3)限定符号

用于提供附加信息的一种加在其他符号上的符号。

运用图形符号绘制电气系统图时应注意:

①符号尺寸大小、线条粗细依国家标准可放大与缩小,但在同一张图样中,同一符号的尺寸应保持一致,各符号间及符号本身比例应保持不变。

②标准中示出的符号方位,在不改变符号含义的前提下,可根据图面布置的需要旋转,或成镜像位置,但文字和指示方向不得倒置。

③大多数符号都可以附加上补充说明标记。

④有些具体器件的符号由设计者根据国家标准的符号要素、一般符号和限定符号组合而成。

⑤国家标准未规定的图形符号,可根据实际需要,按突出特征、结构简单、便于识别的原则进行设计,但需报国家标准局备案。当采用其他来源的符号或代号时,必须在图解和文件上说

明其含义。

2. 文字符号

文字符号用于电气技术领域技术文件的编制，以标明电气设备、装置和元器件的名称及电路的功能、状态和特征。它分为基本文字符号和辅助文字符号。

1)基本文字符号

基本文字符号有单字母符号与双字母符号两种。

单字母符号按拉丁字母顺序将各种电气设备、装置和元器件划分为23大类，每一类由一个专用单字母符号表示，如“C”表示电容器类。

双字母符号由一个表示种类的单字母符号与另一个字母组成，且以单字母符号在前，另一字母在后的次序列出，如“F”表示保护器件类，“FU”则表示为熔断器。

2)辅助文字符号

辅助文字符号用来表示电气设备、装置和元器件以及电路的功能、状态和特征的。

3)补充文字符号的原则

①在不违背国家标准文字符号编制原则的条件下，可采用国家标准中规定的电气技术文字符号。

②在优先采用基本和辅助文字符号的前提下，可补充国家标准中未列出的双字母文字符号和辅助文字符号。

③使用文字符号时，应按国家标准中电气名词术语规定的英文术语缩写而成。

④基本文字符号不得超过两位字母，辅助文字符号一般不超过三位字母。文字符号采用拉丁字母大写正体字，且拉丁字母中“I”和“O”不允许单独作为文字符号使用。

3. 主电路各接点标记

三相交流电源引入线采用L1、L2、L3标记。

电源开关之后的三相交流电源主电路分别按U、V、W顺序标记。

分级三相交流电源主电路采用三相文字代表U、V、W的前边加上阿拉伯数字1、2、3等来标记，如1U、1V、1W;2U、2V、2W等。

各电动机分支电路各接点标记采用三相文字代号后面加数字来表示，数字中的个位数表示电动机代号，十位数字表示该支路各接点的代号，从上到下按数值大小顺序标记。如U11表示M1电动机的第一相的第一个接点代号。

电动机绕组首端分别用U、V、W标记，尾端分别用U′、V′、W′标记。双绕组的中点则用U″、V″、W″标记。

控制电路采用阿拉伯数字编号，一般由三位或三位以下的数字组成，标注方法按“等电位”原则进行。在垂直绘制的电路中，标号顺序一般由上而下编号，凡是被线圈、绕组、触点或电阻、电容等元件所间隔的线段，都应标以不同的电路标号。

二、绘图原则

1. 电气原理图

电气原理图是用根据电气控制系统的工作原理，采用电器元件展开的形式，利用图形符号和项目代号来表示电路各电气元件中导电部件和接线端子的联接关系及工作原理。电气原理图并不按电器元件实际布置来绘制，而是根据它在电路中所起的作用画在不同的部位上。

电气原理图的绘制规则由国家标准 GB6988.4 给出。它具有结构简单、层次分明的特点，适于研究和分析电路工作原理，在设计研发和生产现场等各方面得到广泛的应用。图 3-1 为 CW6132 型普通车床电气原理图。

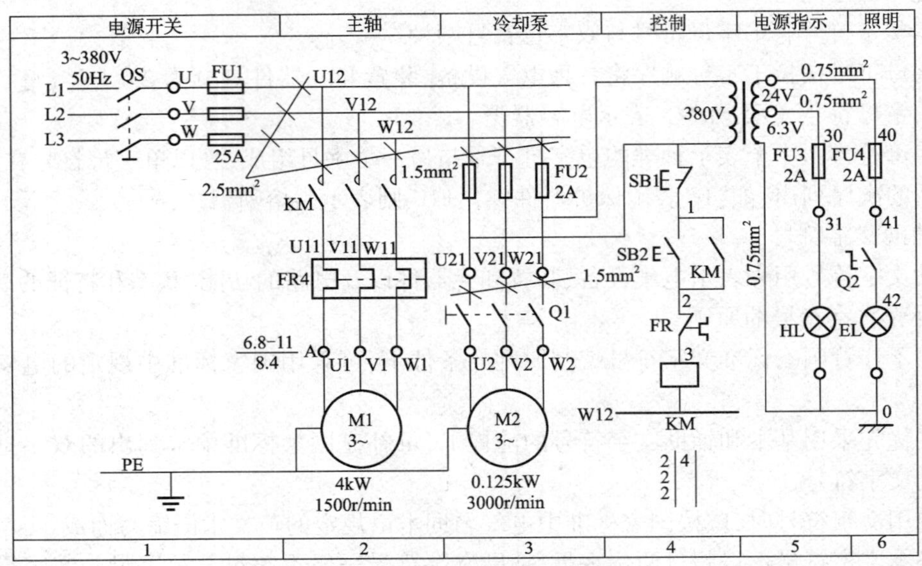

图 3-1　CW6132 型普通车床电气原理图

绘制电气原理图的原则：

①电器元件的可动部分通常表示在电器非激励或不工作的状态和位置；二进制逻辑元件应是置零时的状态；机械开关应是循环开始前的状态。

②原理图上的动力电路、控制电路和信号电路应分开绘出。

动力电路是设备的驱动电路，包括从电源到电动机的电路，是强电流通过的部分；控制电路由按钮、接触器和继电器的线圈、各种电器的动合（常开）、动断（常闭）触点组合构成控制逻辑，实现需要的控制功能，是弱电流通过的部分。动力电路、控制电路和其他辅助的信号、照明电路、保护电路一起构成电气控制系统电气原理图。

③原理图上应标出各个电源电路的电压值、极性或频率及相数；某些元器件的特性（如电阻、电容的数值等）；不常用电器（如位置传感器、手动触点等）的操作方式和功能。

④原理图上各电路的安排应便于分析、维修和寻找故障，原理图应按功能分开画出。

⑤动力电路的电源电路绘成水平线，受电的动力装置（电动机）及其保护电器支路，应垂直电源电路画出。

⑥控制和信号电路应垂直地绘在两条或几条水平电源线之间。耗能元件（如线圈、电磁铁、信号灯等），应位于直接接地的水平电源线上。控制触点应联在另一电源线。

⑦为阅图方便，图中自左至右或自上而下表示操作顺序，并尽可能减少线条和避免线条交叉。

⑧原理图上方将图分成若干图区，并标明该区电路的用途与作用；在继电器、接触器线圈下方列有触点表以说明线圈和触点的从属关系。

2. 电气安装图

电气安装图是用来指示电气控制系统中各电器元件的实际安装位置和接线情况的。它包括电器元件布置图与电气安装接线图两个部分。

1)电器元件布置图

电器元件布置图(图3-2)是用来详细表明电气原理图中各电气设备、元器件的实际安装位置,可视电气控制系统复杂程度采取集中绘制或单独绘制。图中各电器代号应与有关电路图和电器清单上所有元器件代号相同。电器设备、器件的布置应注意以下几方面:

①体积大和较重的电器设备、元器件应安装在电器安装板的下方,而发热元器件应安装在电器安装板的上面。

②强电、弱电应分开,弱电应加屏蔽,以防止外界干扰。

③需要经常维护、检修、调整的电器元件安装位置不宜过高或过低。

④电器元件的布置应考虑整齐、美观、对称。外形尺寸与结构类似的电器安装在一起,以利安装和配线。

⑤电器元件布置不宜过密,应留有一定间距。如用走线槽,应加大各排电器间距,以利于布线和故障维修。

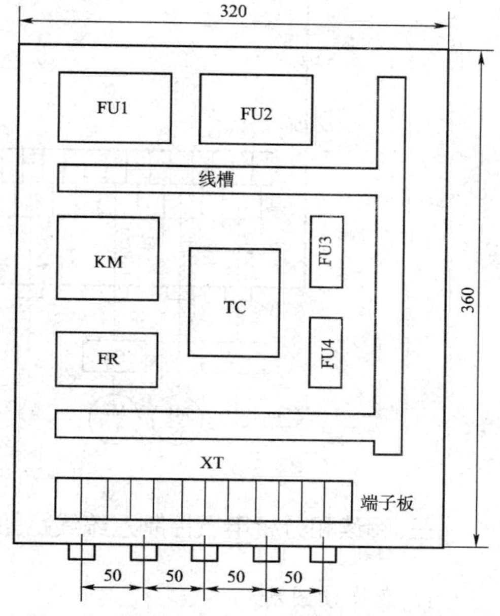

图3-2 CW6132型车床控制盘电气元件布置图

图3-2为CW6132型车床控制盘电气元件布置图,图中FU1~FU4为熔断器、KM为接触器、FR为热继电器、TC为照明变压器、XT为接线端子板。

图3-3为CW6132型车床机上电气元件布置图。图中QS为电源开关、Q1为转换开关、Q2为照明开关、SB1为停止按钮、SB2为启动按钮、M1、M2分别为主轴电动机和冷却泵电动机、EL为照明灯。

2)电气安装接线图

电气安装接线图用来表明电气设备或装置之间的接线关系,清楚地表明电气设备外部元件的相对位置及它们之间的电气联接,是实际安装布线的依据。安装接线图主要用于电器的安装接线、线路检查、线路维修和故障处理,通常接线图与电气原理图和元件布置图一起使用。

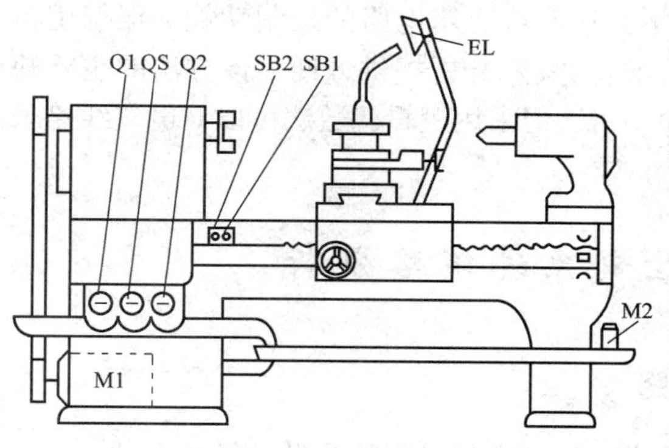

图3-3 CW6132型车床电气元件布置图

电气接线图的绘制原则是:

①各电气元件均按实际安装位置绘出,元件所占图面按实际尺寸以统一比例绘制,尽可能符合电器的实际情况。

②一个元件中所有的带电部件均画在一起,并用点画线框起来,即采用集中表示法。

③各电气元件的图形符号和文字符号必须与电气原理图一致,并符合国家标准。

④各电气元件上凡是需接线的部件端子都应绘出,并予以编号,各接线端子的编号必须与电气原理图上的导线编号相一致。

⑤绘制安装接线图时,走向相同的相邻导线可以绘成一股线。

图3-4是根据上述原则绘制的与图3-1对应的电器箱外联部分电气安装接线图。

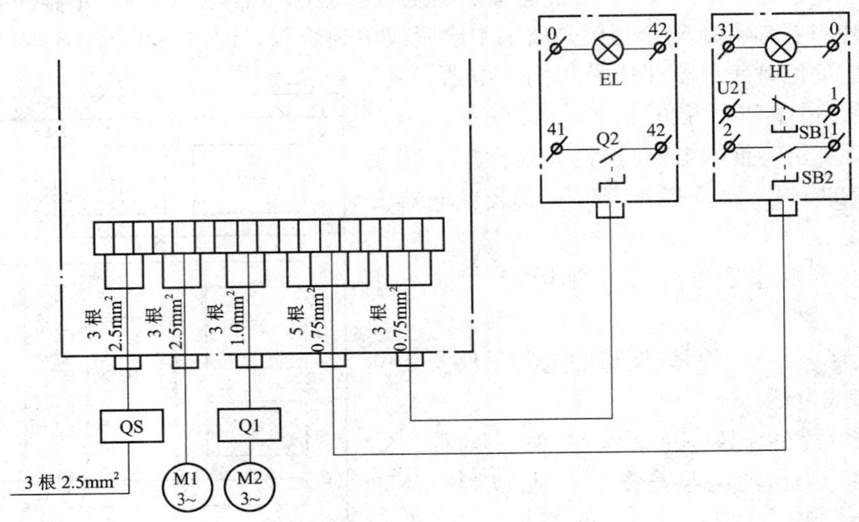

图3-4　CW6132型车床电气互联图

三、阅读和分析电气控制系统线路图的方法

1. 查线读图法

了解生产工艺与执行电器的关系。电气线路是为生产机械和工艺过程服务的,因此在分析电气线路之前,应该充分了解生产机械要完成哪些动作,这些动作之间又有什么联系,即熟悉生产机械的工艺过程。

2. 逻辑代数法

逻辑代数法是通过对电路的逻辑表达式的运算来分析控制电路的,其关键是正确写出电路的逻辑表达式。这种读图方法的优点是,各电器元件之间的联系和制约关系在逻辑表达式中一目了然。通过对逻辑函数的具体运算,一般不会遗漏或看错电路的控制功能。根据逻辑表达式可以迅速正确地得出电路元件是如何供电的,为故障分析提供方便。该方法的主要缺点是,对于复杂的电气线路,其逻辑表达式很繁琐、冗长,但采用逻辑代数法可以对电气线路采用计算机进行辅助分析。

第二节　典型电气控制系统线路分析

一、三相异步电动机单向旋转全电压控制电路

电动机接通电源后由静止状态逐渐加速到稳定运行状态的过程称为电动机的启动。

若将额定电压直接加到电动机的定子绕组上，使电动机启动旋转，称为直接启动或全压启动。

通常电动机容量不超过电源变压器容量15% ~20%时，都可直接启动。

三相异步电动机的单向旋转控制线路是继电-接触器控制电路中最简单而又最常用的一种。它包括点动与长动（自锁）控制电路、多地点控制电路、顺序控制电路和步进控制电路等。下面分别介绍：

1. 单向旋转自锁控制电路

图3-5是电动机采用接触器直接启动电路，许多中小型普通车床的主电机都是采用这种启动方式。

1）工作原理

首先合上电源开关Q。启动时，按下启动按钮SB2，KM线圈吸合，KM主触点闭合，电动机M旋转，同时KM辅助常开触点闭合，松开SB2后KM线圈仍然通电；停止时，按下停止按钮SB1，KM线圈断电，常开触点全部断开，电动机M断电，电动机停转。

2）自锁

依靠接触器自身辅助触点而使其线圈保持通电的现象称为自锁。起自锁作用的常开辅助触点称为自锁触点。自锁的另一作用：实现欠压保护和失压（零电压）保护。

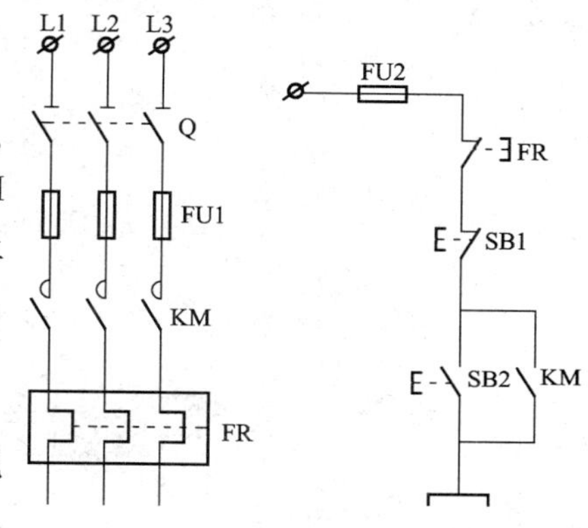

图3-5　单向旋转全自锁控制电路

3）欠压和失压保护

欠压保护：当电源电压降低到一定程度时，接触器电磁系统的电磁吸力不足，动铁芯在反作用弹簧的作用下释放，自锁触点断开，同时主触点也断开，电动机停转，得到了保护。

失压保护：电动机运行时，遇到电源临时停电，在恢复供电时，如果未加防范措施，很容易造成设备和人身事故。由于自锁触点和主触点在停电时已一起断开，所以在恢复供电时，控制电路和主电路都不会自行接通。如果不按下按钮电路不会自行启动。

此外，本电路具有过载保护和短路保护环节。

4）过载保护和短路保护

过载保护——由热继电器来实现；

短路保护——由熔断器来实现。

2. 单向旋转点动控制电路

在生产实践中，某些生产机械常会要求既能正常启动，又能实现位置调整的点动工作。所谓点动，即按下按钮电动机就转动，松开按钮后，电动机即停止转动。点动控制主要用于机床刀架、横梁、立柱等的快速移动、对刀调整等。

图3-6为电动机点动与连续运转控制的几种典型电路。其具体电路工作分析如下：

图3-6a）为最基本的点动控制电路。按下SB，接触器KM线圈通电，常开主触点闭合，电动机启动运转；松开SB，接触器KM线圈断电，其常开主触点断开，电动机停止运转。

图3-6b）是用开关控制自锁回路的点动与长动控制电路。当需要点动控制时，只要把开

关 SA 断开，即断开接触器 KM 的自锁触点，由按钮 SB2 来进行点动控制；当需要电动机正常运行时，只要把开关 SA 合上，将 KM 的自锁触点接入控制电路，即可实现连续控制。

图 3-6c）用复合按钮的常闭触点断开或接通自锁回路，实现点动或长动控制的电路。控制电路中增加了一个复合按钮 SB3 来实现点动控制。SB1 为停止按钮、SB2 为连续运转启动按钮、SB3 为点动控制按钮。当需要点动控制，按下 SB3 时，其常闭触点先将自锁回路切断，然后常开触点才接通接触器 KM 线圈使其通电，KM 常开主触点闭合，电动机启动运转；当松开 SB3 时，其常开触点先断开，接触器 KM 线圈断电，KM 常开主触点断开，电动机停转，然后 SB3 常闭触点才闭合，但此时 KM 常开辅助触点已断开，KM 线圈无法保持通电，即可实现点动控制。

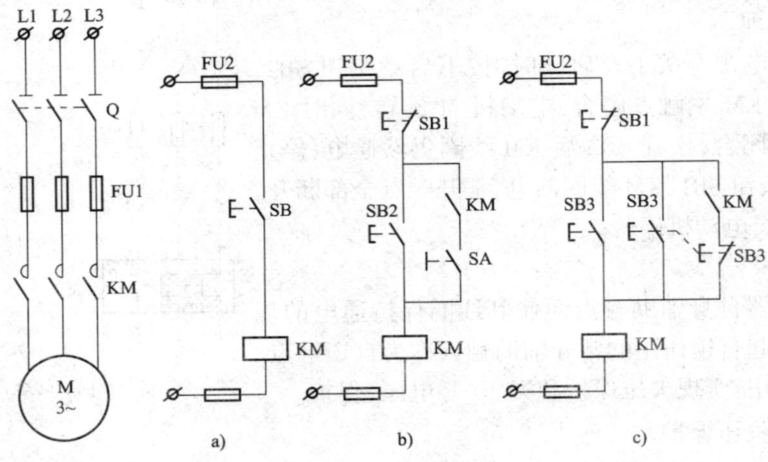

图 3-6　点动与连续运转控制电路

由以上电路分析可以看出，点动控制电路的最大特点是取消了自锁触点。

3. 单向旋转多地点控制电路

在大型生产设备上，为使操作人员在不同方位均能进行控制操作，常常要求组成多地联锁控制电路，如图 3-7 所示。

从图 3-7 电路中可以看出，多地控制电路只需多用几个启动按钮和停止按钮，无需增加其他电器元件。启动按钮应并联，停止按钮应串联，分别装在几个地方。

从电路工作分析可以得出以下结论：若几个电器都能控制某接触器通电，则几个电器的常开触点应并联接到某接触器的线圈控制电路；若几个电器都能控制某接触器断电，则几个电器的常闭触点应串联接到某接触器的线圈控制电路。

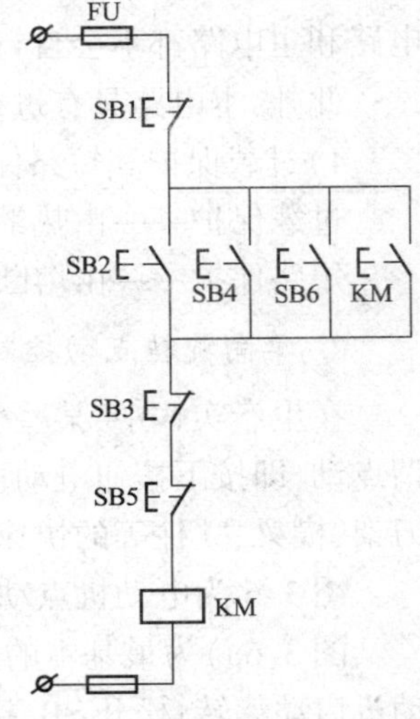

图 3-7　多地控制电路图

4. 单向旋转多台电动机顺序起、停控制电路

在机床的控制电路中，常常要求电动机的启动和停止按照一定的顺序进行。如磨床要求先启动润滑油泵，然后再启动主轴电动机；铣床的主轴旋转后，工作台方可移动等。顺序工作控制电路有顺序启动、同时停止控制电路，有顺序启动、顺序停止控制电路，还

有顺序启动、逆序停止控制电路。

图 3-8 为两台电动机顺序控制电路图，其电路工作分析如下：

图 3-8a）为两台电动机顺序启动、同时停止控制电路。在此电路的控制电路中，只有 KM1 线圈通电后，其串入 KM2 线圈控制电路中的常开触点 KM1 闭合，才能使 KM2 线圈存在通电的可能，以此制约了 M2 电动机的启动顺序。当按下 SB1 按钮时，接触器 KM1 线圈断电，其串接在 KM2 线圈控制电路中的常开辅助触点断开，保证了 KM1 和 KM2 线圈同时断电，其常开主触点断开，两台电动机 M1、M2 同时停止。

图 3-8b）为两台电动机顺序启动，逆序停止控制电路。其顺序启动工作不再分析，由读者自行分析。此控制电路停车时，必须先按下 SB3 按钮，切断 KM2 线圈的供电，电动机 M2 停止运转；其并联在按钮 SB1 下的常开辅助触点 KM2 断开，此时再按下 SB1，才能使 KM1 线圈断电，电动机 M1 停止运转。

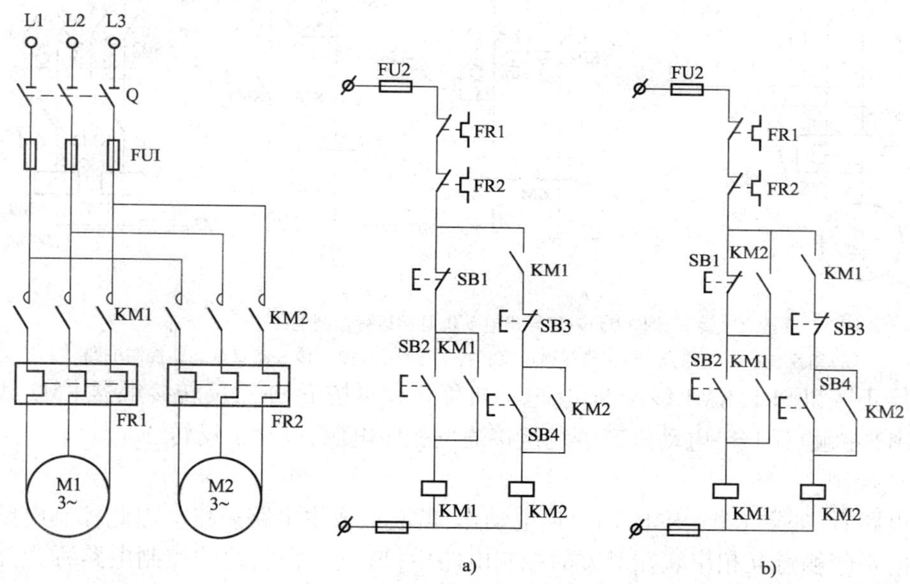

图 3-8　两台电动机顺序控制电路

a）按顺序启动电；b）按顺序启动、停止的控制电路

顺序控制要求：

①当要求甲接触器工作后方允许乙接触器工作，则在乙接触器线圈电路中串入甲接触器的常开触点。

②当要求乙接触器线圈断电后方允许甲接触器线圈断电，则将乙接触器的常开触点并联在甲接触器的停止按钮两端。

二、三相异步电动机可逆旋转控制电路

工作机械往往要求正反两个方向运动，既要求电动机可以正反转。将交流电动机三相电源进线中任意两相对调既可反相运转。可以通过自动和手动两种方式实现电机调相。

1. 手动控制

图 3-9 为三相异步电动机可逆运行控制电路。图中 SB1 为停止按钮、SB2 为正转启动按

钮、SB3 为反转启动按钮,KM1 为正转接触器、KM2 为反转接触器。

1)电路工作分析

接触器互锁正反转控制电路见图 3-9b),按下 SB2,正转接触器 KM1 线圈通电并自锁,KM1 主触点闭合,三相电动机接通正序电源,电动机正转。

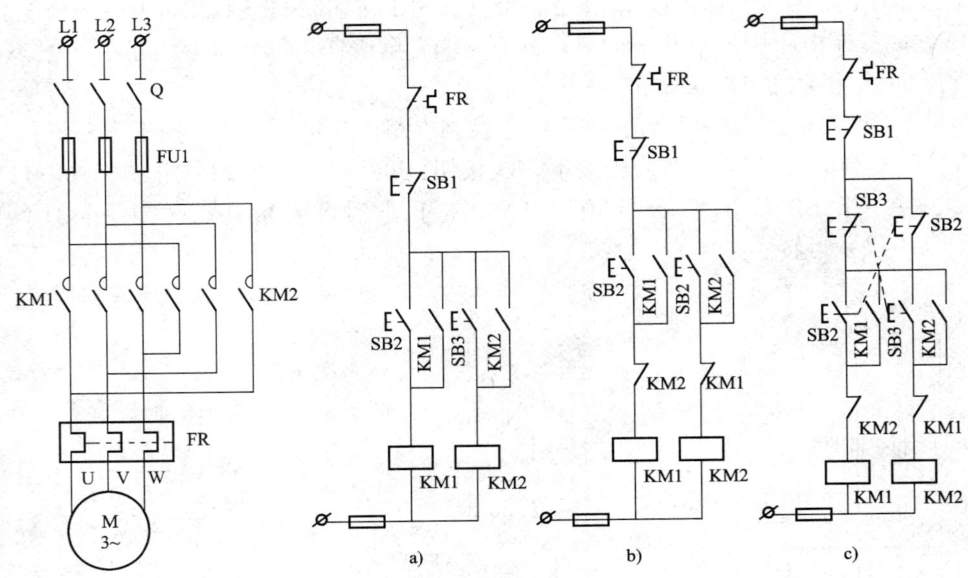

图 3-9　三相异步电动机可逆运行控制电路

a)正反转控制电路;b)接触器互锁正反转控制电路;c)按钮接触器双重互锁控制电路

按下停止按钮 SB1,KM1 线圈断电,电动机停止。再按下 SB3,反转接触器 KM2 线圈通电并自锁,KM2 主触点闭合,电动机定子绕组接通反相序电源,电动机反转。

2)互锁控制

从主电路看,如果 KM1、KM2 同时通电动作,就会造成主电路短路。因此控制电路中把两个接触器的常闭触点互相串联在对方的控制电路中,形成互相制约的控制电路称为互锁控制(即 KM1 得电时,KM2 不能通电;反之也一样)。

在机床控制电路中,凡是有相反动作(即电动机正反转),都需要互锁控制。

3)常用的几种互锁控制电路

(1)接触器互锁正反转控制电路特点

在正反转切换时必须先按停止按钮,再按启动按钮才能实现。操作不方便。

(2)按钮互锁正反转控制电路特点

可直接按动正转和反转启动按钮来实现正反转的切换,操作方便;但如果接触器失灵,使主触点不能断开,会造成短路,因此,互锁不可靠。

(3)按钮和接触器双重互锁控制电路特点

操作方便,安全可靠。这种控制电路应用最为广泛。

2. 自动控制电路

机械设备中如机床的工作台、高炉加料设备等均需要自动往复运行,而自动往复的可逆运

行通常是利用行程开关来自动实现电动机正反转的。图 3-10 为自动往复循环运动示意图及控制电路。

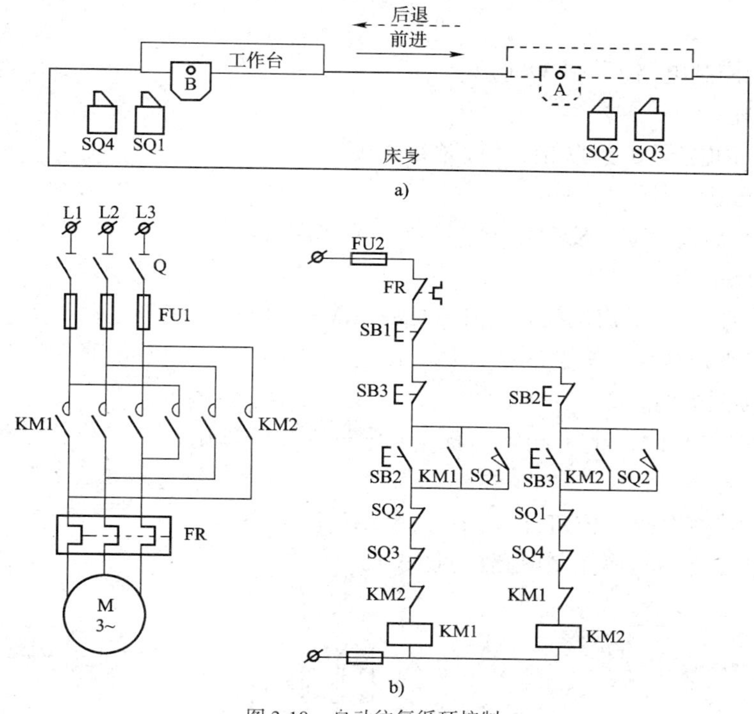

图 3-10　自动往复循环控制

a）自动往复运动示意图；b）自动往复循环控制电路

SQ1 为反向转正向行程开关，SQ2 为正向转反向行程开关，SQ3、SQ4 为正反向极限保护用行程开关。

合上电源开关 Q，按下正向启动按钮 SB2，接触器 KM1 通电并自锁，电动机正向运转并拖动运动部件前进，当运动部件前进到位撞块 A 压下 SQ2，SQ2 常闭触点断开，KM1 线圈断电，电动机停转，同时 SQ2 常开触点闭合，KM2 线圈通电并自锁，电动机反向运转并拖动运动部件后退，后退到位撞块 B 压下 SQ1，KM2 线圈断电，同时 SQ1 常开触点闭合使 KM1 线圈通电，电动机由反转变正转，拖动运动部件由后退变前进。如此周而复始地自动往复循环。当按下 SB1 时，KM1、KM2 线圈都断电，电动机停止运转，运动部件停止。

SQ3、SQ4 用于当行程开关 SQ1、SQ2 失灵，则由极限保护行程开关 SQ3、SQ4 实现保护，切断接触器线圈控制电路，避免运动部件因超出极限位置而发生事故。

利用行程开关按照机械设备的运动部件的行程位置进行的控制，称为行程控制，是机械设备自动化和生产过程自动化中应用最广泛的控制方法之一。

三、三相异步电动机降压启动控制电路

为了减少较大的启动电流，以减小对电网电压的影响，大容量三相交流异步电动机空载或轻载时往往采取降压启动。降压启动的方法有 Y-△启动、定子串入电阻电抗器启动、自耦补偿启动和延边三角形启动等。

1. Y-△降压启动控制电路

正常运行时定子绕组接成三角形的笼型三相异步电动机可采用星形—三角形降压启动的方法。

1）按钮切换控制电路（见图3-11）

（1）降压原理

启动时，电动机定子Y形联接，运行时△联接。

（2）主电路分析

KM1、KM3-Y启动，KM1、KM2-△联接运行。

（3）控制电路分析

①合上开关QS→按下启动按钮SB1→KM1、KM3通电并自锁→电动机M Y形接法启动；

②电动机转速升高后→按下SB2→KM3断电→常闭辅助触点闭合→KM2通电并自锁→电动机M △形接法运行；

③电路中的KM2、KM3的常闭辅助触点起电气互锁的作用。

（4）电路的特点

启动到运行需两次按动按钮，操作不便，且切换时间不易掌握。

2）时间继电器自动切换控制电路（见图3-12）

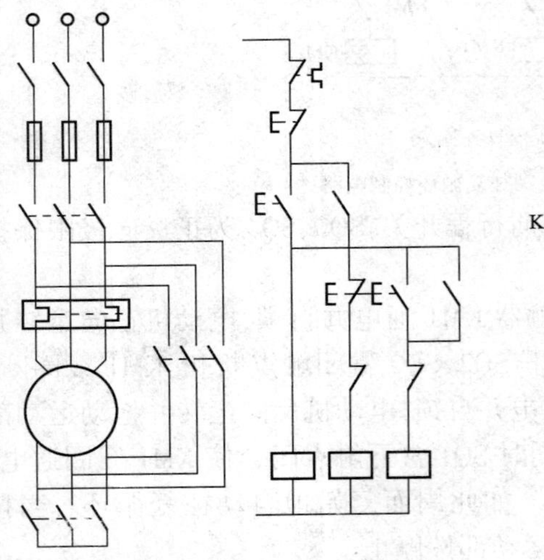

图3-11　按钮Y-△降压启动控制电路

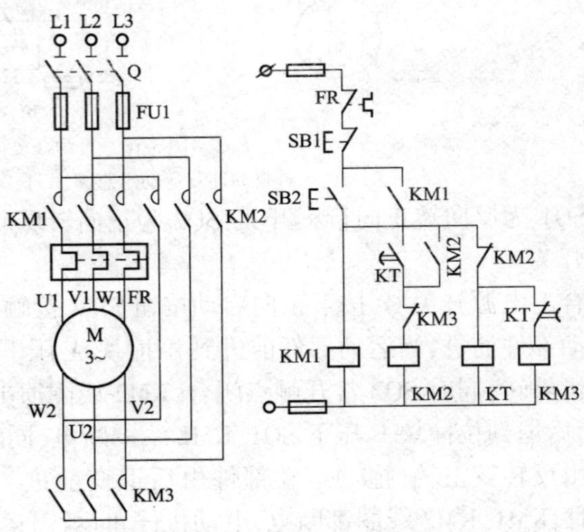

图3-12　自动Y-△启动控制电路

（1）降压原理

启动时，电动机定子Y形联接，运行时△联接。

（2）主电路分析

KM1、KM3吸合Y形启动，KM1、KM2吸合-△形联接运行。

（3）Y-△降压启动过程分析

①按下启动按钮SB2；

②→KM1线圈通电自锁；

③→KM3线圈通电——M作Y形联接启动；

④→KT 线圈通电延时→KM3 线圈断电→KM2 线圈通电自锁→M 作△形联接运行,→KT 线圈断电复位。

(4) Y-△降压启动的特点

简单方便,但启动转矩小。

2. 延边三角形启动控制电路

适用于定子绕组为特殊设计的异步电动机。它的绕组有 9 个接线头。见图 3-13。

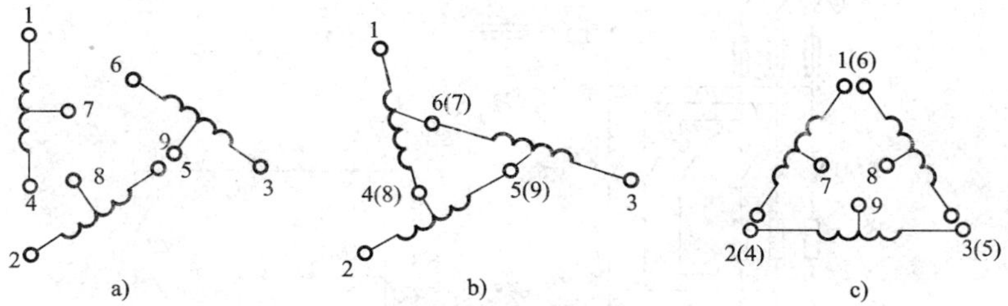

图 3-13　延边三角形接法的电动机定子绕组的联接方法

a)原始状态;b)启动时;c)正常运转

1)延边三角形降压启动

原理:绕组联接 6(7)、4(8)、5(9)构成延边三角形接法,绕组联接 1(6)、2(4)、3(5)为三角形接法。

2)延边三角形降压启动控制电路

主电路分析:

①KM1、KM3 使接点 1、2、3 接三相电源,6(7)、4(8)、5(9)对应端接在一起构成延边三角形接法,用于降压启动。

②KM1、KM2 使接点 1(6)、2(4)、3(5)接在一起,构成△联接,用于全压运行。

3)降压启动过程分析(图 3-14)

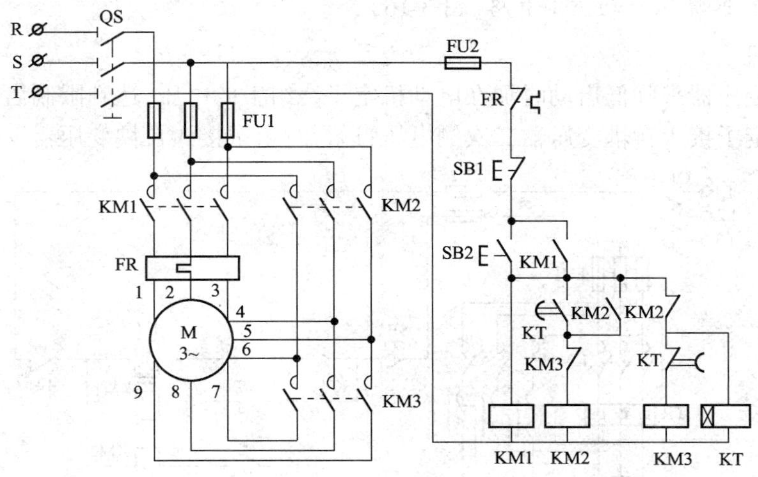

图 3-14　延边三角形降压启动控制电路

①按下启动按钮 SB1→KM1 通电自锁,KM3 通电→M 接成延边三角形接法启动(图3-13b);

②→时间继电器 KT 通电(通电延时型),→KT 延时后触点动作,→KM3 断电,→KM2 通

电自锁,→M 接成三角形(图 3-13c)运转,→KT 断电复位。

3. 定子串电阻启动控制电路(图 3-15)

1)电路原理

启动时,电阻 R 分别串接入定子绕组,运行时,电阻短路全压加入绕组。

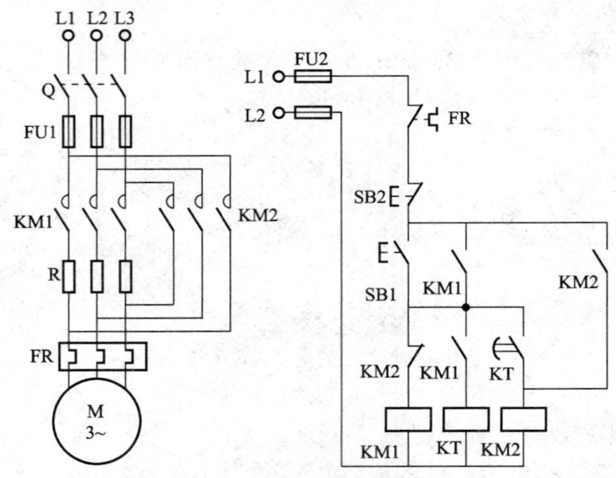

图 3-15 定子串电阻时间继电器控制电路

2)主电路分析

①KM1 吸合→电动机串电阻降压启动;

②KM2 吸合→电动机全压运行。

3)控制电路分析

启动时,合上开关 Q→按下启动按钮 SB1,→KM1 通电并自锁,→电动机串入电阻降压启动,→时间继电器 KT 同时通电延时,→延时后 KT 常开触点闭合,→KM2 通电,→电动机全压运行。

4. 自耦变压器降压启动控制电路(图 3-16)

1)降压原理

利用自耦变压器来降低启动时加在电动机定子绕组上的电压,达到限制启动电流的目的。电动机启动时定子接入自耦变压器二次侧电压;运行时定子接入自耦变压器一次侧电压。

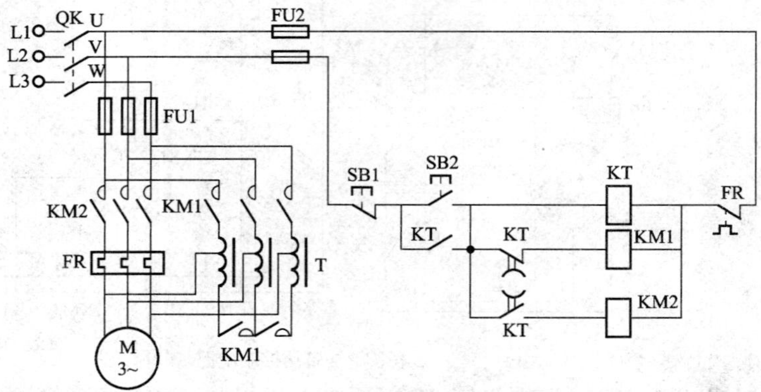

图 3-16 自耦变压器降压启动控制电路

2)主电路分析

KM1 吸合时,电动机接入自耦变压器二次侧(抽头)电压启动;KM2 吸合时电动机接全压运行。

3)控制电路分析

按下启动按钮 SB2→KM1、KT 线圈通电吸合,→KT 线圈通过其瞬动常开触点自锁,→自耦变压器通电,→电动机接入变压器二次侧电压启动,→同时时间继电器 KT 通电延时,→延时后 KT 延时常闭触点断开,常开触点闭合,→KM1 断电\KM2 通电→自耦变压器断电、电动机接入额定电压运行。

4)电路特点

该电路只能用于 30kW 以下的电动机。

四、三相异步电动机的制动控制电路

为了迅速停车和准确定位,满足生产机械的工艺要求,以减少辅助工时和停车时间,提高设备生产效率和获取准确的停位,对三相异步电动机进行制动控制。制动控制的方法有两大类:机械制动和电气制动。机械制动是采用机械装置产生机械力来强迫电动机迅速停车,常用的有机械抱闸和液压抱闸;电气制动是使电动机产生的电磁转矩方向与电动机旋转方向相反,起制动作用。常用的有反接制动、能耗制动等。

1. 电磁式机械制动控制电路

电磁式机械制动包括电磁抱闸和电磁离合器两种。下面以电磁抱闸为例来说明机械制动。

1)电磁抱闸的结构

主要包括制动电磁铁和闸瓦制动器两部分。

①制动电磁铁—铁心、衔铁、线圈三部分组成。

②闸瓦制动器—闸轮、闸瓦、杠杆和弹簧等部分组成。

2)机械制动控制电路

主要有断电制动和通电制动两种。

(1)断电制动控制电路

①适用范围:适用于电梯、起重、卷扬机等升降机械上。

制动闸平时处于:“抱住”状态。

②控制原理(见图 3-17)。合上开关 QS,按启动按钮 SB1,KM 通电吸合,电磁抱闸线圈 YA 通电,闸瓦与闸轮分开松闸,电动机启动,按下停止按钮 SB2,KM 断电,电磁抱闸 YA 也断电,闸瓦与闸轮抱住,电动机被制动停转。

③电路特点:安全可靠,不会因中途断电或电气故障的影响而造成事故;电源切断后,电动机轴被刹住,不便调整。

(2)通电制动控制电路

①适用范围:适用于各种机床等设备上。制动闸平时处于“松开”状态。

②控制原理(见图 3-18)。按下停止按钮 SB2,KM1 断电,电动机断电,YA 通电-抱闸与闸轮抱紧制动,当松开按钮 SB2 时,YA 断电,抱闸松开。

③电路特点:A. 在电动机不转的常态下,电磁抱闸不通电,抱闸与闸轮处于松开状态;B. 只有将停止按钮按到底,接通 KM2 线圈电路才有制动作用。如果只要停车而不需制动时,可轻按 SB2。

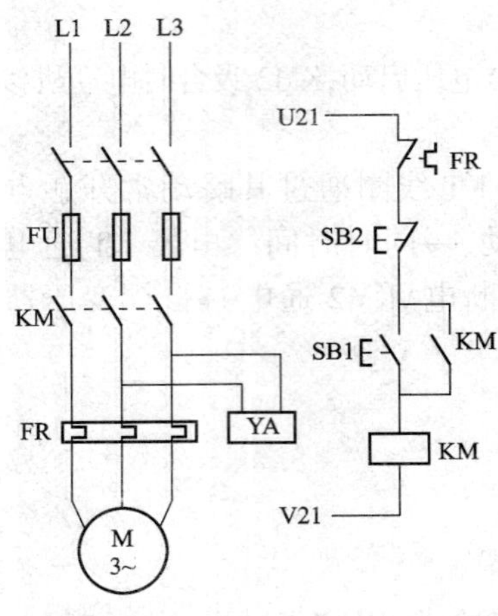

图 3-17 电磁抱闸断电控制电路

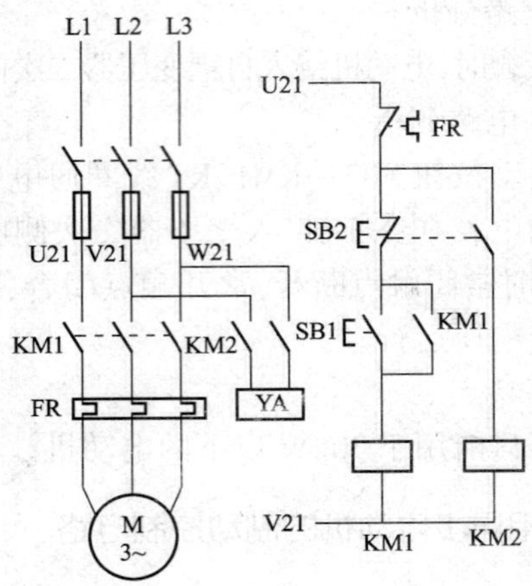

图 3-18 电磁抱闸通电控制电路

2. 电气制动控制电路

1)反接制动

(1)反接制动的基本原理

将电动机的三根电源线的任意两根对调称为反接。

反接制动就是利用改变电动机定子电路的电源相序,产生反向转矩,使电动机迅速停机。

具体做法:在切断电动机三相电源的同时,接入反相序电源,当电动机转速接近零时,立即切断电源以免电动机反转。

(2)单方向启动的反接制动控制电路(见图 3-19)

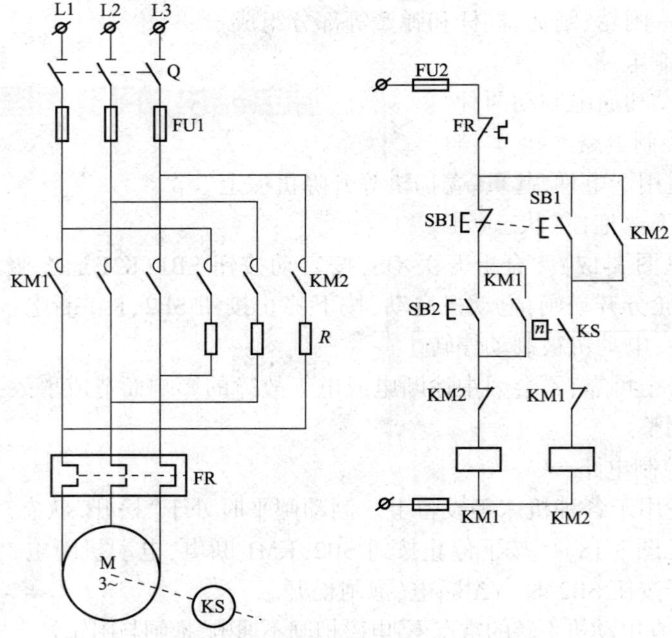

图 3-19 电动机单向反接制动控制

图 3-19 为电动机单向反接制动控制电路。图中 KM1 为电动机单向运行接触器，KM2 为反接制动接触器，KS 为速度继电器，R 为反接制动电阻。

①电路工作分析：

A. 单向启动及运行：合上电源开关 Q，按下 SB2，KM1 通电并自锁，电动机全压启动并正常运行，与电动机有机械联接的速度继电器 KS 转速超过其动作值时，其相应的触点闭合，为反接制动作准备。

B. 反接制动：停车时，按下 SB1，其常闭触点断开，KM1 线圈断电释放，KM1 常开主触点和常开辅助触点同时断开，切断电动机原相序三相电源，电动机惯性运转。当 SB1 按到底时，其常开触点闭合，使 KM2 线圈通电并自锁，KM2 常闭辅助触点断开，切断 KM1 线圈控制电路。同时其常开主触点闭合，电动机串三相对称电阻接入反相序三相电源进行反接制动，电动机转速迅速下降。当转速下降到速度继电器 KS 释放转速时，KS 释放，其常开触点复位断开，切断 KM2 线圈控制电路，KM2 线圈断电释放，其常开主触点断开，切断电动机反相序三相交流电源，反接制动结束，电动机自然停车。

②电路特点：制动力矩较大，冲击强烈，易损坏传动零件；而且频繁的反接制动可能使电动机过热。

2）能耗制动

（1）基本原理

能耗制动就是在正常运行的电动机切断电源之后，给定子绕组及时接通直流电源，以产生静止磁场，利用转子感应电流与静止磁场相互作用所产生的与转子惯性转动方向相反的电磁转矩对电动机进行制动。

（2）控制电路

图 3-20 为电动机单向运行时间原则控制能耗制动电路图。图中 KM1 为单向运行接触器，KM2 为能耗制动接触器，KT 为时间继电器，T 为整流变压器，VC 为桥式整流电路。

①电路工作分析：

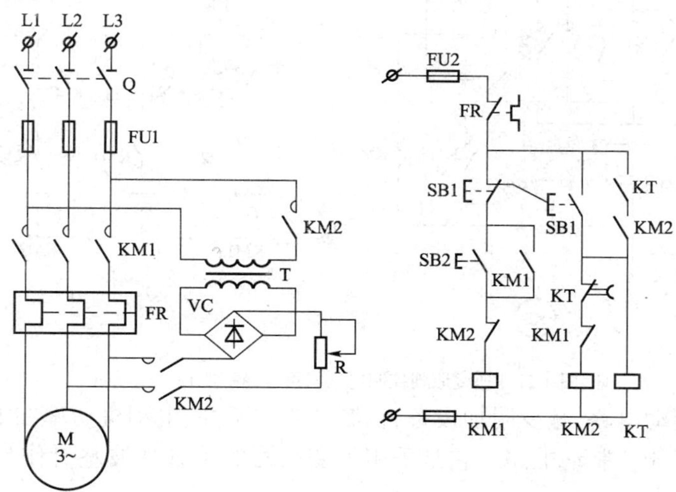

图 3-20　电动机单向运行时间原则能耗制动控制电路

A. 按下 SB2，KM1 通电并自锁，电动机单向正常运行。

B. 按下停止按钮 SB1，KM1 断电，电动机定子脱离三相交流电源；同时 KM2 通电并自锁，将二相定子接入直流电源进行能耗制动，在 KM2 通电同时 KT 也通电。电动机在能耗制动作用下转速迅速下降，当接近零时，KT 延时时间到，其延时触点动作，使 KM2，KT 相继断电，制动过程结束。

制动作用的强弱与通入直流电流的大小和电动机转速有关，在同样的转速下电流越大制动作用越强。一般取直流电流为电动机空载电流的 3 ~4 倍。串联可调电阻 R，可调节制动电流的大小。

电路工作分析：

②正、反向启动：合上电源开关 Q，按下正转或反转启动按钮 SB2 或 SB3，相应接触器 KM1 或 KM2 通电并自锁，电动机正常运转。速度继电器相应触点 KS-1 或 KS-2 闭合，为停车接通 KM3，实现能耗制动作准备。

③能耗制动：停车时，按下停止按钮 SB1，定子绕组脱离三相交流电源，同时 KM3 通电，电动机定子接入直流电源进行能耗制动，转速迅速下降，当转速降至 100r/min 时，速度继电器释放，其 KS-1 或 KS-2 触点复位断开，此时 KM3 断电。能耗制动结束以后，电动机自然停车。

对于负载转矩较为稳定的电动机，能耗制动时采用时间原则控制为宜，因为此时对时间继电器的延时整定较为固定。而对于那些能够通过传动机构来反映电动机转速时，采用速度原则控制较为合适，应视具体情况而定（图 3-21）。

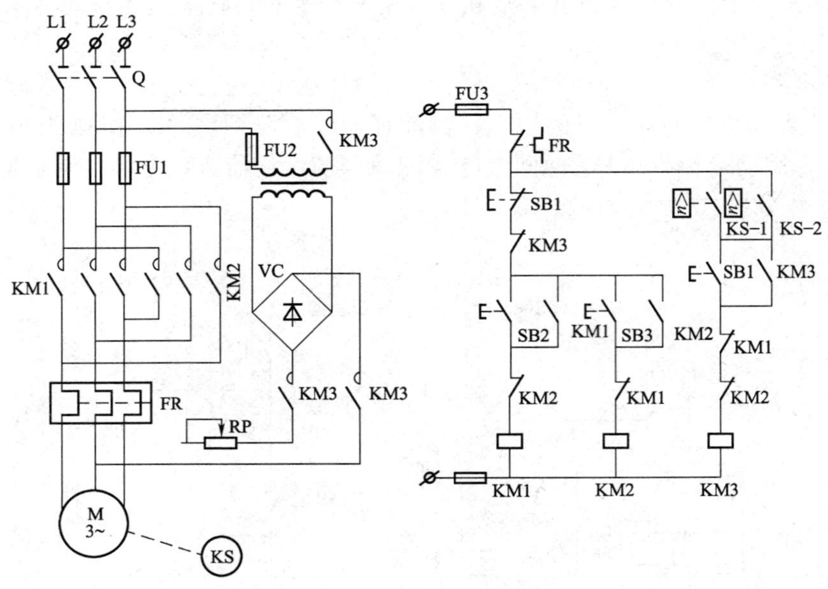

图 3-21　速度原则控制电动机可逆运行能耗制动电路

为简化能耗制动电路，减少附加设备，在制动要求不高、电动机功率在 10kW 以下时，可采用无变压器的单管能耗制动电路。它是采用无变压器的单管半波整流作为直流电源，这种电流体积小，成本低。

图 3-22 为无变压器单管能耗制动电路。图中 KM1 为线路接触器，KM2 为制动接触器，

KT 为能耗制动时间继电器。该电路其整流电源电压为 220V，它由制动接触器 KM2 主触点接至电动机定子两相绕组，并由另一相绕组经整流二极管 VD 和电阻 R 接到零线，构成回路。

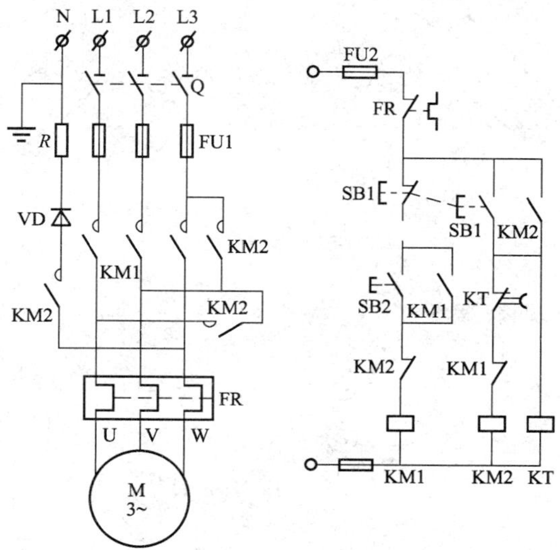

图 3-22 电动机无变压器单管能耗制动电路

五、三相异步电动机调速控制电路

为使生产机械获得更大的调速范围，除采用机械变速外，还可采用电气控制方法实现电动机的多速运行。

1. 变极数调速原理

由电机原理可知，感应电动机转速 $n = 60f_1(1-s)/p_1$ 可知，电动机转速与定子绕组的极对数成反比。若改变定子绕组的接法来改变定子的极对数，其同步转速也会随之变化。

若改变一次电动机绕组的极数，可以获得两个同步转速等级的电动机，称之为双速电动机。

1）适用范围

笼型异步电动机。

2）变更定子绕组极对数的方法

①改变定子绕组的接法，或者变更定子绕组每相电流方向。

②在定子上设置具有不同极对数的两套互相独立的绕组。

3）变更极对数原理

图 3-23a）表示出三相绕组接成三角形（U1、V1、W1 接电源，U2、V2、W2 接线悬空）。即为四极-两对极（低速）。其磁场见图 3-24a）。

图 3-23b）表示三相绕组接成双星形接线（U2、V2、W2 接电源，U1、V1、W1 接线短接）。即为两极-一对极（高速）。其磁场见图 3-24b）。

由上述可知，变更电动机定子绕组的接线，就改变了极对数，也改变了速度等级，其中三角形联接对应低速，双星形联接对应高速。

2. 双速电动机控制电路

双速异步电动机是变极调速中最常用的一种形式。

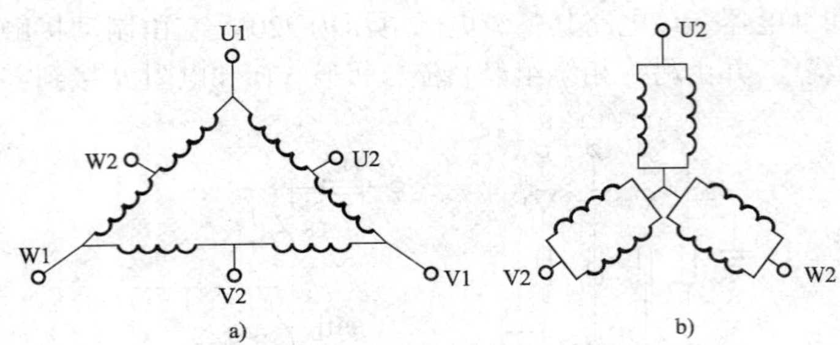

图 3-23　△/YY 变换

1）双速异步电动机定子绕组的联接

定子绕组的联接方法见图 3-25。

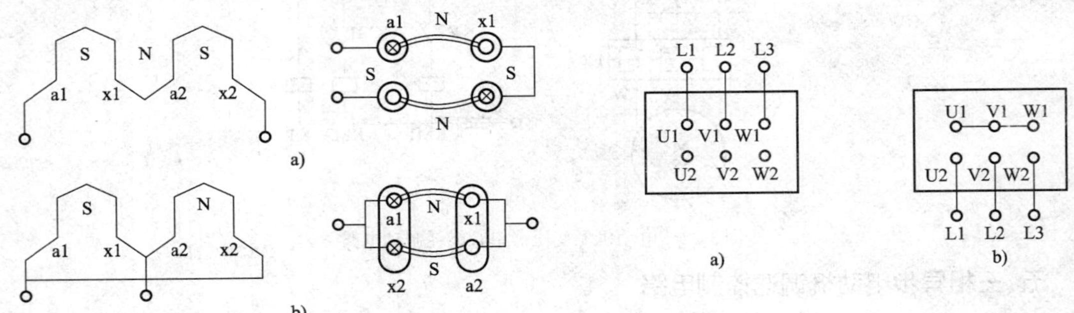

图 3-24　磁场图

图 3-25　双速异步电动机定子绕组接线图

为三角形联接，3 个电源线接在接线端 U1、V1、W1，每根绕组的中点端悬空不接，此时电动机磁极为 4 极。

为双星形联接，3 个电源线接在绕组的中点端 U2、V2、W2，把接线端 U、V、W 短接。此时电动机磁极为 2 极。

注意：变极时调换相序，以保证变极调速以后，电动机转动方向不变。

2）按钮控制电路（见图 3-26）

（1）主电路

①KM1 吸合构成三角形联接的低速接法；

②KM2 吸合将 U1、V1、W1 端短接，并在 U2、V2、W2 端接入三相电源，构成双星形联接的高速接法。

（2）控制电路

①按下低速启动按钮 SB2→KM1 通电吸合并自锁→电动机三角形联接低速运行；如需高速旋转；

②按下启动按钮 SB2→KM1 断电→同时 KM2 通电吸合并自锁→电动机绕组作双星形联接并改变相序→电动机高速同方向旋转。

时间继电器自动控制电路（见图 3-27）。有时为了减少高速运动时的能耗，启动时电动机先按三角形联接低速启动，然后自动地转为双星形联接高速运行。

①主电路不变。

②控制电路分析：按下启动按钮 SB2→时间继电器（断电延时）KT 通电→常开触闭合→

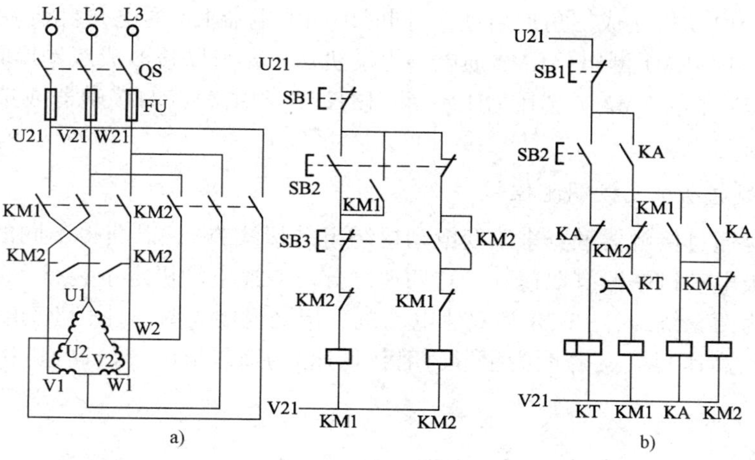

图 3-26　按钮控制电路

a）双速电动机控制电路；b）双速电动机自动加速控制电路

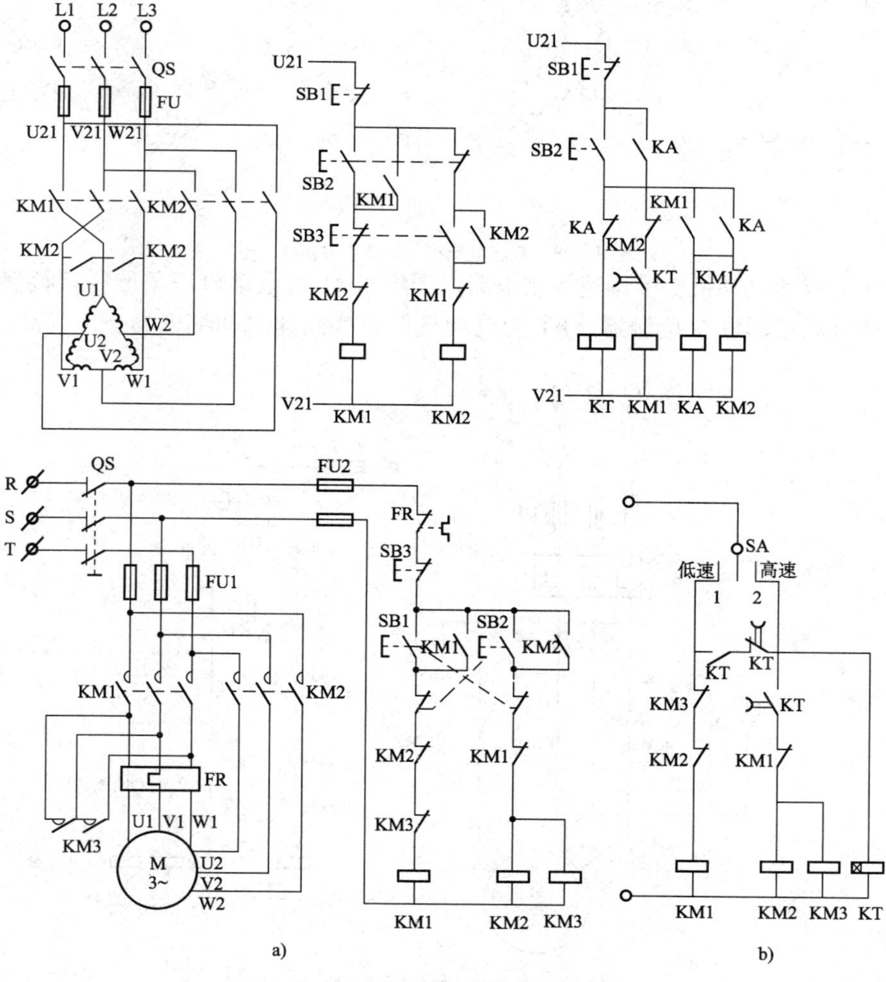

图 3-27　时间继电器自动控制电路

KM1 通电吸合→电动机接成三角形启动_→同时中间继电器 KA 通电并自锁→KT 断电→经过延时 KT 触点断开→KM1 断电→KM2 通电→电动机从三角形联接改成双星形联接运行。

注意：图 3-27 中的 KM2 要选用 CJ12B 系列的带 5 个主触点的接触器或选用两个接触器来控制。

3. 三相笼型电动机变极调速控制

变极调速是通过接触器触点来改变电动机绕组的接线方式，以获得不同的极对数来达到调速目的。变极电动机一般有双速、三速、四速之分。双速电动机定子装有一套绕组，而三速、四速电动机则为两套绕组，图 3-28 为双速电动机三相绕组接线图，a）图为三角形（四极，低速）与双星形（二极，高速）接法；b）图为星形（四极，低速）与双星形（二极，高速）接法。

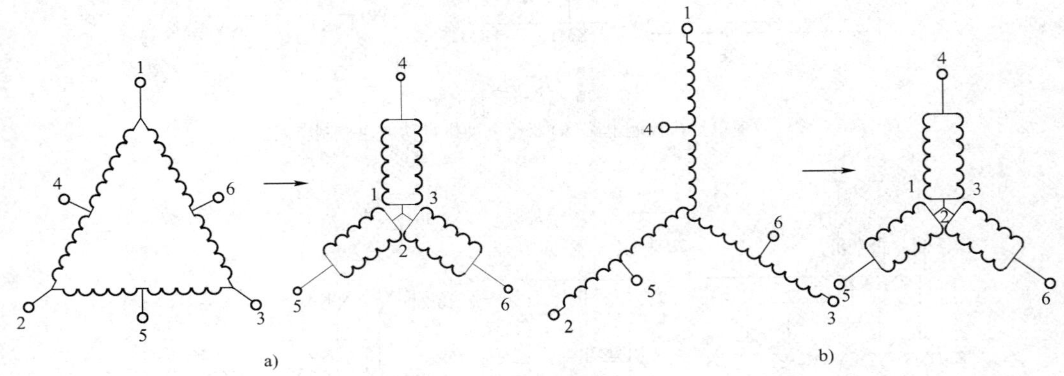

图 3-28　双速电动机三相绕组联接图

图 3-29 为双速电动机变极调速控制电路。图中 KM1 为电动机三角形联接接触器，KM2、KM3 为电动机双星形联接接触器。KT 为电动机低速换高速时间继电器，SA 为高、低速选择

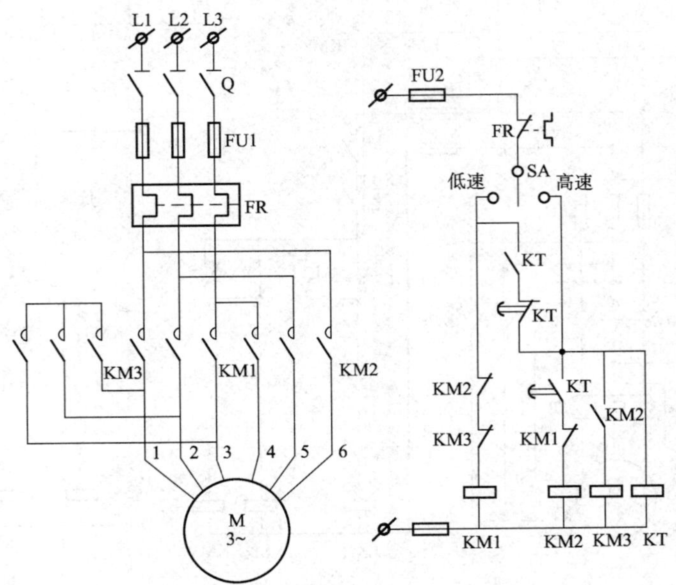

图 3-29　双速电动机变极调速控制电路

开关，其有 3 个位置："左"位为低速，"右"位为高速，"中间"位为停止。

第三节　可编程控制器的原理及应用

一、可编程控制器概述

1. 可编程控制器的定义、分类及特点

1）定义

可编程序控制器是一种数字运算操作电子系统，专为在工业环境下应用而设计。它采用了可编程序的存储器，用来在其内部存储执行逻辑运算、顺序控制、定时、计数和算术运算等操作的指令，并通过数字的，模拟的输入和输出，控制各种类型的机械或生产过程。

2）分类

可编程控制器分类见图 3-30、图 3-31。

按应用规模和功能：
- 小型机：适合于控制单台设备，开发机电一体化产品
- 中型机：适合于有温度控制和开关动作要求复杂的机械以及连续生产过程控制的场合
- 大型机：适用于设备自动化控制、过程自动化控制和过程监控系统

图 3-30　按应用规模和功能分类

按硬件结构类型：
- 整体式结构：一个完整的 PLC 安装在一个机箱中
- 模块式结构：系统构成非常灵活，安装、扩展和维修都很方便，但是体积比较大
- 叠装式结构：将整体式结构和模块式结构的特点相结合

图 3-31　按硬件结构类型分类

3）特点

①编程语言简单、易学，便于掌握；

②功能强，性能价格比高；

③通用性强，使用方便；

④可靠性高，抗干扰能力强；

⑤系统设计周期短、安装、调试工作量少；

⑥安装简单、调试方便、维护工作量小；

⑦体积小、能耗低。

2. 可编程控制器的应用

我国的 PLC 产品的研制和生产经历了 3 个阶段：顺序控制器（1973 ~ 1979 年）——一位处理器为主的工业控制器（1979 ~ 1985 年）——8 位微处理器为主的可编程序控制器（1985 年以后）。在对外开放政策的推动下，国外 PLC 产品大量进入我国市场，一部分随成套设备进口。如宝钢一、二期工程就引进了 500 多套，还有咸阳显像管厂、秦皇岛煤码头、汽车厂等。现在，PLC 在国内的各行各业也有了极大的应用，技术含量也越来越高。

二、可编程控制器的组成与基本结构

1. 硬件系统

1）主机系统

PLC 的硬件结构主要由中央处理器（CPU）、存储器（RAM、ROM）、输入输出单元（I/O）接口、电源及外围编程设备等几大部分构成。

其结构框图如图 3-32 所示。

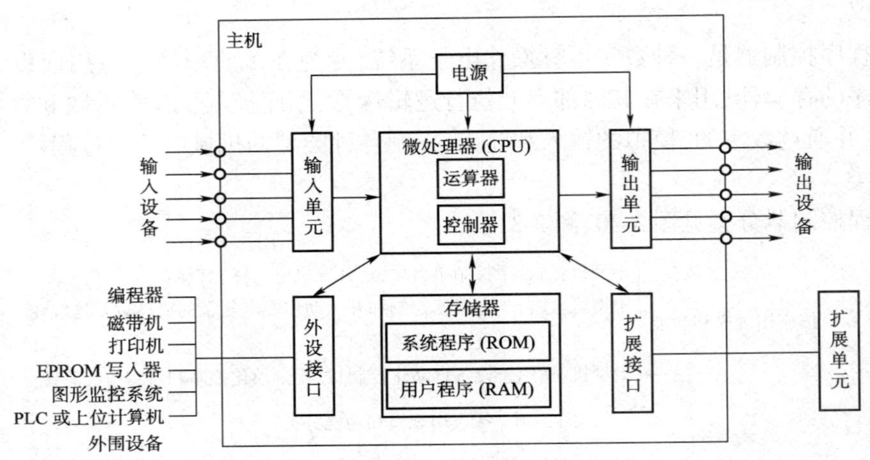

图 3-32　可编程控制器结构框图

（1）中央处理器（CPU）

中央处理器是可编程序控制器的核心。

在系统程序的控制下：

①诊断电源、PLC 内部电路工作状态；

②接收、诊断并存储从编程器输入的用户程序和数据；

③用扫描方式接收现场输入装置的状态或数据，并存入输入映像寄存器或数据寄存器。

在 PLC 进入运行状态后：

①从存储器中逐条读取用户程序；

②按指令规定的任务，产生相应的控制信号，去启闭有关控制门电路，分时分渠道地去执行数据的存取、传送、组合、比较和变换等动作；

③完成用户程序中规定的逻辑或算术运算等任务。

根据运算结果：

①更新有关标志位的状态和输出映像寄存器的内容；

②实现输出控制、制表、打印或数据通信等等。

（2）存储器

①存储器：用于存放系统程序、用户程序及运算数据的单元。

②分类：只读存储器（ROM）：用来存放系统工作程序、模块化应用功能子程序、命令解释、功能子程序的调用管理程序以及按对应定义存储各种系统参数（I/O、内部继电器、计时/计数

器、数据寄存器等)等功能。只读存储器又分为掩膜只读存储器和电可擦除只读存储器;随机读写存储器(RAM):用来存放用户程序及系统运行中产生的临时数据。特点是写入与擦除都很容易,但在掉电情况下存储的数据就会丢失。

(3)输入输出接口

输入输出接口:是 PLC 和工业控制现场各类信号联接的部分。有两个主要的要求:①接口有良好的抗干扰能力;②接口能满足工业现场各类信号的匹配要求。

开关量输入接口作用是把现场的开关量信号变成 PLC 内部处理的标准信号。接口接受的外信号电源有直流输入、交流输入和交流/直流输入。

开关量输出接口作用是把 PLC 内部的标准信号转换成现场执行机构所需的开关量信号。

模拟量输入接口作用是把现场连续变化的模拟量标准信号转换成适合 PLC 内部处理的由若干位二进制数字表示的信号。模拟量输入接口接受标准模拟信号。

模拟量输出接口作用是将 PLC 运算处理后的若干位数字量信号转换为相应的模拟量信号输出。模拟量输出接口一般由光电隔离、D/A 转换和信号驱动等环节组成。

智能输入输出接口有 PID 控制单元、高速计数器工作单元、温度控制单元等。

(4)电源

包括 PLC 工作单元供电的开关电源和掉电保护电路供电的后备电源。

2)输入输出扩展模块

输入输出扩展模块是 PLC 输入输出单元的扩展,当用户所需的输入输出点数或类型超出主机的输入输出单元所允许的点数或类型时,可以通过加接输入输出扩展模块来解决。

3)外部设备

(1)编程器

编程器分类见图 3-33。

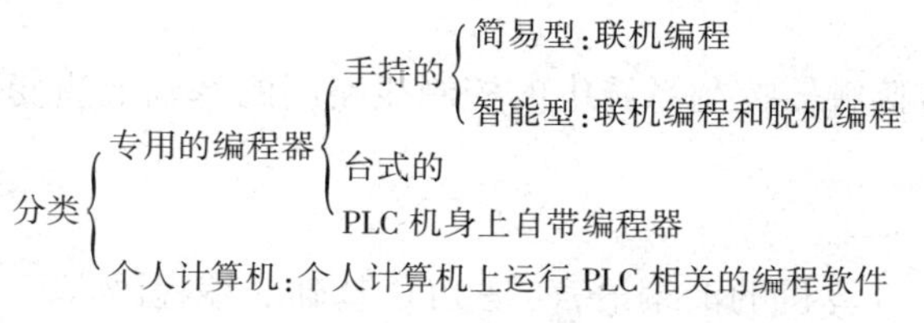

图 3-33　编程器分类

(2)其他外围设备

①盒式磁带机:用以记录程序或信息。

②打印机:用以打印程序或制表。

③EPROM 写入器:用以将程序写入用户 EPROM 中。

④高分辨率大屏幕彩色图形监控系统:用以显示或监视有关部分的运行状态。

2. 软件系统

1)系统程序

系统的管理程序;用户指令的解释程序;专用标准程序块等。

2)应用程序

又叫用户软件,是用户为达到某种控制目的、采用 PLC 厂家提供的编程语言自主编制的程序。

3. 可编程控制器的工作过程与工作原理

采用循环扫描工作方式,系统周而复始地依一定的顺序完成一系列的具体的工作,这种工作方式叫做循环扫描工作方式。

PLC 系统正常工作所要完成的任务包括:

①PLC 内部各工作单元的调度、监控;

②PLC 与外围设备间的通信;

③用户程序所要完成的工作等。

三、可编程控制器的编程语言和程序结构

1. 编程语言

PLC 是专为工业控制而开发的装置,主要使用对象是广大工程技术人员及操作维修人员。为了满足他们的传统习惯和掌握能力,通常 PLC 不采用微机的编程语言,而常常采用面向控制过程、面向问题的"自然语言"编程。

编程语言分类见图 3-34。

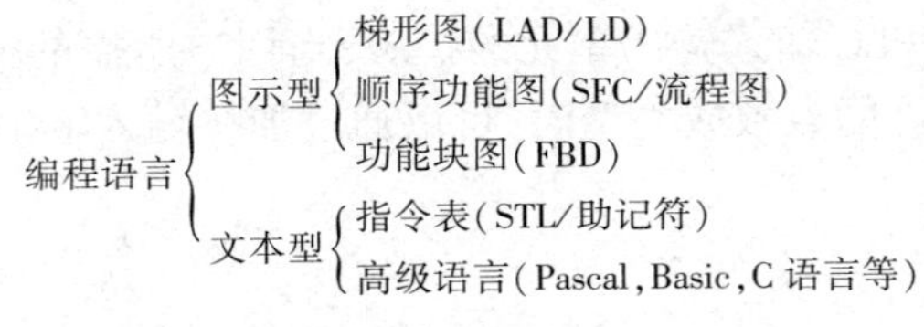

图 3-34　编程语言分类

1)梯形图 LAD

梯形图是在继电器接触器控制系统中的控制线路图的基础上演变而来的是应用最多的一种编程语言。

2)语句表 STL

语句表 STL 类似于计算机的汇编语言,是 PLC 基础的编程语言。

3)顺序功能流程图 SFC

顺序功能流程图 SFC 编程是一种图形化的编程方法,亦称功能图。用它可以对具有并发、选择等复杂结构的系统进行编程。

4)功能块图 FBD

功能块图 FBD 类似于数字电子电路,它是将具有各种与、或、非、异或等逻辑关系的功能块图按一定的控制逻辑组合起来。

2. 程序结构

1)线性化编程

就是将用户程序连续放置在 SIEMENS PLC 的一个指令块中,通常称为组织块 OB1。

线性化编程由三部分组成:用户程序、数据块和参数块。

(1)用户程序

由一个主程序、若干个子程序和若干个中断处理子程序组成的。

(2)数据块

为DBl,用来存放用户程序运行需要的数据。在数据块中允许存放的数据类型为;布尔型、十进制、二进制或十六进制,字母、数字和字符型。

(3)参数块

存放的是CPU组态数据。

2)分部式编程

就是将一项控制任务分成若干个指令块,每个指令适用于控制一套设备或者完成一部分工作。

3)结构化编程

是将整个用户程序分成一些具有独立功能的指令块,其中有若干个子程序块,然后再按要求调用各个独立的指令块,从而构成一整套的用户程序。

四、GE系列PLC指令系统及编程方法(基本逻辑指令)

1. 基本逻辑指令

GE系列PLC有22条基本逻辑指令。

(1)STR、STR NOT指令

STR——逻辑操作开始指令。用于常开接点与母线联接。

每一个以常开接点开始的逻辑行都使用这条指令。

STR NOT——负逻辑操作开始指令。用于常闭接点与母线联接。

每一个以常闭接点开始的逻辑行都使用这条指令。

(2)OUT指令

OUT——输出指令。用于输出逻辑运算的结果。用逻辑运算的结果去驱动一个指定的线圈,该线圈可以是输出继电器线圈,也可以是内部线圈。

例1:图3-35梯形图的编程程序(语句表编程)为:

步序号	助记符	元件号
0	STR	1(常开接点1起始于母线)
1	OUT	21(1闭合时,21线圈输出)
2	STR NOT	3
3	OUT	22

图　3-35

接点1与3均起始于左母线,故用STR开始。

(3)AND、AND NOT指令

AND——与指令。用于常开接点的串联,完成逻辑"与"运算。

AND NOT——与反指令。用于常闭接点的串联,完成逻辑"与非"运算。

它们用于常开、常闭接点的串联,其串联的数量可以不受限制。但为了方便编程和技术文件书写,一般在水平线上不超过5个串联接点,垂直方向并联7个。

例2:图3-36梯形图编程程序(语句表编程)为:

步序号	助记符	元件号
0	STR	1(接点1起始于母线)
1	AND NOT	2(2为常闭,与1串联)
2	AND	3(3为常开,与前面的串联)
3	OUT	21(该母线输出为21继电器)
4	STR	4
5	OUT	22
6	AND	22(该母线上的并联分支,22继电器的接点闭合时,160输出)
7	OUT	160

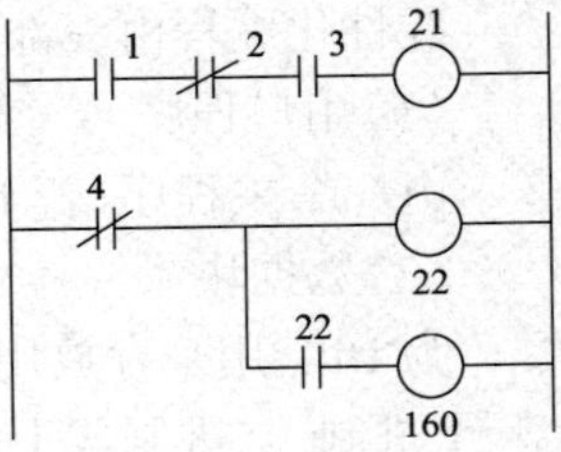

图 3-36

接点1、2、3串联于一条水平线上,可连续用AND或AND NOT联接。输出接点也可用它们表示串联。

(4)OR、OR NOT指令

OR——或指令。用于常开接点的并联,完成逻辑“或”运算。

OR NOT——或反指令。用于常闭接点的并联,完成逻辑“或非”运算。

用于常开、常闭接点的并联,其并联的数量可以不受限制。

例3:用PLC控制三相异步电动机的梯形图和程序(见图3-37)。

分析:停止按钮SB1、SB2和FR应用常闭输入接点表示可用1、2、3点;启动按钮SB3、SB4应用常开输入点表示,可用4、5点。用输出21表示外部接触器KM(硬继电器)。

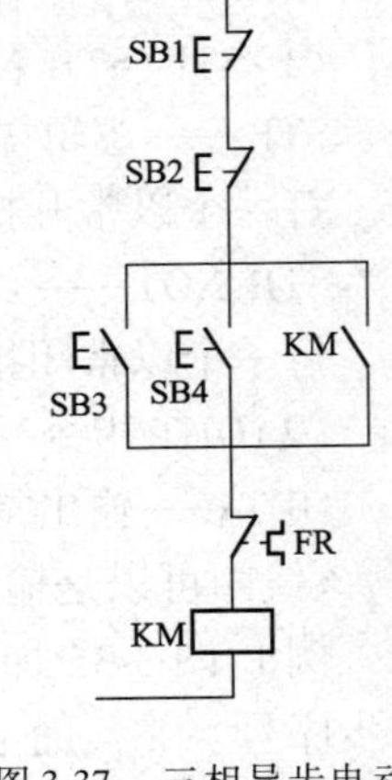

图3-37　三相异步电动机控制电路

梯形图见图3-38。

语句表程序为:

0	STR　NOT	1
1	AND　NOT	2
2	AND　NOT	3
3	AND	4
4	OR	5
5	OR	21
6	OUT	21

(5)AND STR指令

AND STR——与块指令。用于接点组(接点块)的串联。

AND STR指令独立使用,后面没有任何数据。每一接点块都从STR或STR NOT指令开始操作。两个接点块后使用AND STR指令,表示前面的两个接点块是串联关系,见图3-39。

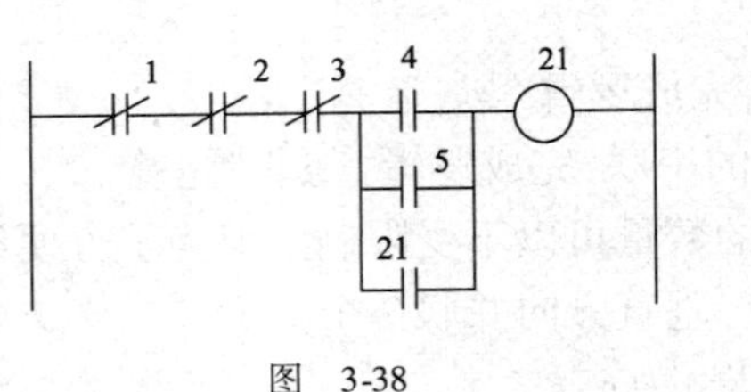

图 3-38

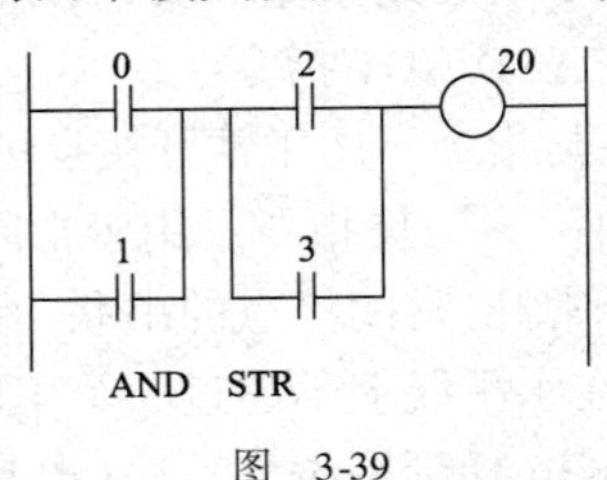

图 3-39

例4:AND　STR

0　STR　　0

1　OR　　1(0、1句一“块”)

2　STR　　2

3　OR　　3(2、3句一“块”)

4　AND　STR　(说明前两“块”为串联)

5　OUT　　20

(6)OR STR 指令

OR STR——或块指令。用于接点组(接点块)的并联。

OR STR 指令独立使用,后面没有任何数据。每一接点块都从 STR 或 STR NOT 指令开始操作。

例5:OR　STR

0　STR　　0

1　AND　　2(接点0、2为块1)

2　STR　　1

3　AND　　3(接点1、3为块2)

4　OR　STR　(表示块1和块2为并联控制)

5　OUT　　20

(7)SET、RST 指令

SET——置位指令。使线圈的状态为“1”(线圈接通)

RST——复位指令。使线圈的状态为“0”(线圈断开)

①SET、RST 指令用于线圈(输出继电器、内部继电器、移位寄存器)的置位(接通)和复位(断开)。用 SET 指令设定的线圈,一旦其控制逻辑接通,则该线圈被置位,并保持接通状态(即使其控制逻辑断开),只有当设定同一线圈的 RST 指令有效(即控制逻辑接通时)时才能使 SET 指令设定的线圈断开。

②SET、RST 指令一般成对使用(可以在程序的任何位置),分别用于线圈的置位和复位(在实际应用中,有时也只用其中之一来实现某些功能,看用户的灵活应用)。

③注:对于移位寄存器(400~577),若要将其接通或断开,不能用 OUT 指令,只能用 SET、RST 指令。

④复位优先。

例6:语句表程序

0　STR　　10

1　SET　　20

2　STR　　11

3　RST　　20

梯形图及时序图见图3-40。

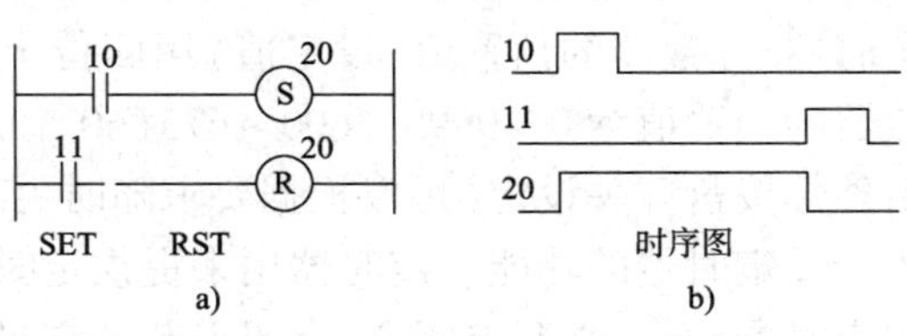

图3-40　梯形图与时序图

当接点10接通(闭合)时,20接通、输出。此后虽接点1断开,但不影响20接通。直到接点11接通,才使20复位断开。

(8)MCS、MCR指令

MCS——主控开始指令。用于公共逻辑条件控制多个线圈。

MCR——主控返回(结束)指令。用于主控结束时返回母线。

①主控——几个线圈同时受一个接点或一组接点的控制,即受到公共逻辑条件的控制,叫作主控(如果在每个线圈的逻辑行中都编入该逻辑条件,那么就势必增加许多接点,从而使程序的步数增多,浪费用户存储器。遇到这种情况,可将各个线圈的逻辑行编入公共逻辑条件,这就需要用MCS、MCR这一对主控指令进行编程)。

②主控指令必须成对使用、还可以嵌套使用。

例7:语句表程序

```
0    STR       0
1    AND       1
2    MCS            (以下的均受0、1共同控制)
3    AND       12
4    STR       2
5    OUT       20
6    STR NIT   3
7    OUT       21
8    STR       4
9    OUT       22
10   MCR            (共同控制到此结束)
11   STR       5
12   OUT       23
```

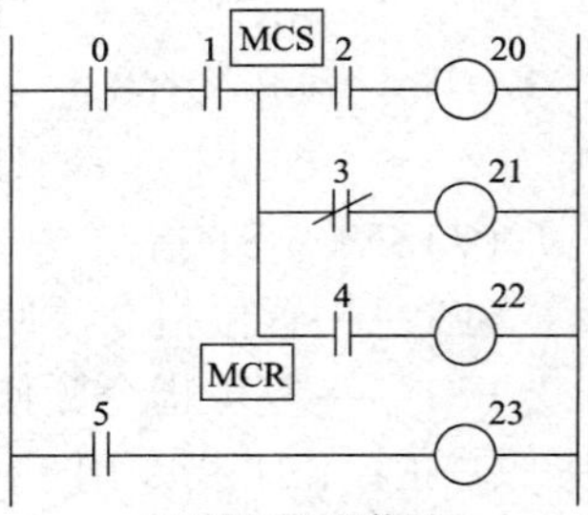

MCS和MCR的使用

图 3-41

梯形图见图3-41。

线圈23在主控之外,不受0、1接点控制。线圈20、21、22均受0、1接点的主控。但若将"OUT 21"改成"SET 21",则当21一旦接通就被置位,即使主控接点断开,它也不复位(只有RST才能使之复位)

(9)TMR指令

TMR(TIMER)——计时指令,用于定时器的延时操作。

定时器(64个),其计时值为0.1s~999.9s。

①定时器概念。定义号为600~677的内部继电器可作为定时器或计数器使用。定时器和计数器不能重复使用同一定义号(如定600为定时器,则计数器就不得再用这个定义号)。定时器/计数器的预置值(设定值)用四位十进制数表示,定时器的预置值为0.1~999.9s,计数器的预置值为0~9999。600~673(60个)的预置值在编程时设定,674、675(2个)的预置值由外部拨盘开关设定(可以根据要求随时更改定时器/计数器的预置值)。

②定时器的功能。定时器用来提供定时操作。控制逻辑满足时定时开始,定时时间到时,则定时器动作:常开点闭合、常闭点断开它只需要一个逻辑行。逻辑行接通时开始定时、断开则复位。定时器的线圈和接点均用"T6××"表示。

见图 3-42，当接点 1 闭合时，定时器 T601 开始定时，时间为 20s。到达 20s 时，定时器动作，其常开接点闭合，线圈 22 输出。

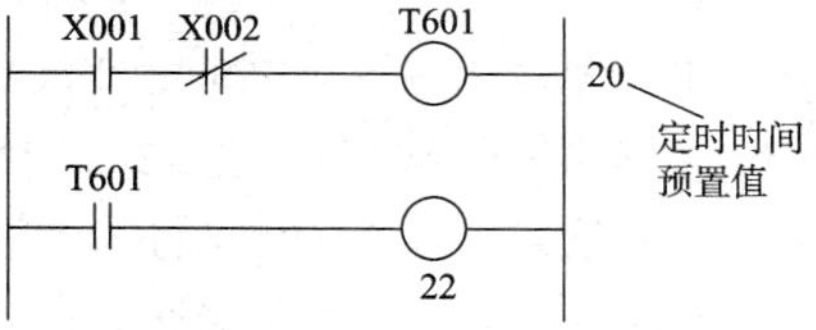

（10）STR TMR、STR NOT TMR 指令

STR TMR——定时器常开接点与母线联接。

STR NOT TMR——定时器常闭接点与母线联接。

（11）AND TMR、AND NOT TMR 指令

AND TMR——在原先接点上串联一个定时器常开接点。

AND NOT TMR——在原先接点上串联一个定时器常闭接点。

X001　X002　T601　20　定时时间预置值　T601　22

图　3-42

（12）OR TMR、OR NOT TMR 指令（图 3-43）

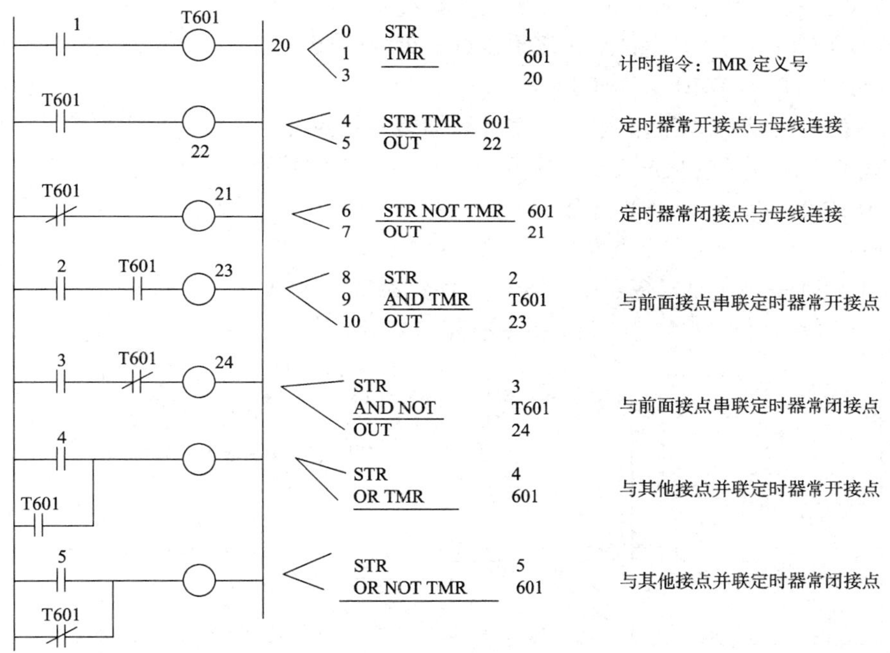

图　3-43

OR TMR——在原先接点上并联一个定时器常开接点。

OR NOT TMR——在原先接点上并联一个定时器常闭接点。

（13）CNT 指令（图 3-44）

①CNT（COUNTER）——计数指令，用于计数器的计数操作。计数器的定义号也是 600 ~ 677（但计数器与定时器不得重复使用）。计数器的计数值为 1 ~ 9999。

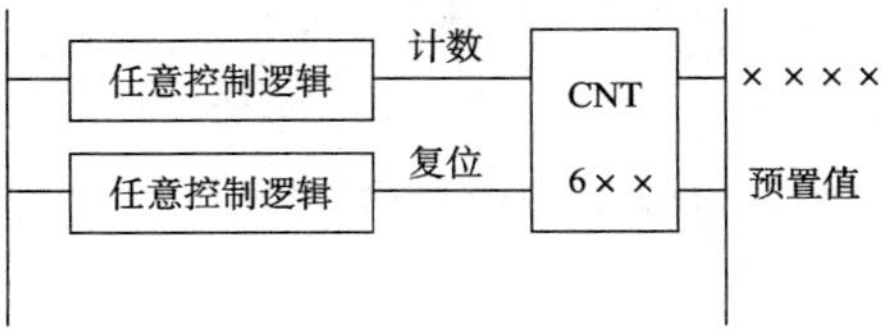

任意控制逻辑　计数　CNT　× × × ×
任意控制逻辑　复位　6 × ×　预置值

图 3-44　计数器在梯形图中的表示

②计数器的设定需要两个逻辑行，计数器的线圈用“CNT6 × ×”表示，接点用“C6 × ×”表示。

有两个输入端：计数端和复位端，它们都由任意继电器逻辑控制。计数器的预置值是指要计数的数目。

③计数值递增到达预置值时，计数器动作（其常开接点闭合，常闭接点断开）。

GE系列PLC的计数器为加计数器。计数值从0开始，当计数端从断（OFF、0）到通（ON、1），即送入一个脉冲时，计数器的计数值就加1。

④只要复位端接通（送入“1”信号时），计数器的接点复位（常开接点断开、常闭点闭合）。复位端的信号用于对计数器进行复位。

复位优先：当复位端接通时（为“1”时），计数端不起作用，故计数时，复位端必须为0。

⑤计数器有停电保持（记忆）功能，即当PLC断电时，其计数值有自保作用。（当重新来电时，可接着计数）。

（14）STR CNT、STR NOT CNT指令

STR CNT——用于计数器的常开接点与母线联接。

STR NOT CNT——用于计数器的常闭接点与母线联接。

（15）AND CNT、AND NOT CNT指令

AND CNT——在原先接点上串联一个计数器常开接点。

AND NOT CNT——在原先接点上串联一个计数器常闭接点。

（16）OR CNT、OR NOT CNT指令

OR CNT——在原先接点上并联一个计数器常开接点。

OR NOT CNT——在原先接点上并联一个计数器常闭接点。

注意：CNT指令（图3-45）与TMR指令有相似之处，不过TMR只受一个逻辑行控制，即逻

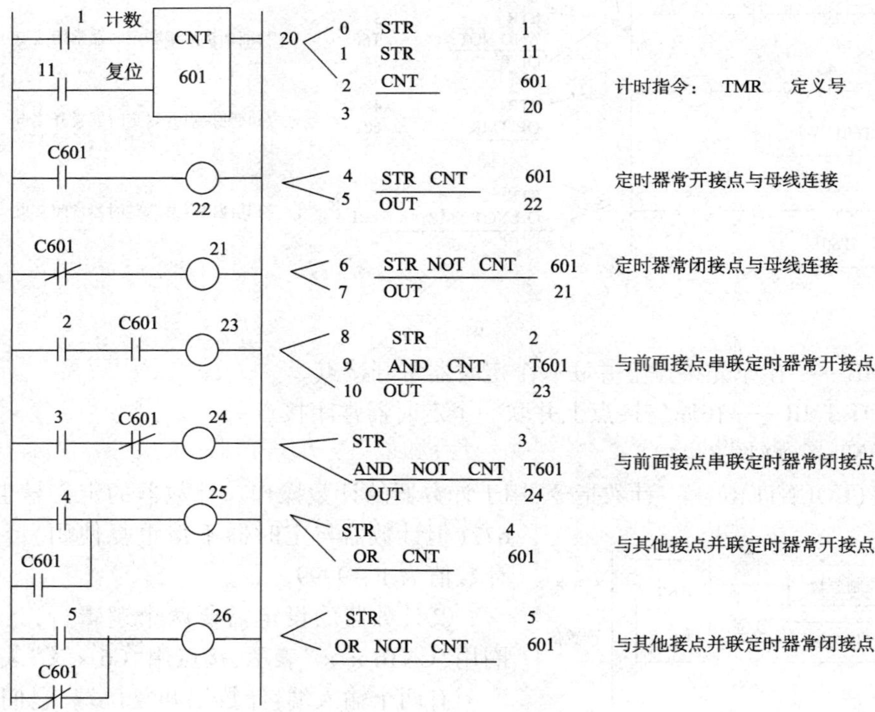

图 3-45

辑行接通时启动定时时刻，逻辑行断开时，复位。而 CNT 的计数脉冲和复位控制是分别进行的。另一区别是：在 CPU 失电时，计数器有停电记忆功能，重来电时，可接着计数。

例 8：见图 3-46。

```
0   STR        0
1   STR        5
2   CNT        601
3              10
4   STR   CNT  601
5   OUT        20
```


图　3-46

当接点 0 接通（逻辑断—通、或 0—1）时 CNT601 加 1，0 接点每接通一次，601 加 1 计数。直到计满 10，601 动作，常开闭合，使 20 线圈接通输出。同时，只要还有 0 接点输入脉冲，则 601 仍向上计数，可计到 9999。若 1 点无计数脉冲，则 CNT 不计数，但其常开点仍为接通状态，直到接点 5 接通（送入“1”），601 复位，20 线圈才没有输出。若在计数过程中，5 接通，601 也要复位。

时序图见图 3-47。

(17) SR 指令

SR——移位指令。用于移位寄存器的移位操作。

①移位寄存器在梯形图中的表示见图 3-48。移位寄存器的定义号为 400 ~ 577：128 个继电器当作移位寄存器使用。可以用作一组移位寄存器，也可以分作几组移位寄存器，但移位的步数不能够超过 128 步。还可编成双向移位寄存器、环形移位寄存器。寄存器的每个定义号（每一位）都可以控制任意数量的常开或常闭接点。

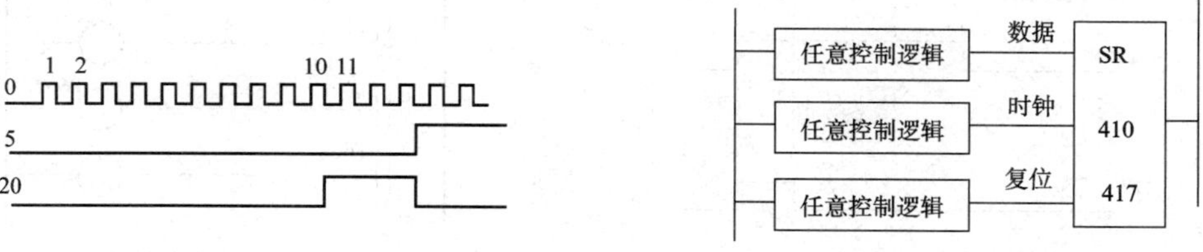

图 3-47　时序图

图 3-48　移位寄存器在梯形图中的表示

②移位寄存器的设定需要 3 个逻辑行：每一行都可以是任何串、并联的逻辑组合。它有一个数据输入端，一个时钟脉冲端（即移位输入端）和一个复位输入端。

③使用时，必须标明第一个寄存器（第一步）和最后一个寄存器（最后一步）的定义号。

④数据输入端的逻辑行产生数据输入信号：接通为“1”、断开为“0”。时钟端每来一个时钟脉冲信号（每由 OFF 到 ON 产生一个脉冲），数据在寄存器中移位一次。复位端的继电器逻辑产生复位信号（只要复位端接通为“1”），则寄存器的各位均清零。

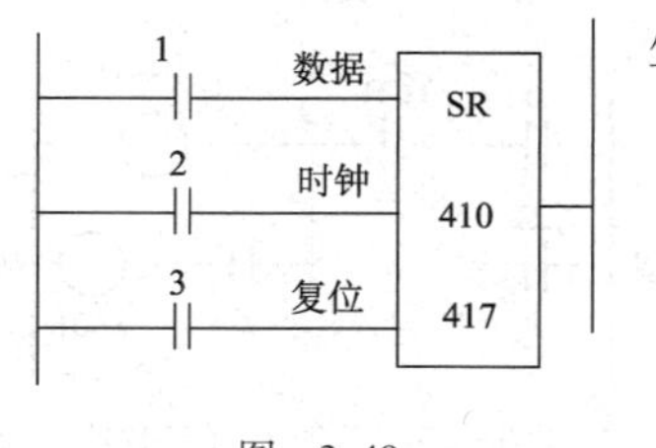

图　3-49

例 9：图 3-49 所示移位寄存器。

时序图见图 3-50。

(18) SET OUT 指令

SET OUT——输出置位指令。用于使输出不受输出禁止的影响。

①376 为禁止输出线圈：376 线圈接通时，全部输出点断开但

不影响内部线圈的状态（在 SR-21 机中，控制 020—027、120—127 这 16 个硬件输出点）。

在控制系统中，经常有这样的要求，当出现某种非正常情况时，要求切断各输出点，又不影响 CPU 对程序的正常执行。为此，在 GE 系列 PLC 中，专设一个特殊功能的内部线圈 376，当该线圈置“1”时，能禁止输出，而不影响程序的执行。

当 376 号线圈接通时，全部输出点（硬件、在 SR-21 机中，只有 020—027、120—127 16 个硬件输出点）断开但不影响内部线圈的状态，也不改变输出继电器线圈在 CPU 内部的状态。这样，在发生故障时，可以在切断输出信号的前提下，检查各个线圈（输出和内部线圈）的内部状态，以便查找故障的原因。

②“SET OUT”指令不受 376 状态的影响。用“SET OUT”设定的输出，在一般情况下与用“OUT”设定的输出完全一样，但当 376 接通时，用“SET OUT”设定的输出（包括输出点）的状态不受影响，即不被禁止。

2. 编程举例

1）延时电路

实际应用中，有要求延时接通的、延时断开的设备。一般采用定时器实现。

（1）延时接通电路（图 3-51）

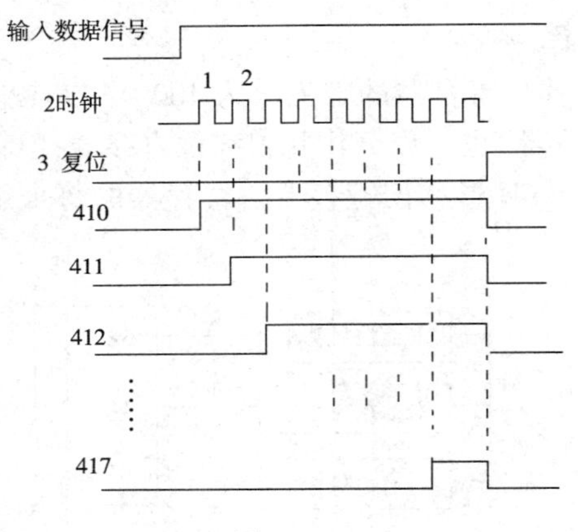

图 3-50

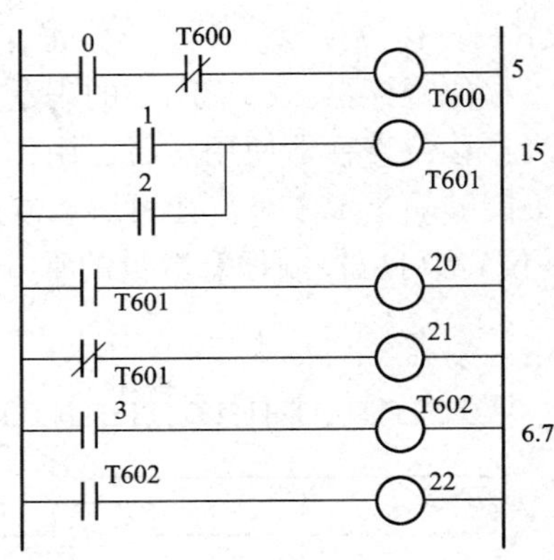

图 3-51 延时接通定时器

第一逻辑行为自复位定时器：0 接点接通时定时，5s 后 T600 动作，常闭断开，T600 复位，又重新开始定时。这一功能可产生任意周期的时钟信号供程序使用。即每隔 5sT600 接通一次，每次接通时间为 1 个扫描周期。

第 2～4 行是 15s 延时输出的逻辑控制。当 1 或 2 接通时，T601 开始定时，15s 后，T601 动作，使 20 接通、21 断开。即开关 1 闭合后，20 延时接通、21 延时断开。若 1 或 2 断开，则恢复原状态（20 断、21 通）。

第 5～6 行是延时 6、7s 的控制。

（2）延时断开电路（图 3-52）

输入 0 点接通后，22 线圈接通并自保。若断开 0 接点，则延时 10s 后 T601 动作，使 22 断开。

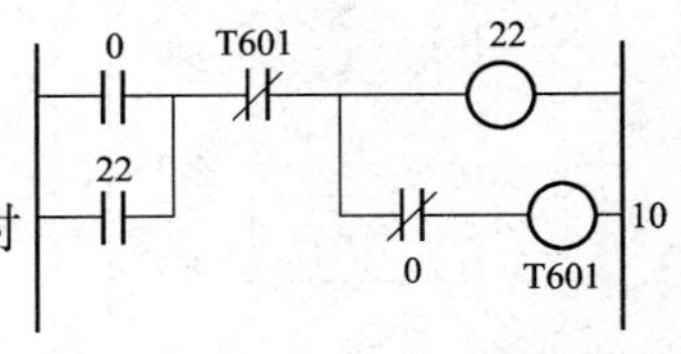

图 3-52 延时断开定时器

（3）长延时电路

因定时器的最大预置值为999.9,若实际定时时间超过此值,则可用几个定时器串联或用定时器与计数器配合使用。

定时器串联使用如图3-53所示。

0接点接通后,T611定时800s后使T612接着定时950s后,20输出。故从0接点接通到20输出,共延时兴00+950s。

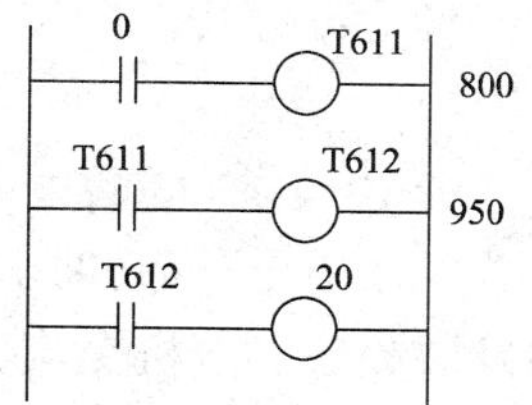

图3-53　计数器与计数器串联

2)电动机控制电路

(1)电动机星形—三角启动控制电路

如图3-54为接触器、继电器控制。

(2)PLC控制梯形图

星形—三角启动的PLC控制见图3-55。其中:

输入点:FR——0　　SB1——1　　SB2——2

输出点:KM1——20　　KMY——21　　KM△——22　　KT——T600

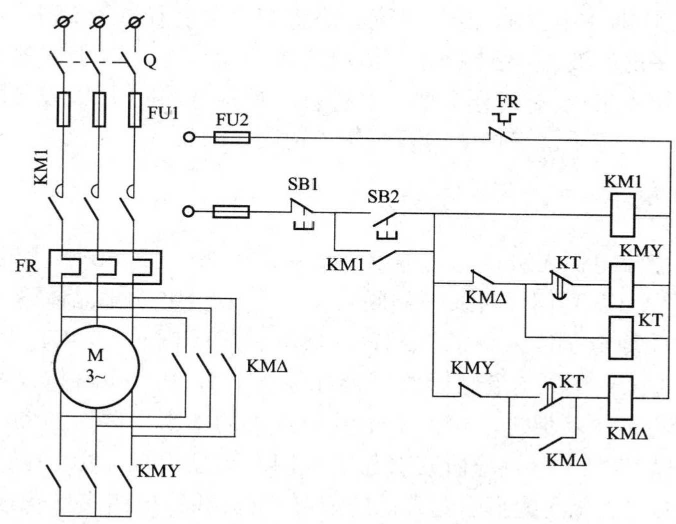

图3-54　星形—三角启动控制电路

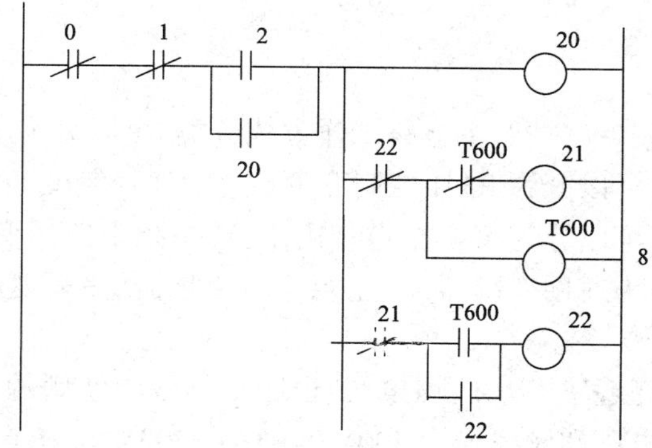

图3-55　星形—三角启动的PLC控制

第四节　变频器的原理及应用

近10年来,随着电力电子技术、计算机技术、自动控制技术的迅速发展,电气传动技术面临着一场历史革命,即交流调速取代直流调速和计算机数字控制技术取代模拟控制技术已成为发展趋势。电机交流变频调速技术是当今节电、改善工艺流程以提高产品质量和改善环境、推动技术进步的一种主要手段。变频调速以其优异的调速和起制动性能,高效率、高功率因数和节能效果,广泛的适用范围及其他许多优点而被国内外公认为最有发展前途的调速方式。变频器是实现变频调速的传动装置,下面重点介绍一下变频器的原理及应用。

一、变频器定义

是把工频电源(50Hz或60Hz)变换成各种频率的交流电源,以实现电机的变速运行的设备,其中控制电路完成对主电路的控制,整流电路将交流电变换成直流电,直流中间电路对整流电路的输出进行平滑滤波,逆变电路将直流电再逆成交流电。对于如矢量控制变频器这种需要大量运算的变频器来说,有时还需要一个进行转矩计算的CPU以及一些相应的电路。变频调速是通过改变电机定子绕组供电的频率来达到调速的目的。

二、变频器的发展

变频技术是应交流电机无级调速的需要而诞生的。20世纪60年代以后,电力电子器件经历了SCR(晶闸管)、GTO(门极可关断晶闸管)、BJT(双极型功率晶体管)、MOSFET(金属氧化物场效应管)、SIT(静电感应晶体管)、SITH(静电感应晶闸管)、MGT(MOS控制晶体管)、MCT(MOS控制晶闸管)、IGBT(绝缘栅双极型晶体管)、HVIGBT(耐高压绝缘栅双极型晶闸管)的发展过程,器件的更新促进了电力电子变换技术的不断发展。20世纪70年代开始,脉宽调制变压变频(PWM-VVVF)调速研究引起了人们的高度重视。20世纪80年代,作为变频技术核心的PWM模式优化问题吸引着人们的浓厚兴趣,并得出诸多优化模式,其中以鞍形波PWM模式效果最佳。20世纪80年代后半期开始,美、日、德、英等发达国家的VVVF变频器已投入市场并获得了广泛应用。

三、变频器的分类

变频器的分类方法有多种,按照主电路工作方式分类,可以分为电压型变频器和电流型变频器;按照开关方式分类,可以分为PAM控制变频器、PWM控制变频器和高载频PWM控制变频器;按照工作原理分类,可以分为V/f控制变频器、转差频率控制变频器和矢量控制变频器等;按照用途分类,可以分为通用变频器、高性能专用变频器、高频变频器、单相变频器和三相变频器等。

VVVF:改变电压、改变频率 CVCF:恒电压、恒频率。各国使用的交流供电电源,无论是用于家庭还是用于工厂,其电压和频率均为400V/50Hz或200V/60Hz(50Hz),等等。通常,把电压和频率固定不变的交流电变换为电压或频率可变的交流电的装置称作“变频器”。为了产生可变的电压和频率,该设备首先要把电源的交流电(AC)变换为直流电(DC)。用于电机控

制的变频器，既可以改变电压，又可以改变频率。

四、变频器的工作原理

我们知道，交流电动机的同步转速表达式为：

$$n = 60f(1-s)/p \tag{3-1}$$

式中：n——异步电动机的转速；

f——异步电动机的频率；

s——电动机转差率；

p——电动机极对数。

由式(3-1)可知，转速 n 与频率 f 成正比，只要改变频率 f 即可改变电动机的转速，当频率 f 在 0～50Hz 的范围内变化时，电动机转速调节范围非常宽。变频器就是通过改变电动机电源频率实现速度调节的，是一种理想的高效率、高性能的调速手段。

五、变频器控制方式

低压通用变频输出电压为 380～650V，输出功率为 0.75～400kW，工作频率为 0～400Hz，它的主电路都采用交—直—交电路。其控制方式经历了以下几代。

1. $1U/f=C$ 的正弦脉宽调制(SPWM)控制方式

其特点是控制电路结构简单、成本较低，机械特性硬度也较好，能够满足一般传动的平滑调速要求，已在产业的各个领域得到广泛应用。但是，这种控制方式在低频时，由于输出电压较低，转矩受定子电阻压降的影响比较显著，使输出最大转矩减小。另外，其机械特性终究没有直流电动机硬，动态转矩能力和静态调速性能都还不尽如人意，且系统性能不高、控制曲线会随负载的变化而变化，转矩响应慢、电机转矩利用率不高，低速时因定子电阻和逆变器死区效应的存在而性能下降，稳定性变差等。因此人们又研究出矢量控制变频调速。

2. 电压空间矢量(SVPWM)控制方式

它是以三相波形整体生成效果为前提，以逼近电机气隙的理想圆形旋转磁场轨迹为目的，一次生成三相调制波形，以内切多边形逼近圆的方式进行控制的。经实践使用后又有所改进，即引入频率补偿，能消除速度控制的误差；通过反馈估算磁链幅值，消除低速时定子电阻的影响；将输出电压、电流闭环，以提高动态的精度和稳定度。但控制电路环节较多，且没有引入转矩的调节，所以系统性能没有得到根本改善。

3. 矢量控制(VC)方式

矢量控制变频调速的做法是将异步电动机在三相坐标系下的定子电流 Ia、Ib、Ic、通过三相-二相变换，等效成两相静止坐标系下的交流电流 $Ia1Ib1$，再通过按转子磁场定向旋转变换，等效成同步旋转坐标系下的直流电流 $Im1$、$It1$($Im1$ 相当于直流电动机的励磁电流；$It1$ 相当于与转矩成正比的电枢电流)，然后模仿直流电动机的控制方法，求得直流电动机的控制量，经过相应的坐标反变换，实现对异步电动机的控制。其实质是将交流电动机等效为直流电动机，分别对速度，磁场两个分量进行独立控制。通过控制转子磁链，然后分解定子电流而获得转矩和磁场两个分量，经坐标变换，实现正交或解耦控制。矢量控制方法的提出具有划时代的意义。然而在实际应用中,由于转子磁链难以准确观测,系统特性受电动机参数的影响较大,且在等效直流电动机控制过程中所用矢量旋转变换较复杂,使得实际的控制效果难以达到理想分析的结果。

4. 直接转矩控制(DTC)方式

1985年,德国鲁尔大学的DePenbrock教授首次提出了直接转矩控制变频技术。该技术在很大程度上解决了上述矢量控制的不足,并以新颖的控制思想、简洁明了的系统结构、优良的动静态性能得到了迅速发展。目前,该技术已成功地应用在电力机车牵引的大功率交流传动上。直接转矩控制直接在定子坐标系下分析交流电动机的数学模型,控制电动机的磁链和转矩。它不需要将交流电动机等效为直流电动机,因而省去了矢量旋转变换中的许多复杂计算;它不需要模仿直流电动机的控制,也不需要为解耦而简化交流电动机的数学模型。

5. 矩阵式交—交控制方式

VVVF变频、矢量控制变频、直接转矩控制变频都是交—直—交变频中的一种。其共同缺点是输入功率因数低,谐波电流大,直流电路需要大的储能电容,再生能量又不能反馈回电网,即不能进行四象限运行。为此,矩阵式交—交变频应运而生。由于矩阵式交—交变频省去了中间直流环节,从而省去了体积大、价格贵的电解电容。它能实现功率因数为1,输入电流为正弦且能四象限运行,系统的功率密度大。该技术目前虽尚未成熟,但仍吸引着众多的学者深入研究。其实质不是间接的控制电流、磁链等量,而是把转矩直接作为被控制量来实现的。具体方法是:

①控制定子磁链引入定子磁链观测器,实现无速度传感器方式;

②自动识别(ID)依靠精确的电机数学模型,对电机参数自动识别;

③算出实际值对应定子阻抗、互感、磁饱和因素、惯量等算出实际的转矩、定子磁链、转子速度进行实时控制;

④实现Band—Band控制按磁链和转矩的Band—Band控制产生PWM信号,对逆变器开关状态进行控制。

矩阵式交—交变频具有快速的转矩响应(<2ms),很高的速度精度(±2%,无PG反馈),高转矩精度(<+3%);同时还具有较高的启动转矩及高转矩精度,尤其在低速时(包括0速度时),可输出150%~200%转矩。

六、变频器在各类负载中的应用

1. 恒转矩负载的变频调速

1)恒转矩负载的特点

(1)典型实例(图3-56)

(2)负载特点

①转矩特点:

运动的阻力:F——与转速无关;

作用半径:r——与转速无关;

负载的转矩:

$$T_L = F \cdot r \text{——与转速无关。}$$

所以在调速过程中，$T_L = \text{const}$。

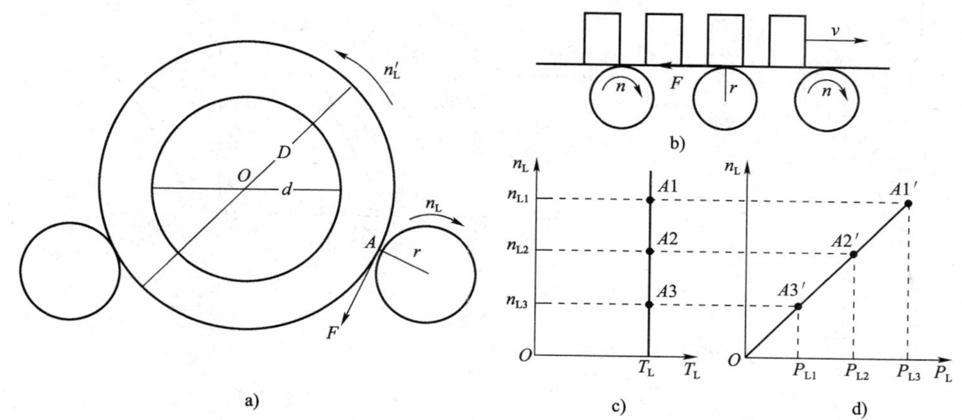

图 3-56　恒转矩负载及其特性

a)滚筒式负载；b)带式输送机；c)机械特性；d)功率特性

②功率特点：

$$p_L = \frac{T_L n_L}{9550} \propto n_L$$

2)低频运行与启动的特性

(1)低频重载运行的对策(图 3-57)

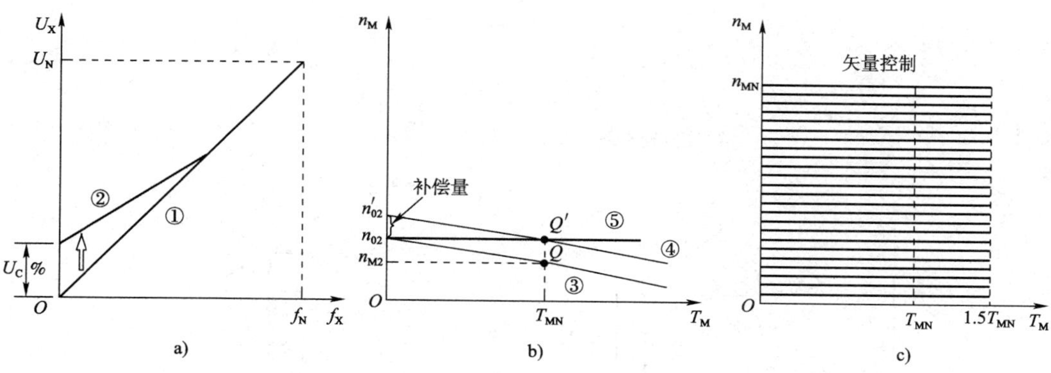

图 3-57　低频重载运行对策

a)转矩提升；b)转差补偿；c)矢量控制

(2)启动特点及对策(图 3-58)

3)上、下限频率的预置要点

(1)上限频率尽量接近基本频率：$f_H \ngtr f_N$(图 3-59)

①在 $f_H > f_N$ 的情况下：$f_H = f_N$→电动机的输出转矩最大。

②在 $f_H \leqslant f_N$ 的情况下：$f_H = f_N$→电动机的输出功率最大。

(2)尽量提高下限频率(图 3-60)

4)恒转矩负载的调速范围

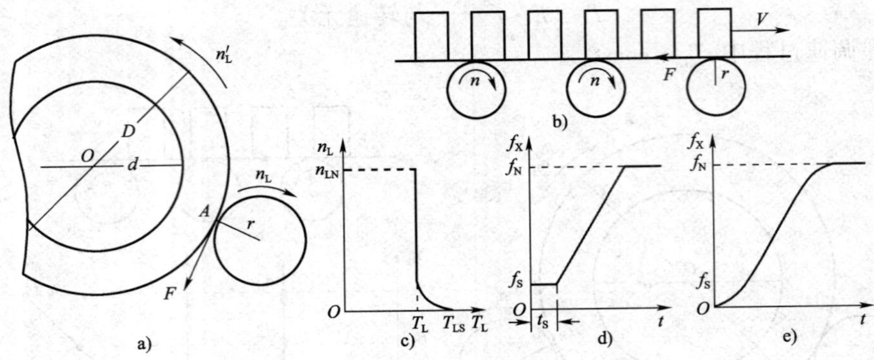

图 3-58　启动特点及对策

a) 大惯性；b) 传输带；c) 启动特点；d) 启动频率；e) S 形加速

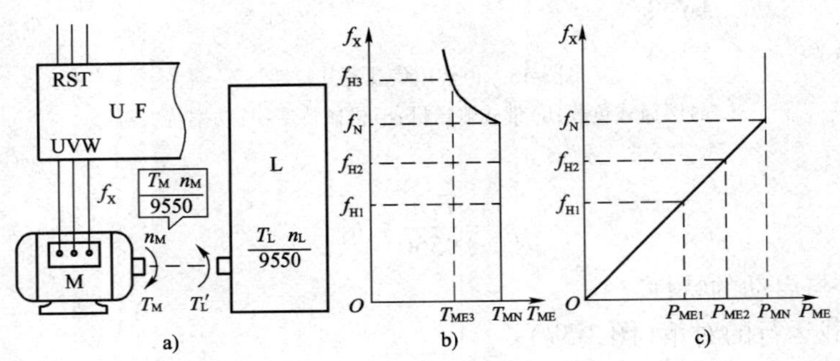

图 3-59　上限频率与电动机的有效功率

a) 变频拖动系统；b) 有效转矩；c) 有效功率

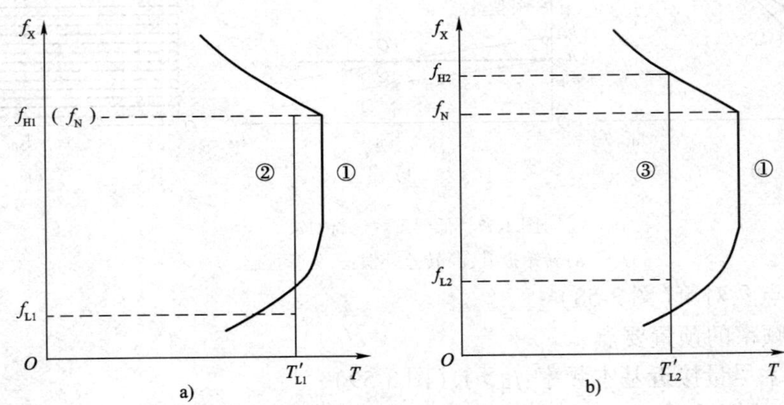

图 3-60　下限频率的预置

a) 下限频率较低；b) 下限频率较高

恒转矩负载的调速范围见图3-61。

调速范围和负荷率的关系见表3-1,关系式为:

$$\sigma A\% = \frac{T'_L}{T_{MN}} \times 100\%$$

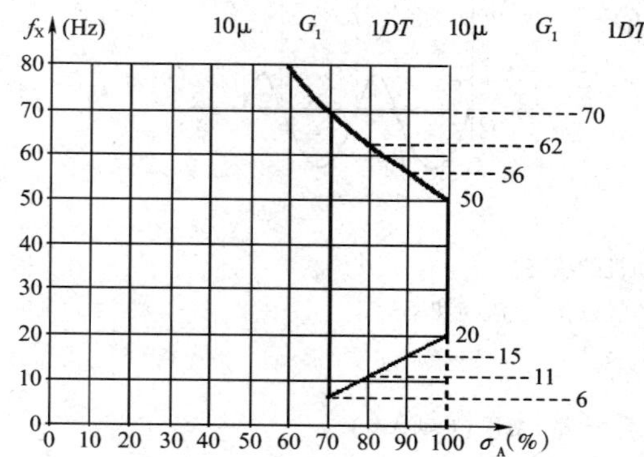

图3-61　有效转矩线

调速范围与负荷率的关系　表3-1

负荷率	最高频率	最低频率	调速范围
100%	50Hz	20Hz	2.5
90%	56Hz	15Hz	3.7
80%	62Hz	11Hz	5.6
70%	70Hz	6Hz	11.6

2. 重力负载的变频调速

1)重力负载及其特点

(1)重力负载的特点

①需要电磁抱闸(图3-62)。

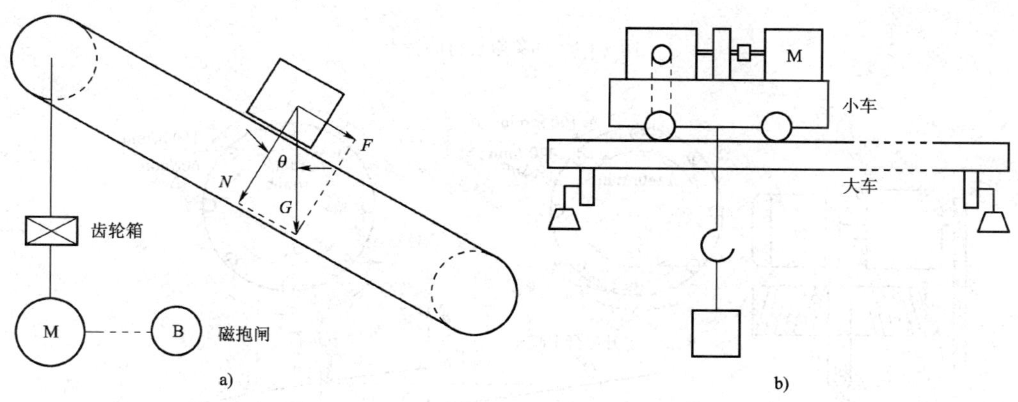

图3-62　位能负载实例

a)斜坡传输;b)起重机械

②电动机的状态(图3-63)。

(2)重力负载的四象限运行

①四象限运行的特点(图3-64)。

②四象限运行举例:

A. 重物上升(图3-65)。

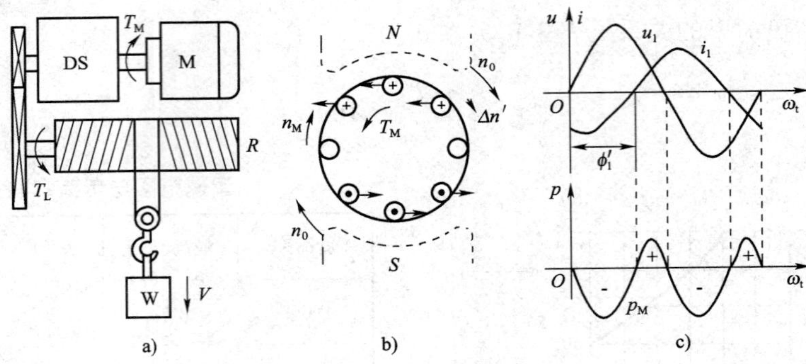

图 3-63　电动机的状态

a) 重物下降; b) 电动机的状态; c) 电流与功率

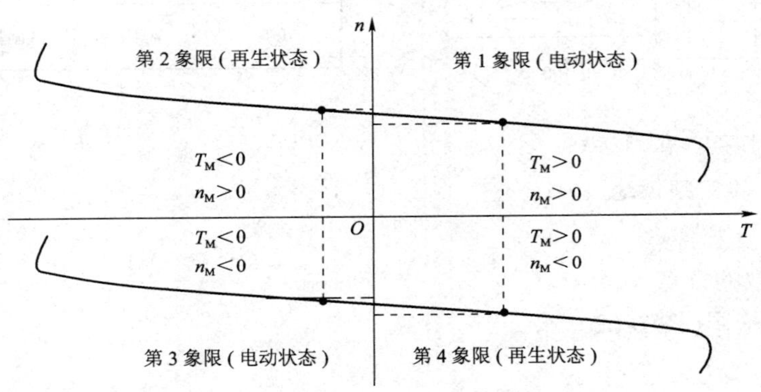

图 3-64　四象限运行的特点

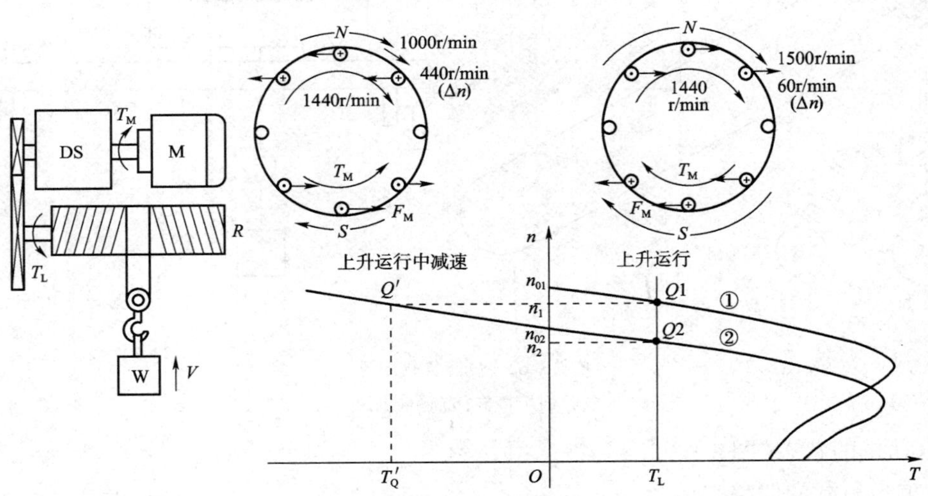

图 3-65　重物上升时的工作点

B. 空钩(包括轻载)下降(图 3-66)。

C. 重载下降(图 3-67)。

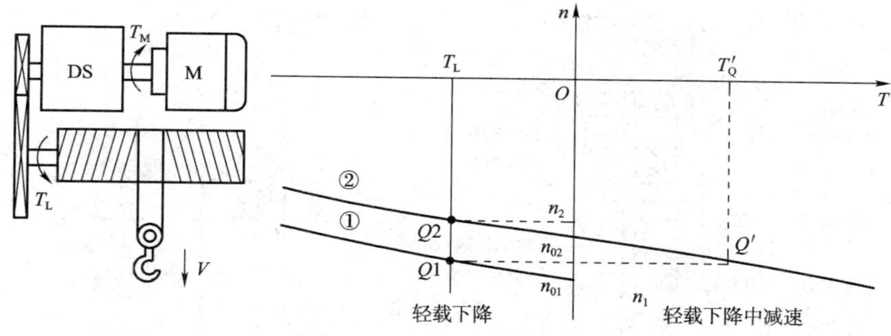

图 3-66　空钩下降时的工作点

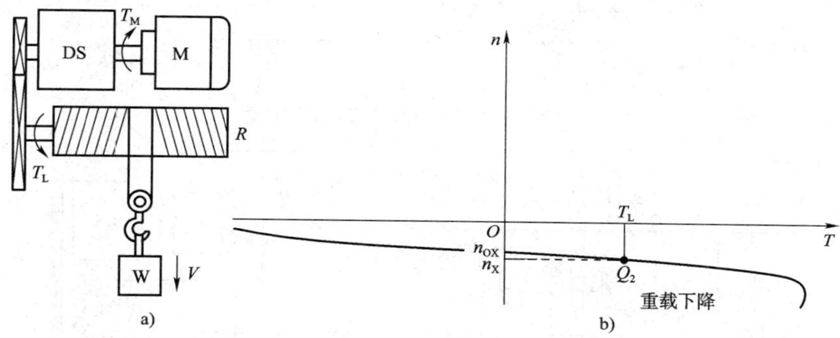

图 3-67　重载下降时的工作点

2)起升装置的防溜钩

(1)电磁制动器的接法(图 3-68)

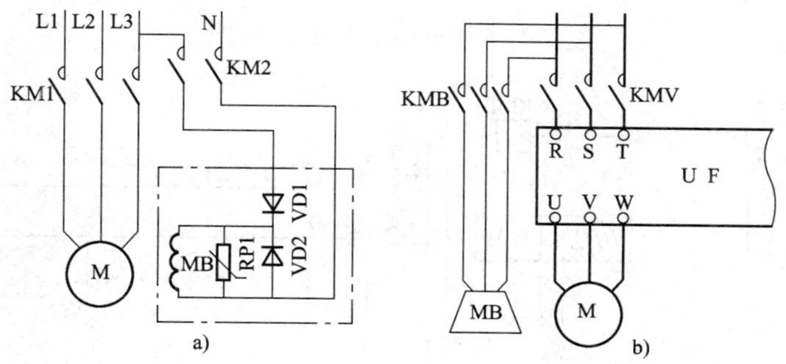

图 3-68　电磁制动器的接法

a)工频运行时;b)变频运行时

(2)变频运行时防溜钩的方法(图 3-69)

(3)应急措施举例

①制动单元损坏后的应急措施(图 3-70)。

②变频器跳闸时的防溜钩(图 3-71)。

3)大车的控制特点

(1)应预置瞬时断电的重合闸功能(图 3-72)

(2)应预置下垂功能(图 3-73)

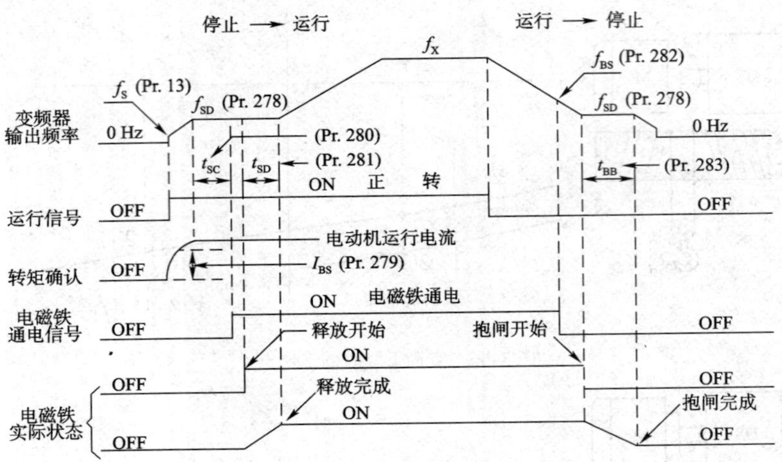

图 3-69 无反馈矢量控制方式的防溜钩

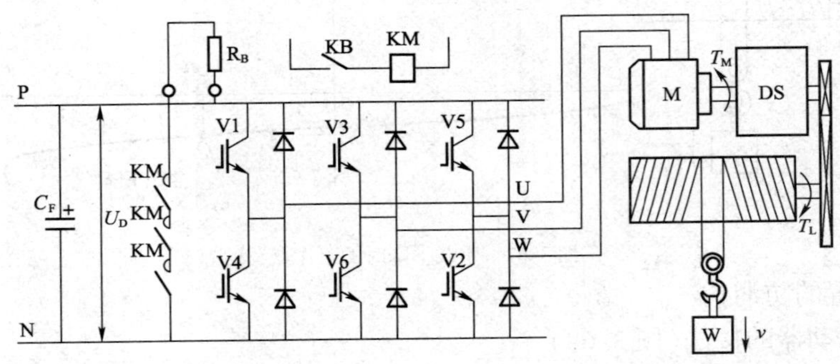

图 3-70 制动单元损坏后的应急措施

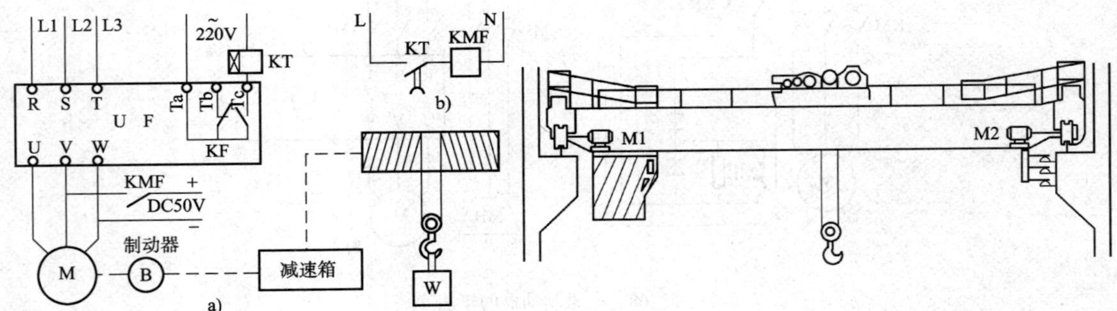

图 3-71 变频器跳闸时的应急措施

a）应急措施示意图；b）接触器电路

图 3-72 大车的拖动系统和馈电特点

3. 恒功率负载的变频调速

1）恒功率负载的特点

恒功率负载及其特性见图 3-74。

（1）典型实例

$$F = \text{Const}; \qquad v = \text{Const}$$

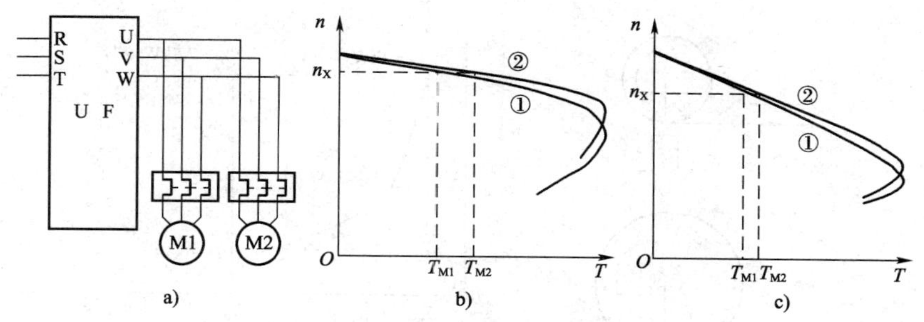

图 3-73　电动机的下垂特性

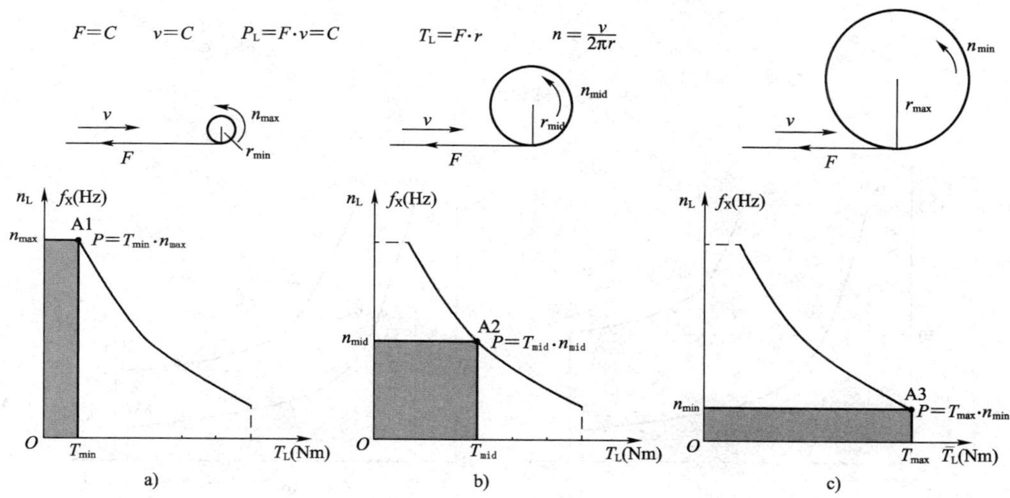

图 3-74　恒功率负载及其特性

a)卷径很小时；b)卷径增大时；c)卷径最大时

(2)主要特点

①功率特点：

$$p_L = F \cdot v = \text{const};$$

②转矩特点：

$$T_L = F \cdot r \propto r$$

③转速特点：

$$n_L = \frac{v}{2\pi r} \propto \frac{1}{r}$$

2)恒功率负载的系统容量

(1)主要矛盾(图 3-75)

(2)解决方法(图 3-76)

3)卷绕机械变频调速要点

(1)闭环控制(图 3-77)

(2)转矩控制(在有反馈矢量控制模式下,见图 3-78)

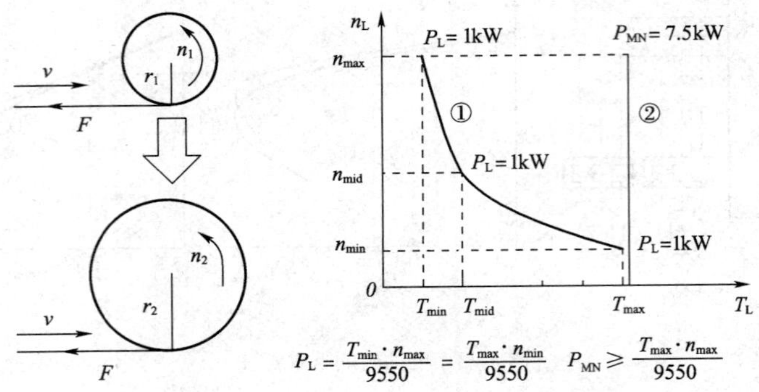

图 3-75　额频以下带卷绕机

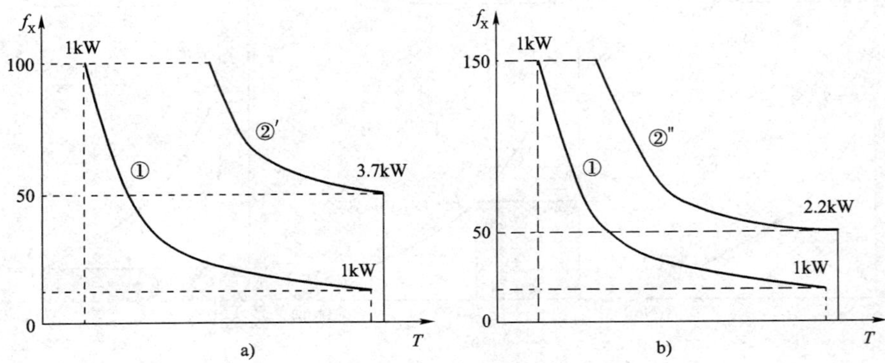

图 3-76　提高频率带卷绕机

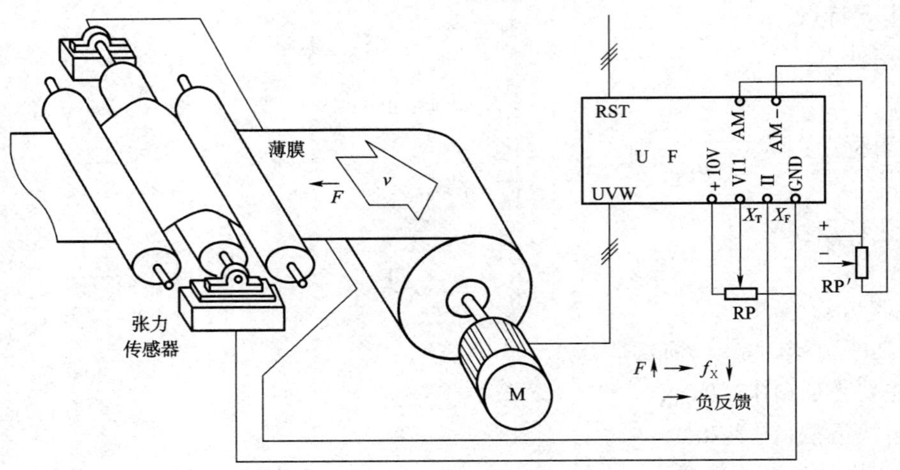

图 3-77　卷绕的闭环控制

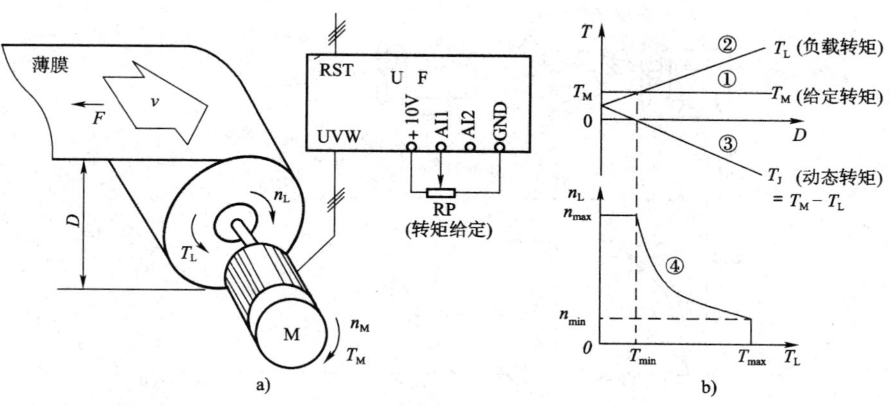

图 3-78　卷绕的转矩控制

a)控制系统示意图;b)转矩与转速

(3)功能预置要点

①上限频率：

因为 A. 主要着眼于减小系统容量；

B. 拖动系统在最高频率下停留时间极短。

所以上限频率可预置为：

$$f_H = (2 \sim 3) f_N$$

②转矩提升：

因为 A. 当被卷物的卷径最大时,负载的阻转矩也最大,而运行频率则最低。

B. 在低频情况下,不存在轻载运行的工况。

C. 启动过程通常在轻载情况下进行。

所以“转矩提升”可以尽量提高,但必须注意在轻载过程中是否发生“过电流”跳闸。

③加、减速时间：

因为 A. 在最轻负荷下启动；

B. 在最低频率下停机。

所以加、减速时间的预置比较随意。

4. 二次方律负载的变频调速

1)二次方律负载的特点

(1)转矩特点(见图 3-79)

$$T_L = K_T \cdot n_L^2$$

(2)功率特点

$$P_L = \frac{K_T \cdot n_L^2 \cdot n_L}{9550} = K_P \cdot n_L^3$$

严格地讲,转矩表达式应为：

$$T_L = T_0 + K_T \cdot n_L^2$$

功率表达式为：

$$P_L = P_0 + K_P \cdot n_L^3$$

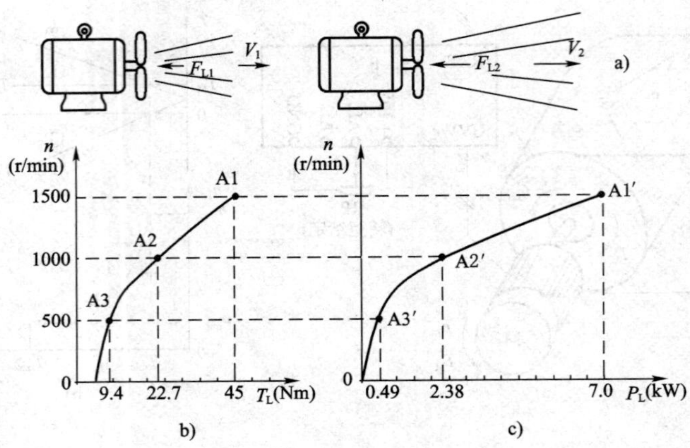

图 3-79　二次方律负载及其特性

2)风机变频调速要点

(1)变频器选型

①容量 $P_N \not< P_{MN}$。

②类型风机、水泵用变频器。

(2)功能预置要点

①控制方式:V/F 控制方式,U/f 线的形状如图 3-80 所示。

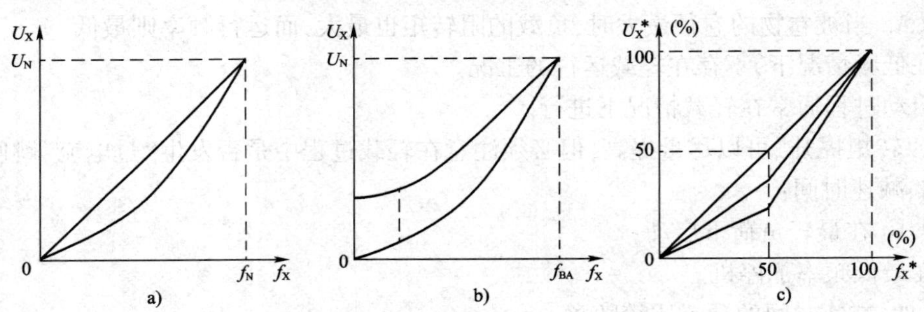

图 3-80　风机、水泵用的 U/f 线

a)艾默生变频器;b)康沃变频器;c)A－B 变频器

②上限频率(或最高频率)(见图 3-81、图 3-82):

假设　$f_X = 1.1 f_N \quad (n_X = 1.1 n_N)$

则　$T_{LX} \approx 1.1^2 T_{LN} = 1.21 T_{LN}$

而　$T_{MX} \approx (1 \,/\, 1.1) T_{MN} = 0.91 T_{LN}$

所以　$f_H \not> f_N (f_H \leqslant f_N)$

③加、减速时间与方式:

A. 加、减速时间:

因为ⓐ风机的惯性较大;

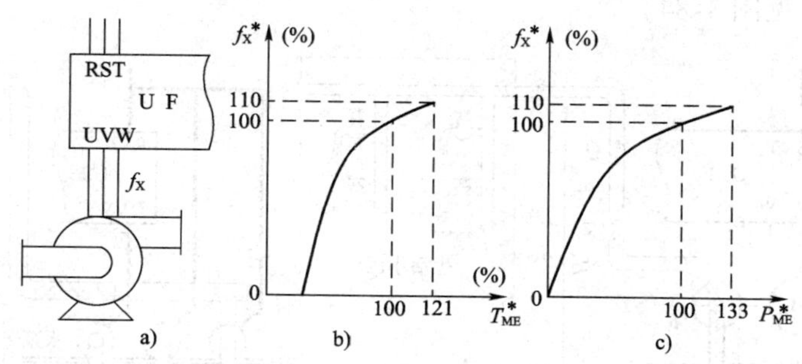

图 3-81　风机对上限频率的限制

a)变频风机;b)转矩特性;c)功率特性

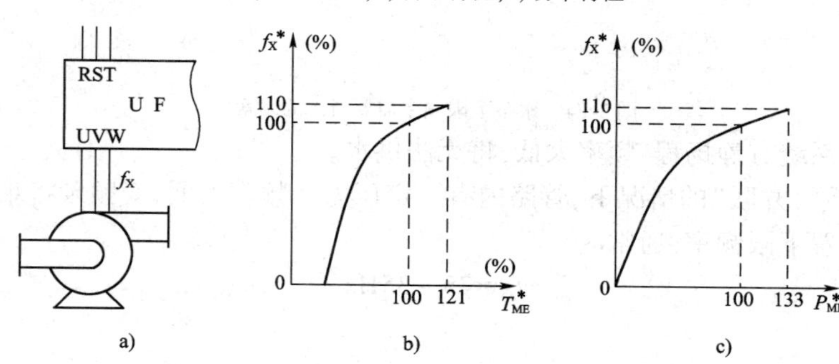

图 3-82　风机对上限频率的限制

a)变频风机;b)转矩特性;c)功率特性

ⓑ启动与停机很不频繁。

所以加、减速时间应适当延长,使启动时的电动机电流和停止时的直流电压都限制在允许范围内。

B. 加、减速方式:

因为风机在低速时阻转矩很小，而在频率较高时阻转矩增加较快。所以以采用半 S 方式为宜。见图 3-83。

④启动功能。根据需要,可预置启动前的直流制动功能,以保证零速启动。

3)水泵变频调速要点

(1)与风机的不同点

①加、减速时间:

因为 A. 为了彻底消除水锤效应,加、减速时间不应太短;

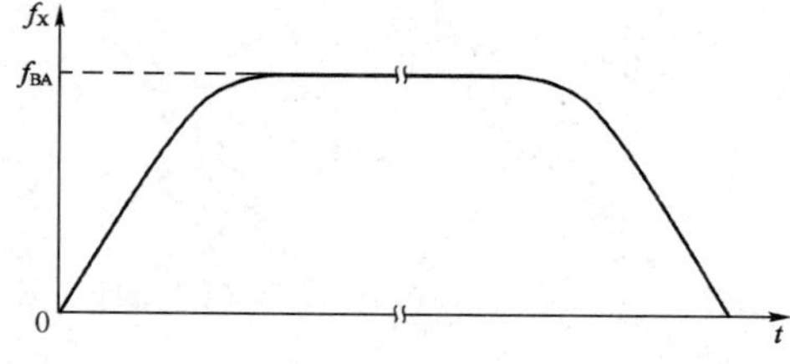

图 3-83　半 S 形加、减速方式

B. 因为在很低速时,管路内的水压可能形成回流,故加、减速时间也不宜太长。

所以取

$$t_A = t_D \approx 10 \sim 20\text{s}$$

②加、减速方式:

因为为了避免回流,水泵在低速段的滞留时间不宜太长。所以也以采用半 S 形加、减速方式为好。

(2)下限频率(见图3-84)

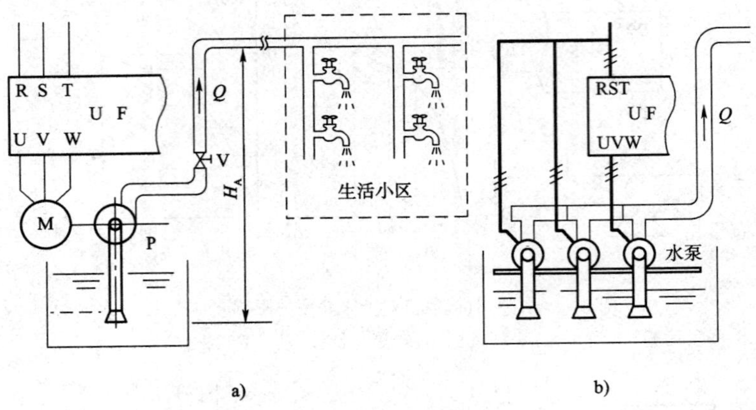

图3-84　水泵下限频率需要考虑的因素

因为①供水系统有静扬程，频率太低，将无法供水。

②在多台水泵“并联”的情况下，管路内有一定压力。频率太低，变频泵将难以供水。

所以需要预置下限频率，通常

$$f_L \approx 25 \sim 35\text{Hz}$$

附录一 常用液压图形符号

常用液压图形符号(摘自 GB/T 786.1—1993)

(1)液压泵、液压马达和液压缸							
名称		符号	说明	名称		符号	说明
液压泵	液压泵		一般符号	双作用缸	不可调单向缓冲缸		详细符号
	单向定量液压泵		单向旋转、单向流动、定排量				简化符号
	双向定量液压泵		双向旋转,双向流动,定排量		可调单向缓冲缸		详细符号
	单向变量液压泵		单向旋转,单向流动,变排量				简化符号
	双向变量液压泵		双向旋转,双向流动,变排量		不可调双向缓冲缸		详细符号
液压马达	液压马达		一般符号				简化符号
	单向定量液压马达		单向流动,单向旋转		可调双向缓冲缸		详细符号
	双向定量液压马达		双向流动,双向旋转,定排量				简化符号

续上表

名称		符号	说明
泵/马达	单向变量液压马达		单向流动，单向旋转，变排量 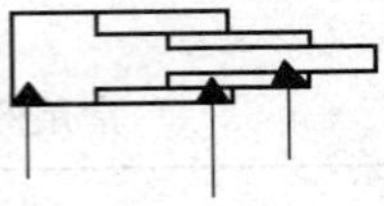
	双向变量液压马达	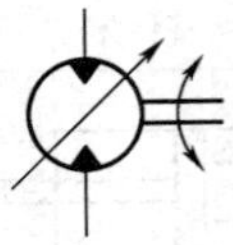	双向流动，双向旋转，变排量 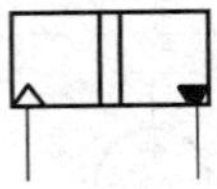
	摆动马达	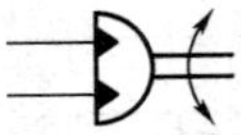	双向摆动，定角度 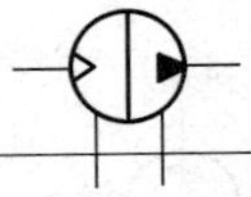
	定量液压泵－马达	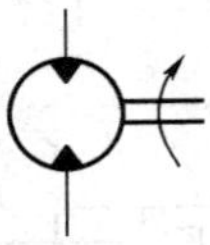	单向流动，单向旋转，定排量 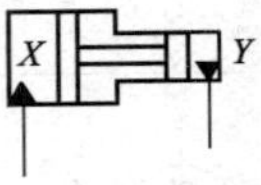
	变量液压泵－马达	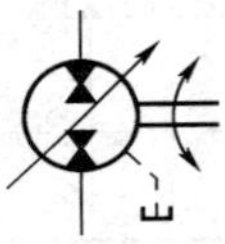	双向流动，双向旋转，变排量，外部泄油 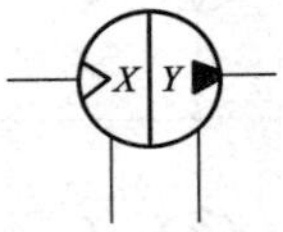
	液压整体式传动装置		单向旋转，变排量泵，定排量马达 
单作用缸	单活塞杆缸	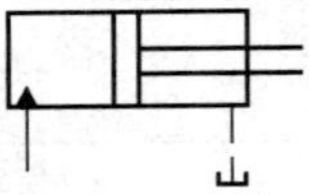	详细符号 
		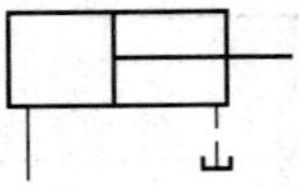	简化符号 
	单活塞杆缸（带弹簧复位）	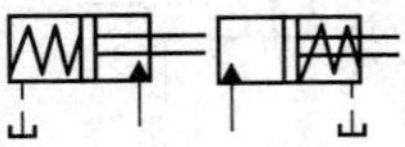	详细符号 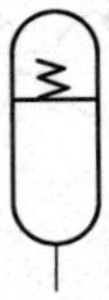
			简化符号

名称		符号	说明
	伸缩缸		
压力转换器	气－液转换器		单程作用
			连续作用
	增压器		单程作用
			连续作用
蓄能器	蓄能器		一般符号
	气体隔离式		
	重锤式		
	弹簧式		
辅助气瓶			

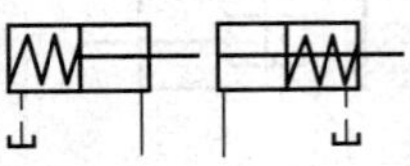

续上表

名称		符号	说明	名称		符号	说明
	柱塞缸	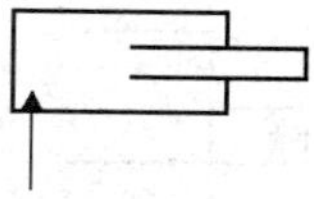		气罐			
	伸缩缸	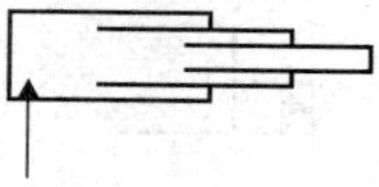		能量源	液压源		一般符号
双作用缸	单活塞杆缸	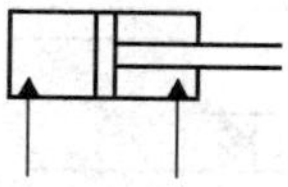	详细符号		气压源		一般符号
		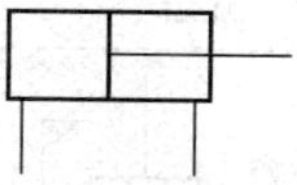	简化符号		电动机	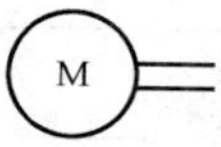	
	双活塞杆缸	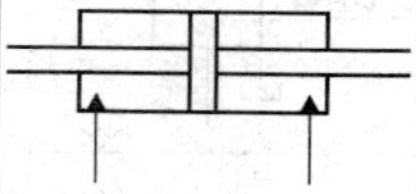	详细符号		原动机	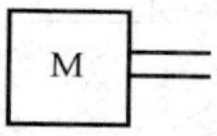	电动机除外
		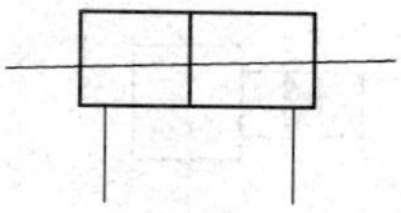	简化符号			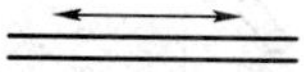	

(2)机械控制装置和控制方法

名称		符号	说明	名称		符号	说明
机械控制件	直线运动的杆		箭头可省略	先导压力控制方法	液压先导加压控制	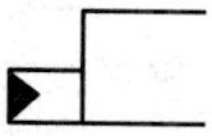	内部压力控制
	旋转运动的轴	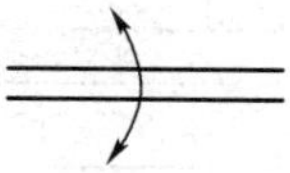	箭头可省略		液压先导加压控制	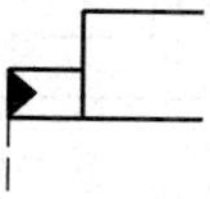	外部压力控制
	定位装置	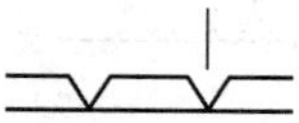			液压二级先导加压控制	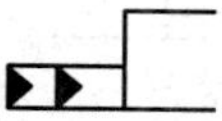	内部压力控制，内部泄油
	锁定装置	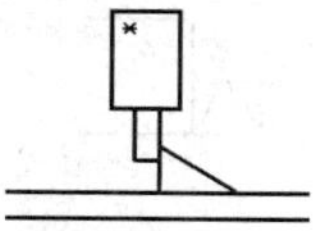	* 为开锁的控制方法		气－液先导加压控制	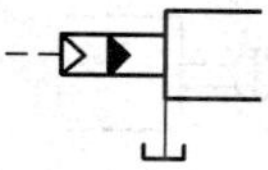	气压外部控制，液压内部控制，外部泄油
	弹跳机构				电－液先导加压控制	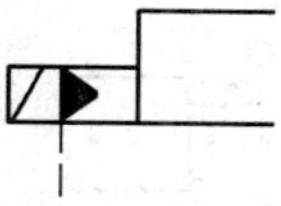	液压外部控制，内部泄油

续上表

名称		符号	说明	名称		符号	说明
机械控制方法	顶杆式			液压先导卸压控制	液压先导卸压控制		内部压力控制，内部泄油
	可变行程控制式						外部压力控制（带遥控泄放口）
	弹簧控制式				电-液先导控制		电磁铁控制、外部压力控制，外部泄油
	滚轮式		两个方向操作		先导型压力控制阀		带压力调节弹簧，外部泄油，带遥控泄放口
	单向滚轮式		仅在一个方向上操作，箭头可省略		先导型比例电磁式压力控制阀		先导级由比例电磁铁控制，内部泄油
人力控制方法	人力控制		一般符号	电气控制方法	单作用电磁铁		电气引线可省略，斜线也可向右下方
	按钮式				双作用电磁铁		
	拉钮式				单作用可调电磁操作（比例电磁铁，力马达等）		
	按-拉式				双作用可调电磁操作（力矩马达等）		
	手柄式				旋转运动电气控制装置	M	

续上表

名称		符号	说明	名称		符号	说明
直接压力控制方法	单向踏板式			反馈控制方法	反馈控制		一般符号
	双向踏板式				电反馈		由电位器、差动变压器等检测位置
	加压或卸压控制				内部机械反馈		如随动阀仿形控制回路等
	差动控制						
	内部压力控制	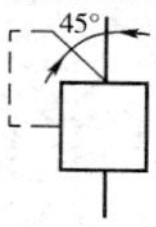	控制通路夺元件内部				
	外部压力控制	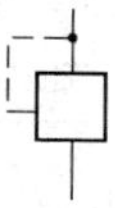	控制通路在元件外部				

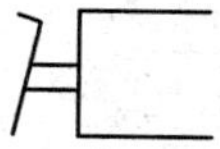

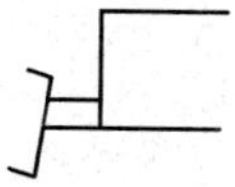

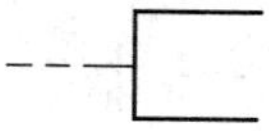

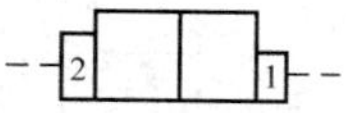

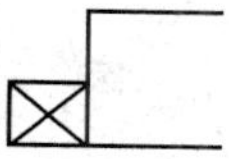

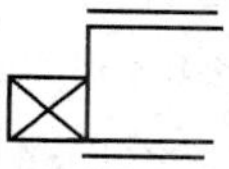

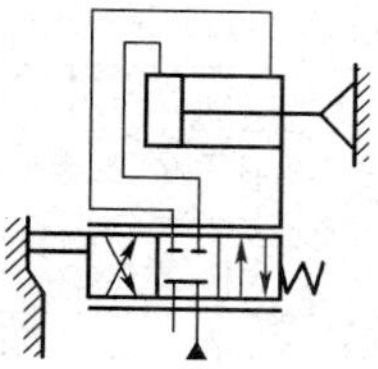

(3)压力控制阀

名称		符号	说明	名称		符号	说明
溢流阀	溢流阀	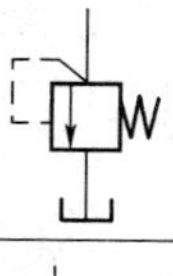	一般符号或直动型溢流阀	减压阀	先导型比例电磁式溢流减压阀	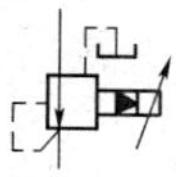	
	先导型溢流阀				定比减压阀	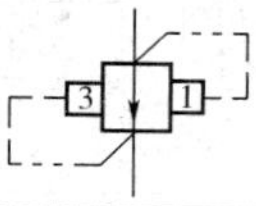	减压比 1/3
	先导型电磁溢流阀		(常闭)		定差减压阀		
	直动式比例溢流阀			顺序阀	顺序阀		一般符号或睦动型顺序阀

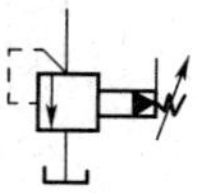

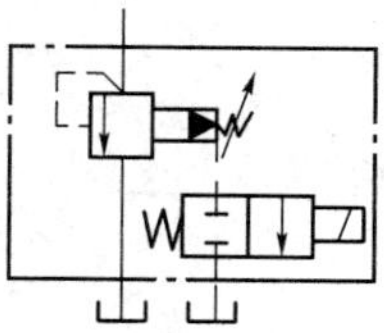

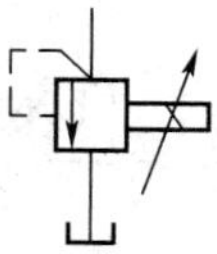

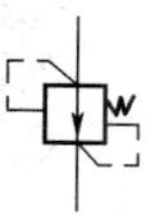

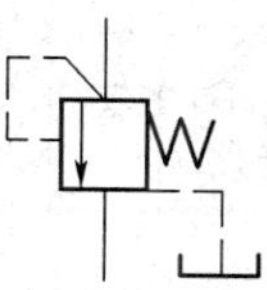

续上表

名称		符号	说明	名称		符号	说明
减压阀	先导型比例溢流阀			卸荷阀	先导型顺序阀	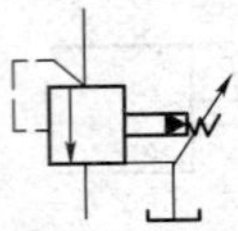	
	卸荷溢流阀	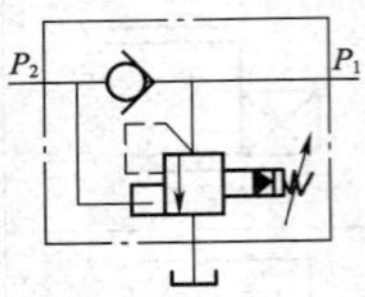	$p_2 > p_1$ 时卸荷		单向顺序阀（平衡阀）	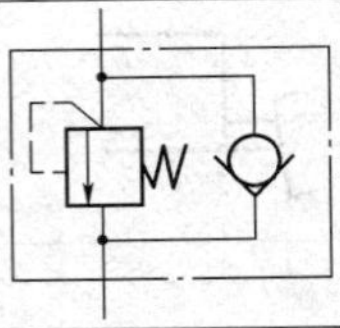	
	双向溢流阀		直动式，外部泄油		卸荷阀		一般符号或直动型卸荷阀
	减压阀		一般符号或直动型减压阀		先导型电磁卸荷阀		$p_1 > p_2$
	先导型减压阀	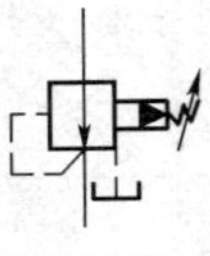		制动阀	双溢流制动阀	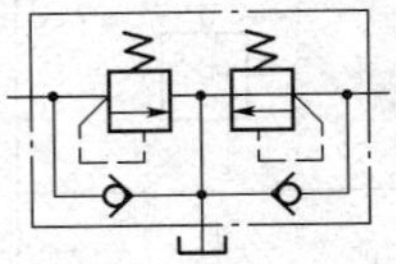	
	溢流减压阀	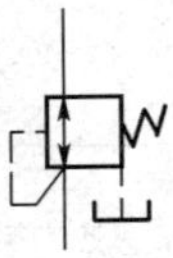			溢流油桥制动阀	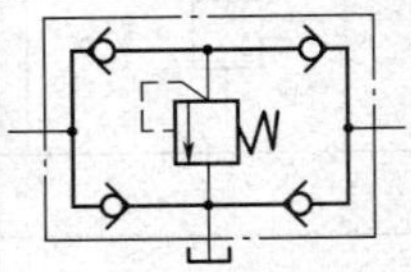	
(4)方向控制阀							
名称		符号	说明	名称		符号	说明
单向阀	单向阀	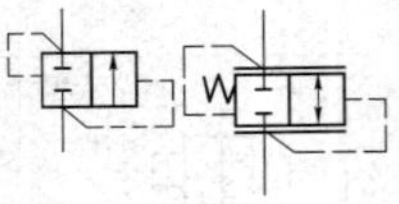	详细符号	换向阀	二位五通液动阀	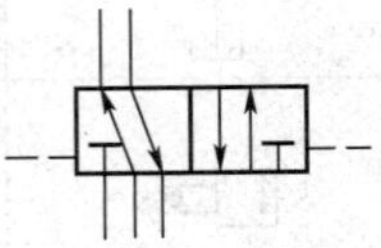	
		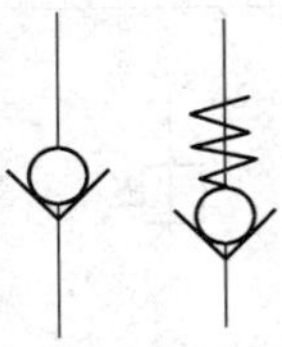	简化符号（弹簧可省略）		二位四通机动阀	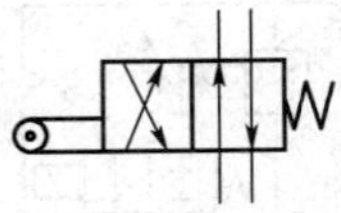	
液压单向阀	液控单向阀	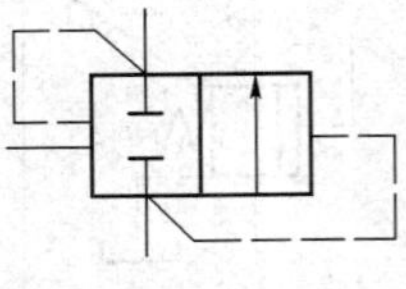	详细符号（控制压力关闭阀）		三位四通电磁阀	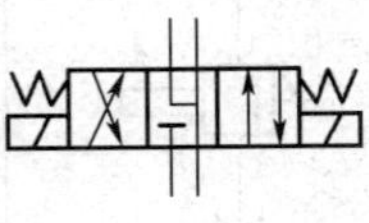	

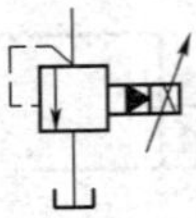

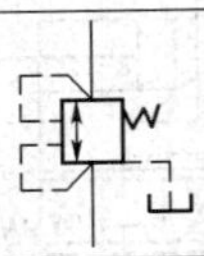

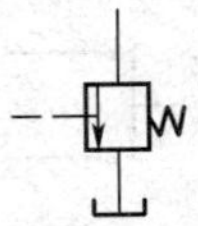

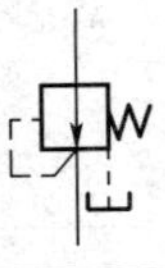

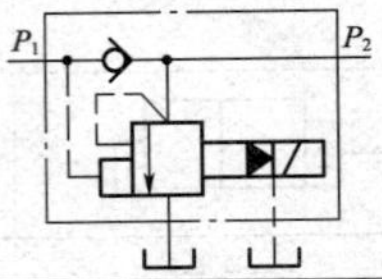

续上表

名称		符号	说明	名称	符号	说明
			简化符号	三位四通电液阀		简化符号（内控外泄）
			详细符号（控制压力打开阀）	三位六通手动阀		
			简化符号（弹簧可省略）	三位五通电磁阀		
	双液控单向阀			三位四通电液阀		外控内泄（带手动应急控制装置）
梭阀	或门型		详细符号	三位四通比例阀		节流型，中位正遮盖
			简化符号	三位四通比例阀		中位负遮盖
换向阀	二位二通电磁阀		常断	二位四通比例阀		
			常通	四通伺服		
	二位三通电磁阀			四通电液伺服阀		二级
	二位三通电磁球阀					带电反馈三级

续上表

名称		符号	说明	名称		符号	说明
	二位四通电磁阀						
(5)流量控制阀							
名称		符号	说明	名称		符号	说明
节流阀	可调节流阀		详细符号	调速阀	调速阀		简化符号
节流阀	可调节流阀		简化符号	调速阀	旁通型调速阀		简化符号
节流阀	不可调节流阀		一般符号	调速阀	温度补偿型调速阀		简化符号
节流阀	单向节流阀			调速阀	单向调速阀		简化符号
节流阀	双单向节流阀			同步阀	分流阀		
节流阀	截止阀			同步阀	单向分流阀		
节流阀	滚轮控制节流阀(减速阀)			同步阀	集流阀		
调速阀	调速阀		详细符号	同步阀	分流集流阀		

续上表

名称		符号	说明	名称		符号	说明
(6)油箱							
通大气式	管端在液面上			油箱	管端在油箱底部		
通大气式	管端在液面下		带空气过滤器	油箱	局部泄油或回油		
				加压油箱或密闭油箱			三条油路
(7)流体调节器							
过滤器	过滤器		一般符号	空气过滤器			
过滤器	带污染指示器的过滤器			温度调节器			
过滤器	磁性过滤器			冷却器	冷却器		一般符号
过滤器	带旁通阀的过滤器			冷却器	带冷却剂管路的冷却器		
过滤器	双筒过滤器	p_2 p_1	p_1:进油 p_2:回油	加热器			一般符号
(8)检测器、指示器							
压力检测器	压力指示器			流量检测器	检流计(液流指示器)		

续上表

名称	符号	说明	名称	符号	说明
压力表(计)	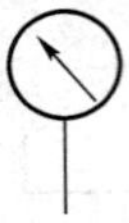		流量计	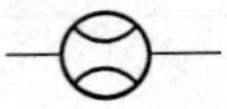	
电接点压力表(压力显控器)	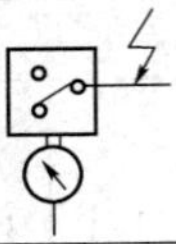		累计流量计	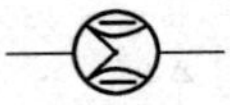	
压差控制表	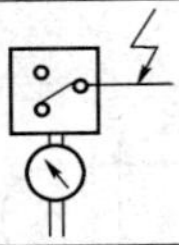		温度计	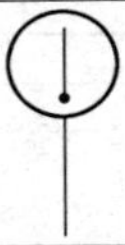	
液位计	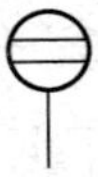		转速仪	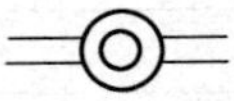	
			转矩仪	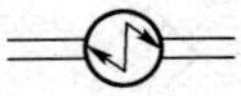	
(9)其他辅助元器件					
名称	符号	说明	名称	符号	说明
压力继电器(压力开关)	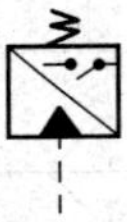	详细符号	压差开关	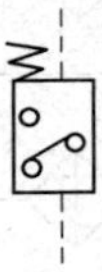	
	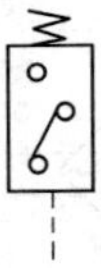	一般符号	传感器：传感器	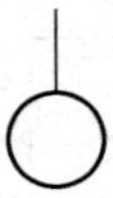	一般符号
行程开关	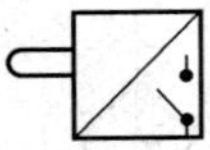	详细符号	传感器：压力传感器	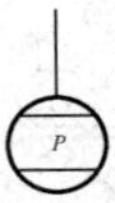	
	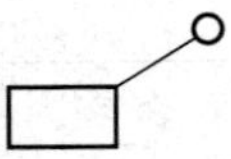	一般符号	传感器：温度传感器	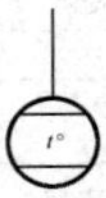	
联轴器：联轴器	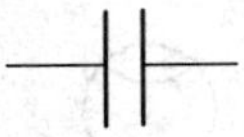	一般符号	放大器	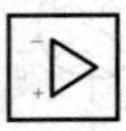	
联轴器：弹性联轴器	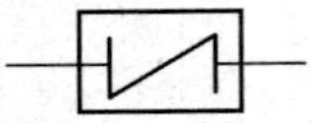				

续上表

(10)管路、管路接口和接头							
名称		符号	说明	名称		符号	说明
管路	管路		压力管路回油管路	管路	交叉管路		两管路交叉不联接
	联接管路		两管路相交联接		柔性管路		
	控制管路		可表示泄油管路		单向放气装置（测压接头）		
快换接头	不带单向阀的快换接头			旋转接头	单通路旋转接头		
	带单向阀的快换接头				三通路旋转接头		

附录二　常用电气图形符号

常用电气图用图形符号(GB 4728—83、84)

名　称	新符号	旧符号
直流	或	
交直流		
具有交流分量的整流电流		
低频(工频)		
中频(音频)		
高频(超声频、载频或射频)		
中性线	N	N
中间线	M	
正极	+	+
负极	−	-
手动操作		
脚踏操作		
贮存机械能操作		
凸轮操作		
电动机操作	M	D
气动或液压操作		
接地一般符号		
无噪声接地(抗干扰接地)		
保护接地		
接机壳或接底板	或	或

名　称	新符号	旧符号
交流		
故障		
闪络、击穿		
导线间绝缘击穿		
导线对机壳绝缘击穿	或	
导线对地绝缘击穿		
永久磁铁		N S
理想电流源		
理想电压源		
导线、电缆和母线的一般符号		
三根导线的单线表示	或 3	
柔软导线		
二股绞合导线		
同轴电缆		
屏蔽导线		或
端子		

续上表

名　　称	新符号	旧符号
导线的联接	或	
导线的多线联接	或	或
插头和插座	优选形 其他形	或
接通的联接片	或	
断开的联接片		
电缆终端头		
电阻器的一般符号	优选形 其他形	
可变电阻器		或
压敏电阻器	U	U
热敏电阻器 注：θ 可用 $t°$ 代替	θ	$t°$
滑线式变阻器		
两个固定抽头的电阻器		

名　　称	新符号	旧符号
两个固定抽头的可变电阻器		
分流器		
滑动触点电位器		
预调电位器		
电容器的一般符号	优选形 其他形	
极性电容器	优选形 + 其他形 +	+
可变电容器	优选形 其他形	或
微调电容器	优选形 其他形	或
电感器、线圈、绕组、扼流圈		
带磁心（铁心）的电感器		
磁心（铁心）有间隙的电感器		
带磁心（铁心）连续可调的电感器		
有两个抽头的电感器	或	

续上表

名　　称	新符号	旧符号
可变电感器		
半导体二级管一般符号	优选形 其他形	
发光二极管	优选形 其他形	
隧道二极管	优选形 其他形	
单向击穿极管(稳压二极管)	优选形 其他形	
双向击穿二极管(双向稳压二极管)	优选形 其他形	
双向二极管、交流开关二极管	优选形 其他形	
PNP型半导体管		
NPN型半导体管		
集电极接管壳的NPN型半导体管		

名　　称	新符号	旧符号
三极晶体闸流管 注:没必要规定控制极类型时,用于表示反向阻断三极晶闸管	优选形 其他形	
反向阻断三极晶体闸流管(阴极侧受控)	优选形 其他形	
可关断三极晶体闸流管(阴极侧受控)	优选形 其他形	
具有P型双基极单结型半导体管		
具有N型双基极单结型半导体管		
P型沟道结型场效应半导体管		
N型沟道结型场效应半导体管		
增强型单栅P沟道和衬底无引出线的绝缘栅场效应半导体管		
增强型单栅N沟道和衬底无引出线的绝缘栅场效应半导体管		
耗尽型单栅P沟道和衬底无引出线的绝缘栅场效应半导体管		

续上表

名　称	新符号	旧符号
耗尽型单栅N沟道和衬底无引出线的绝缘栅场效应半导体管		
光敏电阻		
发电二极管		
光电池		E
两相绕组		
三个独立绕组	3 或	
三角形联接的三相绕组		
开口三角形联接的三相绕组		
星形联接的三相绕组		
中性点引出的星形联接的三相绕组		
曲折形或双星形互相联接的三相绕组		
两个绕组V形(60°)联接的三相绕组		
六个独立绕组	6	
双三角联接的六相绕组		
多边形联接的六相绕组		
星形联接的六相绕组		
电机换向绕组		
电机补偿绕组		

名　称	新符号	旧符号
电机串励绕组		
电机并励或他励绕组		或
集电环或换向器上的电刷		
直流发电机	G	F
直流电动机	M	D
交流发电机	G~	F~
交流电动机	M~	D~
串励直流电动机	M	D 或 D 或 D
并励直流电动机	M	D
他励直流电动机	M	D
永磁直流电动机	M	D
单机交流串励电动机	M 1~	~
三相交流串励电动机	M 3~	

续上表

名　称	新符号	旧符号
单相永磁同步电动机	 MS 1~	
单机笼型异步电动机	 M 1~	
三相笼型异步电动机	 M 3~	
三相绕线转子异步电动机	 M 3~	
交流测速发电机	 TG ~	
电磁式直流测速发电机	 TG	
永磁式直流测速发电机	 TG	
电机扩大机		
铁心 注：当不致引起混淆时，允许不画出铁心，但要注意全书统一		
带间隙的铁心		
双绕组变压器一般符号	 或 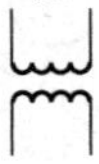	单线表示 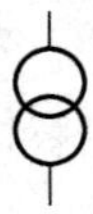 多线表示 

名　称	新符号	旧符号
三绕组变压器一般符号	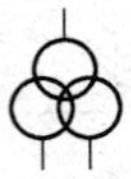 或 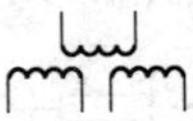	单线表示 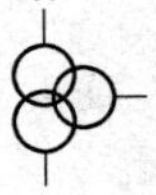 多线表示 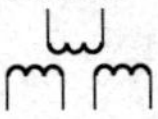
自耦变压器一般符号	 或 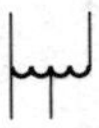	单线表示  多线表示 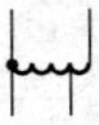
电抗器、扼流圈一般符号	 或	
电流互感器、脉冲变压器	 或 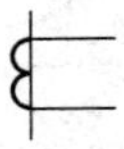	单线表示  多线表示 
星形-三角形联结的三相变压器	 或 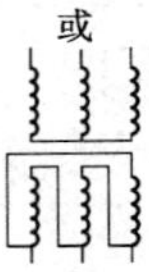	单线表示  多线表示 
星形-星形联结的三相变压器	 或 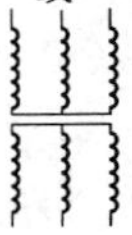	单线表示  多线表示 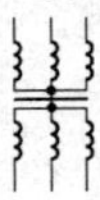

续上表

名称	新符号	旧符号
单相变压器组成的三相变压器星形—三角形联结	Y 3 △ 或	
单相感应调压器	或	单线表示 多线表示
三相感应调压器	或	单线表示 多线表示
三相移相器	φ 或 φ	单线表示 φ 多线表示 φ
电压互感器	或	单线表示 多线表示
具有两个铁心和两个二次绕组的电流互感器	或	单线表示 多线表示
在一个铁心上有两个二次绕组的电流互感器	或	单线表示 多线表示
直流变流器方框符号		
整流器方框符号		
桥式全波整流器方框符号		
逆变器方框符号		
整流器/逆变器方框符号		
原电池或蓄电池		− +
蓄电池组或原电池组 注:注明电压值时允许的画法	或 48V	48V

续上表

名　称	新符号	旧符号
电能发生器一般符号 注:旋转发电机的外壳符号为圆形	G	
动合(常开)触点	或	或 或
动断(常闭)触点		或 或
先断后合的转换触点		或 或
中间断开的双向触点		或
当操作器件被吸合时延时闭合的动合(常开)触点	或	
当操作器件被释放时延时断开的动合(常开)触点	或	
当操作器件被释放时延时闭合的动断(常闭)触点	或	
当操作器件被吸合时延时断开的动断(常闭)触点	或	
吸合时延时闭合和释放时延时断开的动合(常开)触点		
开关一般符号	或	或
手动开关一般符号		
动合(常开)按钮		
动断(常闭)按钮		
带动断(常闭)和动合(常开)触点的按钮		
旋钮开关、旋转开关		

续上表

名　称	新符号	旧符号	名　称	新符号	旧符号
位置开关和限制开关(动合触点)		或	断路器		或
位置开关和限制开关(动断触点)		或			
热敏开关(动合触点) 注:θ可用动作温度代替	θ	t°> 或	三极断路器		
三极开关(单线表示)		或	隔离开关		
			三极隔离开关		
三极开关(多线表示)		或	负荷开关		
			三极负荷开关		
接触器(在非动作位置触点断开)			电动机启动器一般符号		
接触器(在非动作位置触点闭合)			继电器和接触器操作器件(线圈)一般符号	或	或

续上表

名称	新符号	旧符号	名称	新符号	旧符号
缓放继电器线圈			接触传感器		
缓吸继电器（快吸和快放）的线圈			接触开关动合（常开）触点		
缓吸和缓放继电器线圈			熔断器一般符号		
快速继电器线圈			供电端由粗线表示的熔断器		
交流继电器线圈	~	~	带机械连杆的熔断器（撞击器式熔断器）		
过流继电器线圈	I>	I>	跌开式熔断器		
欠压继电器线圈	U<	U<	熔断器式开关		
热继电器的驱动元件（发热元件）			熔断器式隔离开关		
三相电路中三极热继电器的驱动元件	3 或		熔断器式负荷开关		
三相电路中二极热继电器的驱动元件	2 或	或	火花间隙		
			避雷器		
接近传感器			电流表	A	A
接近开关动合（常开）触点			电压表	V	V

续上表

名　　称	新 符 号	旧 符 号
功率表	W	W
电度表（瓦特小时计）	Wh	Wh
检流计		
示波器		
钟的一般符号		
灯的一般符号		
电喇叭		或
电铃	优选形 其他形	
电阻加热装置		
电弧炉		
感应加热炉		
电解槽或电镀槽		
直流电焊机		
交流电焊机		

名　　称	新 符 号	旧 符 号
风扇一般符号	∞	
与门	&	或
或门	>1	+ 或
非门 反相器（在用逻辑非符号表示器件时）	1	或
反相器（在用逻辑极性符号表示器件时）	1	
与非门	&	或
或非门	>1	+ 或
与或非门	& >1	+ +
异或门	=1	⊕ 或

续上表

名　称	新符号	旧符号
规定延迟时间的延尺单元 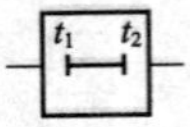  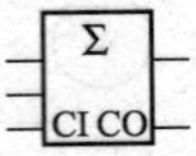		
RS 触发器 RS 锁存器 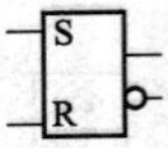 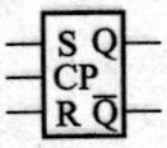		
边沿下降沿 JK 触发器   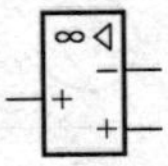		
边沿上升沿 D 触发器		
加法器		
减法器		
乘法器		
算术逻辑单元		
半加器		

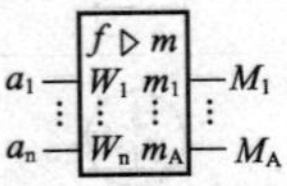

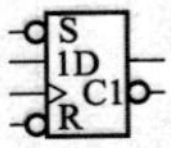

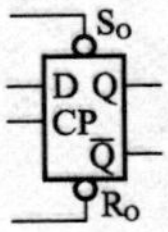

名　称	新符号	旧符号
一位全加器		
运算放大器		
高增益差分放大器		
放大系数为 1 的反相放大器		
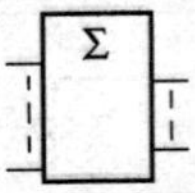 乘法器	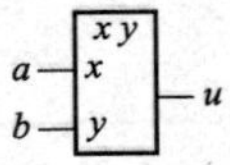	
除法器		
数—模转换器		
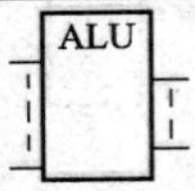 模—数转换器	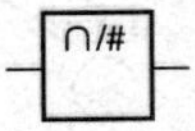	

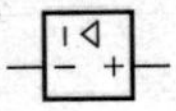

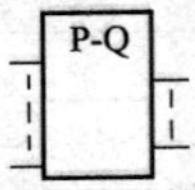

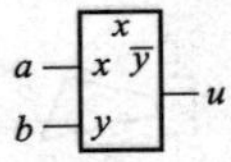

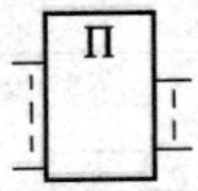

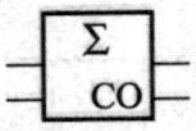

附录三　港口电动装卸机械司机技师培训教学计划

一、培训目标

通过培训，使学员熟练掌握电动装卸机械的工作原理和性能要求，具有综合分析和解决现场电动装卸机械较复杂问题的能力，具有培训和指导高级工及以下电动装卸机械司机的能力。

二、培训要求

1. 熟练掌握电动装卸机械的技术性能、使用要求及维护保养方法；
2. 熟练掌握电动装卸机械修理级别、修理项目及验收标准；
3. 熟悉晶闸管整流电路和逆变电路的基本应用；
4. 了解自动控制系统的基本原理；
5. 熟悉变频技术及其在电动装卸机械上的应用；
6. 读懂两种以上电动装卸机械上用的可编程序控制器程序；
7. 掌握电动装卸机械技术管理知识；
8. 掌握电动装卸机械上常用故障诊断器显示的英文内容；
9. 熟悉电动装卸机械的装卸工艺要求和特殊货种的装卸工艺。

三、课程设置和课时分配

序　号	课程设置	课时分配		
		讲授	操作	合计
1	港口电动装卸机械检测	150	30	180
2	港口电动装卸机械控制技术	200	20	220
3	港口机械专业英语	50		50
4	计算机基础	50		50
合　　计		450	50	500

四、操作项目

<table>
<tr><th>序 号</th><th>主要操作项目</th><th>相关课程</th></tr>
<tr><td>1</td><td>驾驶新型的电动装卸机械</td><td rowspan="4">港口电动装卸机械检测</td></tr>
<tr><td>2</td><td>提出电动装卸机械的修理级别、修理项目，按照技术标准提出验收要求使用电动装卸机械的检测设备</td></tr>
<tr><td>3</td><td>排除电动装卸机械的常见故障。提出技术改造、修理方案，结合工作</td></tr>
<tr><td>4</td><td>实际拟定技术总结或论文</td></tr>
<tr><td>5</td><td>电动装卸机械液压控制
电动装卸机械电气控制</td><td>港口电动装卸机械控制技术</td></tr>
</table>

五、说明

1. 参考标准为《港口交通行业职业技能标准》。

2. 教材采用中国交通教育研究会(港口)职工分会教材编审委员会统一编写的《港口电动装卸机械检测》、《港口电动装卸机械控制技术》、《港口机械专业英语》、《计算机基础》教材。

3.《计算机基础》和《港口机械专业英语》教学大纲为港口主体工种技师、高级技师培训通用大纲。

《港口电动装卸机械检测》教学大纲

一、教学目的

通过本课程的学习，使学员熟练掌握电动装卸机械的技术性能、使用要求及维护保养方法；掌握电动装卸机械修理级别、修理项目及验收标准；掌握电动装卸机械检测设备的使用，提高综合分析能力，提高排除电动装卸机械故障的能力。

二、教学要求

1. 掌握零件的失效规律及常见的失效形式；
2. 掌握故障信息数据的收集与分析管理方法；
3. 掌握故障检测设备、仪器的性能与使用；
4. 熟练掌握电动装卸机械常见故障的分析与诊断。

三、教学内容

第一部分　理论培训

　第一章　典型电动装卸机械

　　第一节　电动装卸机械概述

　　第二节　典型电动装卸机械

　　第三节　典型电动连续运输机械

第二章　零件的失效规律及故障信息的收集与分析
　第一节　零件的失效规律及失效分析
　第二节　设备故障的形态及故障信息数据的来源
　第三节　机械故障分析与管理
　第四节　设备的可靠性及故障规律
第三章　电测量技术
　第一节　常用传感器的变换原理
　第二节　信号的传输与放大
　第三节　信号记录与数据处理分析
第四章　电动装卸机械的检测方法
　第一节　设备检测诊断技术概述
　第二节　状态检测的方法与手段
　第三节　故障检测的常用仪器
第五章　电动装卸机械故障诊断
　第一节　起重机械的常见故障及排除方法
　第二节　集装箱吊具常见故障的检测、分析、诊断
　第三节　起重机金属结构变形及机械故障的检测与分析诊断
　第四节　连续运输机械的故障检测、分析、诊断

第二部分　技能训练

一、常见检测设备、仪器的性能与使用

教学要求：掌握常见检测设备、仪器的性能与使用方法。

教学内容：接地电阻检测仪、电机故障检测仪等检测设备。

二、故障数据的收集与分析

教学要求：能进行故障数据的收集、整理与分析。

教学内容：根据相关标准要求，制作相应表格并采集所需数据。

三、电动装卸机械的常见故障分析诊断

教学要求：对电动装卸机械的常见故障能进行分析诊断。

教学内容：CMS 系统的学习与操作。

四、课时分配

序　号	教 学 内 容	课 时 分 配		
		讲授	操作	合计
1	典型电动装卸机械	20		20
2	零件的失效规律及故障信息的收集与分析	20	10	30
3	电测量技术	30		30
4	电动装卸机械的检测方法	40	10	50
5	电动装卸机械安装检测故障诊断	40	10	50
合　　计		150	30	180

五、教材

1. 教材为《港口电动装卸机械检测》。

2. 教材由中国交通教育研究会(港口)职工分会教材编审委员会统一组织编写和出版发行。

《港口电动装卸机械控制技术》教学大纲

一、教学目的

通过本课程的学习,使学员熟练掌握电动装卸机械的液压控制系统;熟悉可编程序控制器程序、交直流调速系统、电动装卸机械的管理;并能分析各类电气和液压系统故障,提高学员对电动装卸机械故障的分析能力。

二、教学要求

1. 掌握电动装卸机械液压传动应用及系统图分析;
2. 掌握电动装卸机械电气控制系统图分析方法;
3. 熟悉可编程序控制器程序在电动装卸机械上的应用;
4. 掌握电动装卸机械的润滑管理的方法;
5. 掌握特殊货种装卸工艺,并对其进行分析。

三、教学内容

第一部分　理论培训
　第一章　电动装卸机械液压系统
　　第一节　液压传动系统概述
　　第二节　液压元件
　　第三节　液压回路
　　第四节　电动装卸机械液压传动系统分析
　第二章　电气控制系统
　　第一节　电气控制基本线路
　　第二节　典型电动装卸机械电路分析
　　第三节　交直流调速系统及其应用
　第三章　可编程控制器
　　第一节　可编程控制器概述
　　第二节　可编程控制器的程序设计语言
　　第三节　可编程序控制器程序编制
　　第四节　可编程序控制器在电动装卸机械控制中的应用
　第四章　电动装卸机械技术管理

第一节　电动装卸机械管理概述

第二节　电动装卸机械技术管理

第五章　电动装卸机械的装卸工艺

第一节　装卸工艺概述

第二节　电动装卸机械的装卸工艺要求

第三节　各类货种的装卸工艺

第四节　装卸工艺系统的评价方法

第二部分　技能训练

一、电动装卸机械液压传动系统图

教学要求：能读懂电动装卸机械液压传动系统图。

教学内容：典型电动装卸机械液压系统图（以门座式起重机为例）。

二、电动装卸机械电气控制系统图

教学要求：能读懂各机构的电气控制系统图。

教学内容：各系统电气原理图。

三、电动装卸机械可编程序控制器程序原理图

教学要求：能读懂电动装卸机械可编程序控制器程序原理图。

教学内容：电动装卸机械可编程序控制器程序原理图。

四、电动装卸机械的润滑管理

教学要求：掌握电动装卸机械的润滑管理的方法。

教学内容：能进行电动装卸机械的润滑管理。

五、特殊货类装卸工艺

教学要求：提出特殊货类的装卸工艺。

教学内容：复杂条件下特殊货类的装卸工艺。

四、课时分配

序　号	教 学 内 容	课 时 分 配		
		讲授	操作	合计
1	电动装卸机械液压系统	20	10	30
2	电气控制系统	60	10	70
3	可编程控制器	40		40
4	电动装卸机械管理技术	40		40
5	电动装卸机械的装卸工艺	40		40
合　　计		200	20	220

五、教材

1. 教材为《港口电动装卸机械控制技术》。

2. 教材由中国交通教育研究会（港口）职工分会教材编审委员会统一组织编写和出版发行。

附录四　港口电动装卸机械修理工技师培训教学计划

一、培训目标

通过培训，使学员掌握电动装卸机械修理技术规范；能主持完成电动装卸机械大修；了解新技术、新工艺、新材料的应用；具有结合工作实际撰写工作总结或论文的能力；具有组织和指导高级工及以下电动装卸机械修理工完成修理作业的能力。

二、培训要求

1. 掌握机械基础相关知识；
2. 熟练掌握电动装卸机械的构造、工作原理、特性，熟练掌握电动装卸机械的调整及检修技术标准，能组织并指导设备的大修、调整和性能试验；
3. 掌握液压传动知识，能分析、解决常见故障；
4. 熟悉电气控制基本知识和可编程序控制器的基本原理，熟悉电气控制原理图；
5. 具有一定的技术论文写作、计算机应用能力及专业英语知识；
6. 了解新技术、新工艺、新材料的应用。

三、课程设置和课时分配

序　号	课 程 设 置	课 时 分 配		
		讲授	操作	合计
1	机械基础	90	20	110
2	港口电动装卸机械检测	90	50	140
3	港口电动装卸机械控制技术	120	30	150
4	计算机应用	50		50
5	港口机械专业英语	50		50
合　　计		400	100	500

四、操作项目

序　号	主要操作项目	相关课程
1	机械基础知识实际应用	机械基础
2	电动装卸机械大修	港口电动装卸机械检测
3	电动装卸机械常见故障的诊断与排除	
4	电气故障检修	港口电动装卸机械控制技术
5	结合工作实际撰写技术总结或论文	

五、说明

1. 参考标准为《港口交通行业职业技能标准》。

2. 教材采用中国交通教育研究会(港口)职工分会教材编审委员会统一编写的《机械基础》、《港口电动装卸机械检测》、《港口电动装卸机械控制技术》教材。

3.《计算机应用》和《港口机械专业英语》教学大纲为港口主体工种技师、高级技师培训通用大纲。

《机械基础》教学大纲

一、教学目的

通过培训,使学员进一步掌握机械基础知识;掌握典型工件的测绘、选材、制造工艺;分析、判断零部件损坏原因及修复方法;熟悉新技术、新材料、新工艺及应用。

二、教学要求

1. 掌握机械设计基础知识;
2. 运用机械基础理论进行典型机械部件的测绘和绘制,工夹具的设计;
3. 掌握零部件的损坏机理和修复方法;
4. 熟悉新技术、新材料、新工艺及其应用。

三、教学内容

第一部分　理论培训

第一章　机械设计

第一节　机械设计基础理论及计算方法

第二节　机械制图、公差配合及表面粗糙度

第三节　机械传动类型、应用及使用规范

第二章　结构力学

第一节　常用金属结构及设计、校核计算

第二节　常用联接与紧固部件的类型、特点及应用

第三节　焊接及铆接设计工艺

第三章　工程材料

第一节　材料力学基础知识

第二节　常用金属材料基本特性

第三节　金属热处理工艺

第四节　常用非金属材料和复合材料

第五节　机械维修新工艺、新材料

第四章　机构与零部件

第一节　常用零部件机加工工艺及精度

第二节　常用零件的修复

第三节　轴类和常用联接部件的安装、使用规范

第四节　工夹具设计基础

第二部分　技能训练

一、典型工件的选材及加工工艺设计

教学要求：选择典型工件的制造用材质，并设计其加工工艺，要求选材在技术、成本、制造等方面合理可行，加工工艺合理、简便。

教学内容：工程材料基础知识、机构与零部件。

二、测绘齿轮零件图、绘制齿轮装配部件图

教学要求：测绘不变位齿轮零件图及绘制齿轮装配部件图。

教学内容：机械设计。

四、课时分配

序　号	教 学 内 容	课 时 分 配		
		讲授	操作	合计
1	机械设计	20	10	30
2	结构力学	10		10
3	工程材料	30		30
4	机构与零部件	30	10	40
合　　计		90	20	110

五、教材

1. 教材为《机械基础》。

2. 教材由中国交通教育研究会（港口）职工分会教材编审委员会统一编写和出版发行。

《港口电动装卸机械检测》教学大纲

一、教学目的

通过培训，使学员掌握电动装卸机械特性；掌握电动装卸机械设备大修工艺、标准；掌握机械设备的润滑管理、机械设备状态监测与故障诊断基础知识。

二、教学要求

1. 掌握电动装卸机械设备的构造、工作原理和性能；
2. 掌握电动装卸机械大修工艺、维修标准及常用零部件的检修、调整技术规范；
3. 熟悉电动装卸机械常见故障的诊断与排除；
4. 熟悉设备状态监测基本知识与设备，能进行典型设备、部件的状态检测与故障诊断；
5. 掌握设备润滑知识，熟悉润滑材料基础知识。

三、教学内容

第一部分　理论培训

第一章　电动装卸机械原理

第一节　电动装卸机械设备的基本构造、性能和工作原理

第二节　典型电动装卸机械设计与制造基础

第三节　典型电动装卸机械工作机构及安全保护装置

第四节　常用起重机械零件使用规范

第二章　电动装卸机械维修管理

第一节　电动装卸机械大修工艺与维修标准

第二节　电动装卸机械常见故障诊断与排除

第三节　常用减速机结构、特性与装配技术规范

第四节　常用零部件的检修、调整技术规范

第五节　润滑技术、设备及材料的应用

第三章　电动装卸机械状态监测与故障诊断

第一节　设备状态监测基本知识与设备

第二节　典型设备、部件的状态监测与故障诊断

第四章　电动装卸机械技术管理

第一节　技术管理基础

第二节　质量管理基础

第三节　生产管理基础

第二部分　技能训练

一、减速机的检修、调试

教学要求：熟悉减速机结构、工作原理，完成检修、安装、调试工作。

教学内容：电动装卸机械维修管理。

二、电动装卸机械常见故障与排除

教学要求：能分析和判断电动装卸机械常见的故障并排除故障。

教学内容：电动装卸机械维修管理。

四、课时分配

序　号	教 学 内 容	课 时 分 配		
		讲授	操作	合计
1	电动装卸机械原理	20		20
2	电动装卸机械维修管理	30	40	70
3	电动装卸机械状态监测与故障诊断	30	10	40
4	电动装卸机械技术管理	10		10
合　　计		90	50	140

五、教材

1. 教材为《港口电动装卸机械检测》。
2. 教材由中国交通教育研究会(港口)职工分会编审委员会统一编写和出版发行。

《港口电动装卸机械控制技术》教学大纲

一、教学目的

通过培训，使学员掌握电动装卸机械控制技术。能分析电动装卸机械液压系统原理图，运用液压传动理论分析、排除系统故障；熟悉常用电气控制基本知识和可编程序控制器基本原理，能看懂典型电动装卸机械电控、电路原理图，并能排除基本电气故障。

二、教学要求

1. 掌握液压系统理论知识，能诊断与排除液压系统的故障，并能进行液压系统的检修；
2. 掌握液力传动技术，并能诊断与排除典型液力传动机械设备的故障；
3. 熟悉电动装卸机械电气控制原理，能分析电气控制原理图及排除简单电气故障；
4. 熟悉可编程序控制器基本原理及应用，熟悉典型电动装卸机械变频基本原理。

三、教学内容

第一部分　理论培训

第一章　液压系统知识

第一节　液压系统类型及组成部分

第二节　电动装卸机械液压系统原理图与元件

第三节 典型电动装卸机械液压系统故障分析与排除

第四节 液压系统的检修及技术规范

第二章 液力传动技术

第一节 液力机械设备结构原理

第二节 液力变矩器故障的诊断与排除

第三节 液力耦合器故障的诊断与排除

第三章 电动装卸机械电气控制

第一节 电气控制理论与元件

第二节 电动装卸机械电气控制原理及原理图

第三节 可编程序控制器基本原理及应用

第四节 典型电动装卸机械变频基本原理

第五节 电动装卸机械电气控制常见故障诊断与排除

第二部分 技能训练

一、典型电动装卸机械液压系统故障分析与排除

教学要求:分析、判断并排除电动装卸机械液压系统故障。

教学内容:液压系统知识。

二、液力耦合器的检修

教学要求:掌握液力耦合器的检修、装配调整及检测技术规范。

教学内容:液力传动技术。

三、电动装卸机械电气控制原理图分析及故障排除

教学要求:根据电动装卸机械电气控制原理图,分析和判断故障。

教学内容:电动装卸机械电气控制。

四、课时分配

序号	教学内容	课时分配		
		讲授	操作	合计
1	液压系统知识	50	10	60
2	液力传动技术	30	10	40
3	电动装卸机械电气控制	40	10	50
合计		120	30	150

五、教材

1. 教材为《港口电动装卸机械控制技术》。
2. 教材由中国交通教育研究会(港口)职工分会编审委员会统一编写和出版发行。

附录五　港口电动装卸机械修理工高级技师培训教学计划

一、培训目标

通过培训，使学员掌握电动装卸机械的相关专业知识，掌握电动装卸机械大修技术规范，能主持完成电动装卸机械大修、性能试验及鉴定验收工作，解决复杂技术问题和排除疑难故障。熟悉掌握国内外新技术、新工艺的应用及国内外电动装卸机械的发展方向，具有一定管理能力，能结合工作实际撰写有一定水平的技术论文。具有组织和指导技师及以下电动装卸机械修理工完成修理作业的能力。

二、培训要求

1. 熟练掌握电动装卸机械的构造、性能，能组织并指导大型电动装卸机械的大修、安装和调试工作，能主持电动装卸机械的检验、性能试验和鉴定验收工作；

2. 能编制电动装卸机械修理工艺流程、方案，主持、指导电动装卸机械的复杂技术改造工作，能解决电动装卸机械复杂技术问题和排除疑难故障，并能在实际工作中运用新技术、新工艺解决实际问题；

3. 能运用液压传动有关知识，分析、排除电动装卸机械故障；

4. 熟悉常用电气控制知识和可编程序控制器的原理及应用，熟悉电气控制原理图，能分析、排除较复杂电气设备故障；

5. 能熟练运用设备状态监测理论和常用监测仪器（设备），分析判断相关设备、部件技术状态和故障；

6. 掌握新技术、新工艺、新材料的应用；

7. 熟悉机械设备管理方法，并具备一定的写作、计算机应用、专业英语知识。

三、课程设置和课时分配

序　号	课 程 设 置	课 时 分 配		
		讲授	操作	合计
1	机械基础	80	40	120
2	港口电动装卸机械检测	120	40	160
3	港口电动装卸机械控制技术	100	20	120
4	计算机应用	50		50
5	港口机械专业英语	50		50
合　　计		400	100	500

四、操作项目

序　号	主要操作项目	相关课程
1	机械基础知识实际应用	机械基础
2	电动装卸机械大修及工艺编制	港口电动装卸机械检测
3	电动装卸机械复杂故障排除	
4	液压故障检修	港口电动装卸机械控制技术
5	结合工作实际撰写技术总结或论文	

五、说明

1. 参考标准为《交通行业职业技能标准》。

2. 教材采用中国交通教育研究会(港口)职工分会教材编审委员会统一编写的《机械基础》、《港口电动装卸机械检测》、《港口电动装卸机械控制技术》、《计算机应用》和《港口机械专业英语》教材。

3.《计算机应用》和《港口机械专业英语》教学大纲为港口主体工种技师、高级技师培训通用大纲。

《机械基础》教学大纲

一、教学目的

通过培训,使学员熟练掌握机械基础知识;掌握复杂工件的测绘、选材、制造工艺;分析、判断零部件损坏原因及修复技术;掌握新材料、新工艺及应用。

二、教学要求

1. 熟练掌握机械基础知识;
2. 运用机械基础理论进行较复杂机械部件的测绘;
3. 掌握机械设备损坏机理和修复方法 ,能进行设备较大的改造优化;
4. 掌握新技术、新材料、新工艺及其应用。

三、教学内容

第一部分　理论培训

第一章　机械设计

第一节　机械设计理论

第二节　齿轮传动测绘与设计

第三节　蜗杆传动测绘与设计

第二章　结构力学

第一节　金属结构及设计、校核计算

第二节　金属结构变形、裂纹的诊断与修理

第三节　摩擦、磨损与断裂的类型、机理

第三章　工程材料

第一节　材料力学设计及计算

第二节　铁碳合金图及应用

第三节　金属热处理工艺及应用

第四章　机构与零部件

第一节　机械设备安装与调试

第二节　零部件的装配工艺

第三节　零部件失效形式和报废标准

第二部分　技能训练

一、减速机强度校核

教学要求:运用所学知识,校核减速机齿轮强度。

教学内容:机械设计。

二、测绘变位齿轮零件图、绘制齿轮装配图

教学要求:运用所学知识,测绘变位齿轮零件图及绘制齿轮装配部件图。

教学内容:机械设计。

四、课时分配

序　号	教学内容	课时分配		
		讲授	操作	合计
1	机械设计	20	40	60
2	结构力学	20		20
3	工程材料	20		20
4	机构与零部件	20		20
合　　计		80	40	120

五、教材

1. 教材为《机械基础》。
2. 教材由中国交通教育研究会(港口)职工分会教材编审委员会统一编写和出版发行。

《港口电动装卸机械检测》教学大纲

一、教学目的

通过培训,使学员熟练掌握港口电动装卸机械设备的大修工艺、标准,能主持电动装卸机

械的检验、性能试验和鉴定验收工作；能编制电动装卸机械修理工艺流程、方案，主持、指导电动装卸机械的复杂技术改造工作，能解决电动装卸机械复杂技术问题和排除疑难故障；掌握设备润滑和润滑材料专业知识，掌握设备状态监测与故障诊断知识及应用相关设备解决实际问题；掌握维修新技术、新工艺、新材料的应用知识。

二、教学要求

1. 熟练掌握电动装卸机械设备的构造、工作原理和性能，掌握典型电动装卸机械设计要点；
2. 掌握电动装卸机械大修工艺、维修标准、零部件的检修及调整技术规范；
3. 能诊断与排除电动装卸机械复杂故障；
4. 熟悉设备状态监测基本知识与设备，能进行典型设备、部件的状态检测与故障诊断；
5. 掌握设备润滑及润滑材料基本知识。

三、教学内容

第一部分　理论培训

第一章　电动装卸机械原理

第一节　典型电动装卸机械的构造、工作原理及性能

第二节　电动装卸机械设计与制造基础

第三节　电动装卸机械的安装、调试技术规范

第四节　电动装卸机械的检验、性能试验和鉴定验收

第二章　电动装卸机械维修管理

第一节　电动装卸机械大修工艺流程编制

第二节　电动装卸机械大修的组织实施

第三节　电动装卸机械复杂故障的诊断与排除

第四节　设备润滑

第五节　新技术、新工艺、新材料的应用

第三章　电动装卸机械状态监测与故障诊断

第一节　设备状态监测概述

第二节　状态监测与故障诊断仪器、设备

第四章　电动装卸机械技术管理

第一节　技术管理

第二节　质量管理

第三节　生产管理

第二部分　技能训练

一、电动装卸机械大修工艺流程编制及组织实施

教学要求：掌握电动装卸机械部件拆装技术要求、装配调整技术规范，科学、合理地编制工艺流程并组织实施。

教学内容：电动装卸机械维修管理。

二、状态监测与故障诊断仪器的应用

教学要求:运用状态监测与故障诊断仪器,判断、分析设备(部件)故障或运行状况,并得出使用、保养或维修的技术结论。

教学内容:电动装卸机械状态监测与故障诊断。

四、课时分配

序　号	教 学 内 容	课 时 分 配		
		讲授	操作	合计
1	电动装卸机械原理	40		40
2	电动装卸机械维修管理	40	30	70
3	电动装卸机械状态监测与故障诊断	20	10	30
4	电动装卸机械技术管理	20		20
合　　计		120	40	160

五、教材

1. 教材为《港口电动装卸机械检测》。

2. 教材由中国交通教育研究会(港口)职工分会教材编审委员会统一编写和出版发行。

《港口电动装卸机械控制技术》教学大纲

一、教学目的

通过培训,使学员熟练掌握电动装卸机械控制技术,能分析复杂电动装卸机械液压系统原理图,能运用液压传动理论分析、排除系统故障;掌握常用电气控制基本知识和可编程序控制器基本原理,能看懂较复杂电动装卸机械电气控制原理图,并能排除较复杂电气故障。

二、教学要求

1. 掌握液压系统理论知识,诊断与排除液压系统的故障,进行液压系统检修;

2. 掌握液力传动技术,并能诊断与排除典型液力传动机械设备故障;

3. 掌握常用电动装卸机械电气控制原理,能分析电气控制原理图及排除故障;

4. 熟悉可编程序控制器基本原理,掌握简单可编程控制器设计语言,会使用编程器进行一般故障分析;

5. 熟悉典型电动装卸机械变频基本原理。

三、教学内容

第一部分　理论培训

第一章　液压传动系统

第一节　液压传动基本知识

第二节　液压系统的设计规范

第三节　典型电动装卸机械液压系统故障分析与排除

第四节　液压系统的大修及技术规范

第二章　液力传动技术

第一节　液力传动基本知识

第二节　液力变矩器的选用与替换

第三节　液力耦合器的选用与替换

第三章　电动装卸机械电气控制

第一节　电动装卸机械电气控制原理及原理图

第二节　电动装卸机械电气控制常见故障与排除

第三节　可编程序控制器语言及编程器的使用

第四节　可编程序控制器常见故障与排除

第五节　典型电动装卸机械变频原理及应用

第二部分　技能训练

一、电动装卸机械液压系统故障分析与排除

教学要求:准确分析判断电动装卸机械液压系统故障。

教学内容:液压传动系统。

二、液力耦合器的选用与替换

教学要求:完成典型设备液力耦合器的选用。

教学内容:液力传动技术。

三、电动装卸机械电气控制原理图分析及故障排除

教学要求:根据电动装卸机械电气控制原理图,分析判断故障。

教学内容:电动装卸机械电气控制。

四、课时分配

序　号	教学内容	课时分配		
		讲授	操作	合计
1	液压传动系统	40		40
2	液力传动技术	20	10	30
3	电动装卸机械电气控制	40	10	50
合　计		100	20	120

五、教材

1. 教材为《港口电动装卸机械控制技术》。
2. 教材由中国交通教育研究会(港口)职工分会教材编审委员会统一编写和出版发行。

参 考 文 献

[1] 雷天觉.液压工程手册[M].北京:北京理工大学出版社,1998
[2] 姜继海.液压传动[M].哈尔滨:哈尔滨工业大学出版社,2004
[3] 章宏甲,黄谊.液压传动[M].北京:机械工业出版社,1993
[4] 薛祖德.液压传动[M].北京:中央广播电视大学出版社,1995
[5] 顾必冲.港口机械液压和液力传动[M].北京:人民交通出版社,1982
[6] 盛敬超,液压流体力学[M].北京:机械工业出版社,1980
[7] 何存兴,张铁华.液压与气压传动[M].武汉:华中科技大学出版社,2000
[8] 成大先.机械设计手册(单行本)液压传动[M].北京:化学工业出版社,2004
[9] 张磊等.实用液压技术300题[M].北京:机械工业出版社,2005
[10] 袁国义.机床液压传动系统图识图技巧[M].北京:机械工业出版社,2006
[11] 宋建安,赵铁拴.液压传动[M].西安:世界图书出版社,2004
[12] 王东大.装卸机械液压传动[M].大连:大连海事大学出版社,2004
[13] 黄志坚,袁周等.液压设备故障诊断与监测实用技术[M].北京:机械工业出版社,2005
[14] 陈建明.电气控制与PLC应用[M],北京:电子工业出版社,2007
[15] 郑凤翼,郑丹丹,赵春江.图解PLC控制系统梯形图和语句表[M].北京:人民邮电出版社,2007
[16] 廖常出.PLC应用技术问答[M].北京:机械工业出版社,2007
[17] 齐占伟.看图学电气控制设备故障检修[M].北京:机械工业出版社,2006
[18] 冯垛生.变频器实用指南[M].北京:人民邮电出版社,2006